因为专业 所以卓越

2024

国家统一法律职业资格考试

案例指导 精华本

飞跃考试辅导中心 编

中国法制出版社
CHINA LEGAL PUBLISHING HOUSE

图书在版编目(CIP)数据

2024国家统一法律职业资格考试案例指导精华本 / 飞跃考试辅导中心编. — 北京：中国法制出版社，2024.3

ISBN 978-7-5216-4266-7

Ⅰ.①2… Ⅱ.①飞… Ⅲ.①法律—中国—资格考试—自学参考资料 Ⅳ.① D920.4

中国国家版本馆 CIP 数据核字（2024）第 045557 号

责任编辑：成知博（chengzhibo@zgfzs.com）　　　　　　封面设计：杨鑫宇

2024国家统一法律职业资格考试案例指导精华本
2024 GUOJIA TONGYI FALÜ ZHIYE ZIGE KAOSHI ANLI ZHIDAO JINGHUABEN

编者 / 飞跃考试辅导中心
经销 / 新华书店
印刷 / 三河市紫恒印装有限公司
开本 / 787毫米 × 1092毫米　16 开　　　　印张 / 15.25　字数 / 324 千
版次 / 2024 年 3 月第 1 版　　　　　　　　2024 年 3 月第 1 次印刷

中国法制出版社出版
书号 ISBN 978-7-5216-4266-7　　　　　　　　　　　　定价：48.00 元

北京市西城区西便门西里甲 16 号西便门办公区
邮政编码：100053　　　　　　　　　　　　　　传真：010-63141600
网址：http://www.zgfzs.com　　　　　　　　　编辑部电话：010-63141809
市场营销部电话：010-63141612　　　　　　　　印务部电话：010-63141606

（如有印装质量问题，请与本社印务部联系。）

出版说明

PUBLICATION NOTES

纵观近年来法考试题，以实务为导向的命题趋势愈发明显，从学理知识转向实务技能，从死记硬背转向综合运用，侧重于引导考生像法律人一样思考。

法考命题将法治实践中一些具有典型性、指导性的案例拿来，根据命题技术规范进行加工改造后使用，以此考查考生对知识和技能的综合应用。实际上，将实践中的真实案例改编、加工在近些年真题（仿真题）中皆有体现，比如2017年行政法主观题源自最高人民法院指导性案例5号：鲁潍（福建）盐业进出口有限公司苏州分公司诉江苏省苏州市盐务管理局盐业行政处罚案等。考生需要像法官一样在法律规范整体结构上甄别规则，将法律规则运用于具体案件中。因此，对典型案例的研习，是培养法律思维，形成系统的法律分析思路不可或缺的一环。

在2023年法考烽火熄灭、2024年法考战鼓又将擂响之时，飞跃考试辅导中心组织全新编写了《2024国家统一法律职业资格考试案例指导精华本》一书。

本书精选了50个最高人民法院、最高人民检察院发布的指导性案例及典型案例，为提高备考效率，按照法考命题思路进行了节录和适当的编辑加工，对案例所引旧法条文保持原貌，并加注列明新法对应条文，力求高度还原真实司法案例原貌的基础上，更精准符合当前立法规定，列示司法观点，提炼裁判要旨，同时整理了案例所涉法考对应知识点，供考生在研读案例的同时，深化对相应知识点的理解和记忆，培养法律思维，提前演练备战法考。

"宝剑锋从磨砺出，梅花香自苦寒来"。预祝广大考生朋友顺利一次通关法考！

目录 CONTENTS

第一章 民 法

案例一 002
  命题点睛：合同纠纷 / 违约金调整 / 网络主播

案例二 005
  命题点睛：房屋租赁合同 / 合同效力 / 行政规章 / 公序良俗 / 危房

案例三 010
  命题点睛：合同订立 / 本约 / 预约 / 房屋买卖合同

案例四 013
  命题点睛：相邻关系 / 相邻权 / 排除妨害

案例五 017
  命题点睛：彩礼返还 / 已办理结婚登记 / 尚未形成稳定共同生活

案例六 020
  命题点睛：代位继承 / 法定继承 / 遗产的酌给

案例七 024
  命题点睛：名誉权 / 网络侵权 / 微信群 / 公共空间

案例八 029
  命题点睛：生命权纠纷 / 公共场所 / 安全保障义务

第二章　民事诉讼法

案例九 ……………………………………………………………………………… 034
命题点睛：侵害作品信息网络传播权 / 管辖 / 侵权行为地

案例十 ……………………………………………………………………………… 037
命题点睛：第三人撤销之诉 / 财产处分行为

案例十一 ……………………………………………………………………………… 041
命题点睛：抗诉 / 申请撤诉 / 终结审查

案例十二 ……………………………………………………………………………… 049
命题点睛：案外人执行异议之诉 / 排除强制执行 / 选择适用

第三章　刑　法

案例十三 ……………………………………………………………………………… 054
命题点睛：正当防卫 / 特殊防卫 / 行凶 / 宣告无罪

案例十四 ……………………………………………………………………………… 059
命题点睛：危险驾驶罪 / 追逐竞驶 / 情节恶劣

案例十五 ……………………………………………………………………………… 063
命题点睛：非法经营罪 / 严重扰乱市场秩序 / 社会危害性 / 刑事违法性 / 刑事处罚必要性

案例十六 ……………………………………………………………………………… 067
命题点睛：侵犯公民个人信息 / 刑事附带民事公益诉讼 / 人脸识别 / 人脸信息

案例十七 ……………………………………………………………………………… 072
命题点睛：生产、销售有毒、有害食品罪 / 有毒有害的非食品原料

案例十八 ……………………………………………………………………………… 076
命题点睛：组织、领导、参加黑社会性质组织罪 / 软暴力

案例十九 ……………………………………………………………………………… 082
命题点睛：开设赌场罪 / 网络赌博

案例二十 084
　　命题点睛：私募基金 / 集资诈骗 / 单位犯罪 / 追赃挽损

案例二十一 088
　　命题点睛：受贿罪 / 受贿数额计算 / 掩饰受贿退赃

第四章　刑事诉讼法

案例二十二 094
　　命题点睛：被告人不认罪 / 刑事诉讼证明标准 / 排除合理怀疑 / 直接改判

案例二十三 098
　　命题点睛：间接证据的审查运用 / 电子数据 / 发现新的犯罪事实 / 补充起诉

案例二十四 102
　　命题点睛：网络诽谤 / 严重危害社会秩序 / 能动司法 / 自诉转公诉

案例二十五 106
　　命题点睛：刑事诉讼 / 强制医疗 / 有继续危害社会可能

案例二十六 111
　　命题点睛：违法所得没收 / 境外财产 / 国际刑事司法协助

第五章　行政法与行政诉讼法

案例二十七 118
　　命题点睛：行政许可 / 期限 / 告知义务 / 行政程序 / 确认 / 违法判决

案例二十八 131
　　命题点睛：行政协议 / 合同解释 / 司法审查 / 法律效力

案例二十九 137
　　命题点睛：政府信息公开 / 网络申请 / 逾期答复

案例三十 143
　　命题点睛：行政诉讼 / 举报答复 / 受案范围 / 原告资格

案例三十一 147

命题点睛：行政诉讼 / 举证责任 / 未引用具体法律条款 / 适用法律错误

案例三十二 151

命题点睛：国家赔偿 / 刑事赔偿 / 无罪逮捕 / 精神损害赔偿

第六章　商　法

案例三十三 158

命题点睛：关联公司 / 人格混同 / 连带责任

案例三十四 162

命题点睛：公司决议撤销 / 司法审查范围

案例三十五 166

命题点睛：公司解散 / 经营管理严重困难 / 公司僵局

案例三十六 169

命题点睛：别除权 / 优先受偿权 / 行使期限 / 起算点

案例三十七 171

命题点睛：民事诉讼 / 保险人代位求偿 / 管辖

第七章　知识产权法

案例三十八 176

命题点睛：著作权侵权 / 影视作品 / 历史题材 / 实质相似

案例三十九 183

命题点睛：未缴纳专利年费 / 专利权终止 / 赔偿损失

案例四十 187

命题点睛：侵害商标权 / 诚实信用 / 权利滥用

第八章　经济法

案例四十一 192

命题点睛：侵害技术秘密 / 使用全部技术秘密 / 故意侵害技术秘密 / 损害赔偿数额

| 目 录 |

案例四十二 198
　　命题点睛：垄断 / 横向垄断协议 / 垄断行为实施者 / 赔偿损失

案例四十三 202
　　命题点睛：食品安全 / 惩罚性赔偿 / 故意分多次小额支付

案例四十四 205
　　命题点睛：产品责任 / 销售假冒伪劣产品 / 赔偿损失

第九章　环境资源法

案例四十五 208
　　命题点睛：环境民事公益诉讼 / 停止侵害 / 恢复生产 / 附条件 / 环境影响评价

案例四十六 213
　　命题点睛：滥伐林木罪 / 生态修复 / 补植复绿 / 专家意见 / 保证金

第十章　劳动与社会保障法

案例四十七 218
　　命题点睛：劳动合同 / 单方解除

案例四十八 222
　　命题点睛：线上加班 / 加班费 / 认定标准

第十一章　国际法·国际经济法·国际私法

案例四十九 226
　　命题点睛：民事 / 国际货物买卖合同 / 联合国国际货物销售合同公约 / 法律适用 / 根本违约

案例五十 230
　　命题点睛：《承认及执行外国仲裁裁决公约》/ 国际单项体育组织 / 仲裁协议效力

第一章

民 法

案例一

命题点睛：合同纠纷／违约金调整／网络主播

案情回放

被告李某原为原告熊某公司创办的熊某直播平台游戏主播，被告播某游公司为李某的经纪公司。2018年2月28日，熊某公司、播某游公司及李某签订《主播独家合作协议》（以下简称《合作协议》），约定李某在熊某直播平台独家进行"绝地求生游戏"的第一视角游戏直播和游戏解说。该协议违约条款中约定，在协议有效期内，播某游公司或李某未经熊某公司同意，擅自终止本协议或在直播竞品平台上进行相同或类似合作，或将已在熊某直播上发布的直播视频授权给任何第三方使用的，构成根本性违约，播某游公司应向熊某直播平台支付如下赔偿金：（1）本协议及本协议签订前李某因与熊某直播平台开展直播合作熊某公司累计支付的合作费用；（2）5000万元；（3）熊某公司为李某投入的培训费和推广资源费。主播李某对此向熊某公司承担连带责任。合同约定的合作期限为一年，从2018年3月1日至2019年2月28日。

2018年6月1日，播某游公司向熊某公司发出主播催款单，催讨欠付李某的两个月合作费用。截至2018年6月4日，熊某公司为李某直播累计支付2017年2月至2018年3月的合作费用1111661元。

2018年6月27日，李某发布微博称其将带领所在直播团队至斗鱼直播平台进行直播，并公布了直播时间及房间号。2018年6月29日，李某在斗鱼直播平台进行首播。播某游公司也于官方微信公众号上发布李某在斗鱼直播平台的直播间链接。根据"腾讯游戏"微博新闻公开报道："BIU雷哥（李某）是全国主机游戏直播节目的开创者，也是全国著名网游直播明星主播，此外也是一位优酷游戏频道的原创达人，在优酷视频拥有超过20万的粉丝和5000万的点击量……"

2018年8月24日，熊某公司向人民法院提起诉讼，请求判令两被告继续履行《合作协议》，立即停止在其他平台的直播活动并支付相应违约金。一审审理中，熊某公司调整诉讼请求为判令两被告支付原告违约金300万元。播某游公司不同意熊某公司请求，并提出反诉请求：1. 判令确认熊某公司、播某游公司、李某三方于2018年2月28日签订的《合作协议》于2018年6月28日解除；2. 判令熊某公司向播某游公司支付2018年4月至2018

年 6 月的合作费用 224923.32 元；3. 判令熊某公司向播某游公司支付律师费 20000 元。[①]

法考直击

违约金，是由当事人约定的、在一方违约时需要向另一方当事人支付的金钱。

（一）违约金的调整规则

1. 约定的违约金低于违约造成的损失的，当事人可以请求人民法院或者仲裁机构予以增加。

2. 约定的违约金过分高于违约造成的损失的，当事人可以请求人民法院或者仲裁机构予以减少。所谓"过分高于违约造成的损失"，指当事人约定的违约金超过造成损失的 30%。

（1）上述违约金的调整规则，必须由当事人提出，人民法院或仲裁机构不能主动予以调整。

（2）当事人约定的违约金超过造成的损失的 30%，并不意味着超过的 30% 的部分就是无效的，而是仍然有效，但当事人可以请求人民法院或仲裁机构予以减少。

（3）如果题目中未提到因违约到底给对方造成多大损失，则考生在处理此类题目时，可以参照合同标的额进行测算，即超过合同标的额 30% 的，视为过高。

（二）违约金的具体适用

1. 违约金与定金

当事人既约定违约金，又约定定金的，一方违约时，守约方只能选择适用违约金或者定金条款，即二选一。结合定金罚则，应明确以下内容：

（1）交付定金方违约的，收受定金方要么主张保留定金，要么主张其支付违约金，而不能既主张保留定金，又主张其支付违约金。

（2）收受定金方违约时，交付定金方有如下保护措施供选择：①要求收受定金方双倍返还定金，或者支付违约金；②要求收受定金方单倍返还定金（即原数返还），同时支付违约金。在后一种情形下，要求收受定金方单倍返还定金，意味着并没有适用定金条款（因为定金罚则是收受定金方双倍返还定金），故可以同时要求其支付违约金。

2. 违约金与损害赔偿金

两者不可以并用，即守约方也只能二选一。注意，定金与损害赔偿金是可以并用的。

3. 违约金与继续履行

违约金与继续履行可以并用，但仅限于债务人构成迟延履行的情形下。因此，如果债

---

① 参见最高人民法院指导性案例 189 号，收录时有调整。

务人是其他违约行为，则债权人不能主张同时适用违约金和继续履行。

司法观点

法院生效裁判认为：

第一，根据本案查明的事实，熊某公司与播某游公司、李某签订《合作协议》，自愿建立合同法律关系，而非李某主张的劳动合同关系。《合作协议》系三方真实意思表示，不违反法律法规的强制性规定，应认定为有效，各方理应依约恪守。从《合作协议》的违约责任条款来看，该协议对合作三方的权利义务都进行了详细约定，主播未经熊某公司同意在竞争平台直播构成违约，应当承担赔偿责任。

第二，熊某公司虽然存在履行瑕疵，但并不足以构成根本违约，播某游公司、李某并不能以此为由主张解除《合作协议》。且即便从解除的方式来看，合同解除的意思表示也应当按照法定或约定的方式明确无误地向合同相对方发出，李某在微博平台上向不特定对象发布的所谓"官宣"或直接至其他平台直播的行为，均不能认定为向熊某公司发出明确的合同解除的意思表示。因此，李某、播某游公司在二审中提出因熊某公司违约而已经行使合同解除权的主张不能成立。

第三，当事人主张约定的违约金过高请求予以适当减少的，应当以实际损失为基础，兼顾合同的履行情况、当事人的过错程度以及预期利益等综合因素，根据公平原则和诚信原则予以衡量。对于公平、诚信原则的适用尺度，与因违约所受损失的准确界定，应当充分考虑网络直播这一新兴行业的特点。网络直播平台是以互联网为必要媒介、以主播为核心资源的企业，在平台运营中通常需要在带宽、主播上投入较多的前期成本，而主播违反合同在第三方平台进行直播的行为给直播平台造成损失的具体金额实际难以量化，如对网络直播平台苛求过重的举证责任，则有违公平原则。故本案违约金的调整应当考虑网络直播平台的特点以及签订合同时对熊某公司成本及收益的预见性。本案中，考虑主播李某在游戏直播行业中享有很高的人气和知名度的实际情况，结合其收益情况、合同剩余履行期间、双方违约及各自过错大小、熊某公司能够量化的损失、熊某公司已对约定违约金作出的减让、熊某公司平台的现状等情形，根据公平与诚信原则以及直播平台与主播个人的利益平衡，酌情将违约金调整为260万元。

要旨提炼

网络主播违反约定的排他性合作条款，未经直播平台同意在其他平台从事类似业务的，应当依法承担违约责任。网络主播主张合同约定的违约金明显过高请求予以减少的，在实际损失难以确定的情形下，人民法院可以根据网络直播行业的特点，以网络主播从平台中获取的实际收益为参考基础，结合平台前期投入、平台流量、主播个体商业价值等因素合理酌定。

案例二

命题点睛：房屋租赁合同 / 合同效力 / 行政规章 / 公序良俗 / 危房

案情回放

晶某酒店组织形式为个人经营，经营者系饶某，经营范围及方式为宾馆服务。2011年7月27日，晶某酒店通过公开招标的方式中标获得租赁某物资供应站所有的南昌市青山南路×号办公大楼的权利，并向物资供应站出具《承诺书》，承诺中标以后严格按照加固设计单位和江西省建设工程安全质量监督管理局等权威部门出具的加固改造方案，对青山南路×号办公大楼进行科学、安全的加固，并在取得具有法律效力的书面文件后，再使用该大楼。同年8月29日，晶某酒店与物资供应站签订《租赁合同》，约定：物资供应站将南昌市青山南路×号办公大楼4120平方米建筑出租给晶某酒店，用于经营商务宾馆。租赁期限为15年，自2011年9月1日起至2026年8月31日止。除约定租金和其他费用标准、支付方式、违约赔偿责任外，还在第五条特别约定：1.租赁物经有关部门鉴定为危楼，需加固后方能使用。晶某酒店对租赁物的前述问题及瑕疵已充分了解。晶某酒店承诺对租赁物进行加固，确保租赁物达到商业房产使用标准，晶某酒店承担全部费用。2.加固工程方案的报批、建设、验收（验收部门为江西省建设工程安全质量监督管理局或同等资质的部门）均由晶某酒店负责，物资供应站根据需要提供协助。3.晶某酒店如未经加固合格即擅自使用租赁物，应承担全部责任。合同签订后，物资供应站依照约定交付了租赁房屋。晶某酒店向物资供应站给付20万元履约保证金，1000万元投标保证金。中标后物资供应站退还了800万元投标保证金。

2011年10月26日，晶某酒店与上海永某加固技术工程有限公司签订加固改造工程《协议书》，晶某酒店将租赁的房屋以包工包料一次包干（图纸内的全部土建部分）的方式发包给上海永某加固技术工程有限公司加固改造，改造范围为主要承重柱、墙、梁板结构加固新增墙体全部内粉刷，图纸内的全部内容，图纸、电梯、热泵。开工时间2011年10月26日，竣工时间2012年1月26日。2012年1月3日，在加固施工过程中，案涉建筑物大部分垮塌。

江西省建设业安全生产监督管理站于2007年6月18日出具《房屋安全鉴定意见》，鉴定结果和建议是：1.该大楼主要结构受力构件设计与施工均不能满足现行国家设计和施工规范的要求，其强度不能满足上部结构承载力的要求，存在较严重的结构隐患。2.该大楼未进行抗震设计，没有抗震构造措施，不符合《建筑抗震设计规范》（GB 50011—2001）的要求。如遇有地震或其他意外情况发生，将造成重大安全事故。3.根据《危险房屋鉴定标准》（GB 50292—1999），该大楼按房屋危险性等级划分，属D级危房，应予以拆除。4.建议：（1）应立即对大楼进行减载，减少结构上的荷载。（2）对有问题的结构构件进行加固处理。（3）目前，应对大楼加强观察，并应采取措施，确保大楼安全过渡至拆除。如发现有异常现象，应立即撤出大楼的全部人员，并向有关部门报告。（4）建议尽快拆除全部结构。

饶某向一审法院提出诉请：一、解除其与物资供应站于2011年8月29日签订的《租赁合同》；二、物资供应站返还其保证金220万元；三、物资供应站赔偿其各项经济损失共计281万元；四、本案诉讼费用由物资供应站承担。

物资供应站向一审法院提出反诉诉请：一、判令饶某承担侵权责任，赔偿其2463.5万元；二、判令饶某承担全部诉讼费用。

再审中，饶某将其上述第一项诉讼请求变更为：确认案涉《租赁合同》无效。物资供应站亦将其诉讼请求变更为：饶某赔偿物资供应站损失418.7万元。①

法考直击

无效的民事法律行为指不满足民事法律行为的生效要件，因而不发生行为人预设的法律效果的民事法律行为。需要注意两点：一是民事法律行为之所以无效，是因为不满足民事法律行为的生效要件，如民事行为能力不具备、意思表示虚假、行为内容违法等；二是民事法律行为无效，当事人在实施民事法律行为时所追求的效果便不会发生，这就意味着，民事法律行为无效，当事人是不需要履行的，如果已经履行了，则需要恢复到履行之前的状态。

一、无效的民事法律行为的类型

（一）行为能力欠缺者实施的民事法律行为

1.无民事行为能力人实施的民事法律行为无效。
2.限制行为能力人实施的超出其能力范围的单方行为无效，如订立遗嘱、抛弃价值较大的物品等。

（二）虚假行为

行为人与相对人以虚假的意思表示实施的民事法律行为无效。

---

① 参见最高人民法院指导性案例170号，收录时有调整。

在认定虚假行为时，需要注意如下分析方法：首先，一方当事人进行了虚假的意思表示；其次，另一方当事人也明知其进行虚假的意思表示，但却表示同意。由此，双方达成了一个民事法律行为。

（三）恶意串通行为

恶意串通损害他人合法利益的民事法律行为无效。

1. 在认定恶意串通时，需要严格按照如下条件进行：首先，要有行为人的恶意（明知、知情）；其次，要有串通，即不仅双方都有损害他人的恶意，还要求双方要有意思联络，也就是属于双方商量好的事情；最后，要损害他人合法权益。

2. 恶意串通，必须有恶意、串通以及损人的目的，因此，恶意仅仅是恶意串通的条件之一，而不等同于恶意串通。

3. 虚假行为和恶意串通的关系。当事人实施虚假行为，有时是为了损害他人利益，此时也会同时构成恶意串通；当事人恶意串通，有时是以虚假行为为依托的，此时也会同时构成恶意串通。在上述情况下，按虚假行为处理，或按恶意串通行为处理均可。

虚假行为和恶意串通并不总是同时出现，在很多的虚假行为中，并不会出现恶意串通的情节，此时，就只能按照虚假行为处理，而不能按照恶意串通处理。

（四）违反强制性规定的行为

违反强制性规定的民事法律行为无效。

按学界通说，强制性规定分为效力性强制性规定和管理性强制性规定，民事法律行为只有违反强制性规定中的效力性规定，才会导致民事法律行为无效；如果是违反了强制性规定中的管理性规定，则不影响民事法律行为的效力。

典型的管理性强制性规定如：《民法典》第706条规定，当事人未依照法律、行政法规规定办理租赁合同登记备案手续的，不影响合同的效力。

典型的效力性强制性规定如：《最高人民法院关于审理建设工程施工合同纠纷案件适用法律问题的解释（一）》第1条第1款规定："建设工程施工合同具有下列情形之一的，应当依据民法典第一百五十三条第一款的规定，认定无效：（一）承包人未取得建筑业企业资质或者超越资质等级的；（二）没有资质的实际施工人借用有资质的建筑施工企业名义的；（三）建设工程必须进行招标而未招标或者中标无效的。"

（五）违反公序良俗的行为

违反公共秩序和善良风俗的民事法律行为无效。实践中常见的违反公序良俗的民事法律行为有：

1. 损害公共秩序的合同，如以从事犯罪或者帮助犯罪为内容的合同。

2. 过分限制基本人权的合同，如约定配偶一方结婚后不得擅自接触异性的夫妻忠实条款。
3. 违反基本的伦理道德的合同。

二、无效的民事法律行为的法律后果

无效的民事法律行为之无效，指不能发生当事人所预期达到的效果，但不能误认为该行为不发生任何效果。

（一）停止履行

既然无效的民事法律行为不能依当事人的意思发生效力，那么，该行为中所约定的当事人的义务也就无须履行。

（二）返还财产

民事法律行为无效，行为人因该行为取得的财产，应当予以返还；不能返还或者没有必要返还的，应当折价补偿。

就该效果而言，在无效的民事法律行为中，如果仅一方当事人获得财产的，获得财产的一方应予返还；如果双方当事人互相取得财产的，则应互相返还。

（三）赔偿损失

民事法律行为无效的，如果当事人存在过错，则有过错的一方应当赔偿对方由此所受到的损失；各方都有过错的，应当各自承担相应的责任。法律另有规定的，依照其规定。

司法观点

最高人民法院认为：

根据江西省建设业安全生产监督管理站于2007年6月18日出具的《房屋安全鉴定意见》，案涉《租赁合同》签订前，该合同项下的房屋存在以下安全隐患：一是主要结构受力构件设计与施工均不能满足现行国家设计和施工规范的要求，其强度不能满足上部结构承载力的要求，存在较严重的结构隐患；二是该房屋未进行抗震设计，没有抗震构造措施，不符合《建筑抗震设计规范》国家标准，遇有地震或其他意外情况发生，将造成重大安全事故。《房屋安全鉴定意见》同时就此前当地发生的地震对案涉房屋的结构造成了一定破坏、应引起业主及其上级部门足够重视等提出了警示。在上述认定基础上，江西省建设业安全生产监督管理站对案涉房屋的鉴定结果和建议是，案涉租赁房屋属于应尽快拆除全部结构的D级危房。据此，经有权鉴定机构鉴定，案涉房屋已被确定属于存在严重结构隐患，或将造成重大安全事故的应当尽快拆除的D级危房。根据中华人民共和国住房和城乡建设部《危险房屋鉴定标准》(2016年12月1日实施)第6.1.4条规定,房屋危险性鉴定属D级危房的,系指承重结构已不能满足安全使用要求,房屋整体处于危险状态,构成整幢危房。尽管《危险房屋鉴定标准》第7.0.5条规定,对评定为局部危房或整幢危房的房屋可按下列方式进行处理:1.观察使用;2.处理使用;3.停止使用;4.整体拆除;5.按相关规定处理。但本案中,有权鉴定机构已经明确案涉房屋应予拆除,并建议尽快拆除该危房的全部结构。因此,案涉危房并不具有可在加固后继续使用的情形。《商品房屋租赁管理办法》第6条规定,不符合安全、防灾等工程建设强制性标准的房屋不得出租。《商品房屋租赁管理办法》虽在效力等级上属部门规章,但是,该办法第6条规定体现的是对社会公共安全的保护以及对公序良俗的维护。结合本案事实,在案涉房屋已被确定属于存在严重结构隐患,或将造成重大安全事故、应当尽快拆除的D级危房的情形下,双方当事人仍签订《租赁合同》,约定将该房屋出租用于经营可能危及不特定公众人身及财产安全的商务酒店,明显损害了社会公共利益、违背了公序良俗。从维护公共安全及确立正确的社会价值导向的角度出发,对本案情形下合同效力的认定应从严把握,司法不应支持、鼓励这种为追求经济利益而忽视公共安全的有违社会公共利益和公序良俗的行为。故依照《民法总则》第153条第2款(现为《民法典》第153条,编者注,下同)关于违背公序良俗的民事法律行为无效的规定,以及《合同法》第52条第4项(《民法典》已删除该规定)关于损害社会公共利益的合同无效的规定,确认《租赁合同》无效。关于案涉房屋倒塌后物资供应站支付给他人的补偿费用问题,因物资供应站应对《租赁合同》的无效承担主要责任,根据《合同法》第58条(现为《民法典》第157条)"合同无效或者被撤销后,……双方都有过错的,应当各自承担相应的责任"的规定,上述费用应由物资供应站自行承担。因饶某对于《租赁合同》无效亦有过错,故对饶某的损失依照《合同法》第58条的规定,亦应由其自行承担。饶某向物资供应站支付的220万元保证金,因《租赁合同》系无效合同,物资供应站基于该合同取得的该款项依法应当退还给饶某。

要旨提炼

违反行政规章一般不影响合同效力,但违反行政规章签订租赁合同,约定将经有权鉴定机构鉴定存在严重结构隐患,或将造成重大安全事故的应当尽快拆除的危房出租用于经营酒店,危及不特定公众人身及财产安全,属于损害社会公共利益、违背公序良俗的行为,应当依法认定租赁合同无效,按照合同双方的过错大小确定各自应当承担的法律责任。

案例三

命题点睛：合同订立／本约／预约／房屋买卖合同

案情回放

2006年9月20日，某实业公司与某通讯公司签订《购房协议书》，对买卖诉争房屋的位置、面积及总价款等事宜作出约定，该协议书第3条约定在本协议原则下磋商确定购房合同及付款方式，第5条约定本协议在双方就诉争房屋签订房屋买卖合同时自动失效。通讯公司向实业公司的股东某纤维公司共转款1000万元，纤维公司为此出具定金收据两张，金额均为500万元。次年1月4日，实业公司向通讯公司交付了诉争房屋，此后该房屋一直由通讯公司使用。

2009年9月28日，通讯公司发出《商函》给实业公司，该函的内容为因受金融危机影响，且房地产销售价格整体下调，请求实业公司将诉争房屋的价格下调至6000万元左右。当天，实业公司发函给通讯公司，要求其在30日内派员协商正式的房屋买卖合同。通讯公司于次日回函表示同意商谈购房事宜，商谈时间为同年10月9日。

2009年10月10日，实业公司发函致通讯公司，要求通讯公司对其拟定的《房屋买卖合同》作出回复。当月12日，通讯公司回函对其已收到上述合同文本作出确认。2009年11月12日，实业公司发函给通讯公司，函件内容为双方因对买卖合同的诸多重大问题存在严重分歧，未能签订《房屋买卖合同》，故双方并未成立买卖关系，通讯公司应支付场地使用费。通讯公司于当月17日回函，称双方已实际履行了房屋买卖义务，其系合法占有诉争房屋，故无需支付场地占用费。

2010年3月3日，实业公司发函给通讯公司，解除其与通讯公司签订于2006年9月20日的《购房协议书》，且要求通讯公司腾出诉争房屋并支付场地使用费、退还定金。通讯公司以其与实业公司就诉争房屋的买卖问题签订了《购房协议书》，且其已支付1000万元定金，实业公司亦已将诉争房屋交付给其使用，双方之间的《购房协议书》合法有效，且以已实际履行为由，认为其与实业公司于2006年9月20日签订的《购房协议书》已成立并合法有效，请求判令实业公司向其履行办理房屋产权过户登记的义务。[①]

[①] 《最高人民法院发布民法典合同编通则司法解释相关典型案例》二、某通讯公司与某实业公司房屋买卖合同纠纷案，载最高人民法院网 https://www.court.gov.cn/zixun/xiangqing/419392.html，最后访问时间：2024年1月23日。收录时有调整。

法考直击

预约合同，是指当事人约定在将来一定期限内订立合同的认购书、订购书、预订书等。其本质，是现在暂时不签订正式的合同，而是约定未来再签订正式的合同。

（一）当事人有义务履行预约合同

预约合同符合民事法律行为的生效条件，即当事人具有相应的民事行为能力、意思表示真实、内容合法，故也是有效的，因此，当事人有义务履行预约合同。

1. 预约合同的认定

当事人以认购书、订购书、预订书等形式约定在将来一定期限内订立合同，或者为担保在将来一定期限内订立合同交付了定金，能够确定将来所要订立合同的主体、标的等内容的，人民法院应当认定预约合同成立。

当事人通过签订意向书或者备忘录等方式，仅表达交易的意向，未约定在将来一定期限内订立合同，或者虽然有约定但是难以确定将来所要订立合同的主体、标的等内容，一方主张预约合同成立的，人民法院不予支持。

当事人订立的认购书、订购书、预订书等已就合同标的、数量、价款或者报酬等主要内容达成合意，符合《最高人民法院关于适用〈中华人民共和国民法典〉合同编通则若干问题的解释》第3条第1款规定的合同成立条件，未明确约定在将来一定期限内另行订立合同，或者虽然有约定但是当事人一方已实施履行行为且对方接受的，人民法院应当认定本约合同成立。

2. 预约合同的履行

所谓当事人履行预约合同，是指当事人按照预约合同的约定，相互之间签订一份正式的合同。

预约合同生效后，当事人一方拒绝订立本约合同或者在磋商订立本约合同时违背诚信原则导致未能订立本约合同的，人民法院应当认定该当事人不履行预约合同约定的义务。

人民法院认定当事人一方在磋商订立本约合同时是否违背诚信原则，应当综合考虑该当事人在磋商时提出的条件是否明显背离预约合同约定的内容以及是否已尽合理努力进行协商等因素。

（二）当事人违反预约合同的法律后果

所谓当事人违反预约合同，是指当事人拒绝签订正式的合同。此种情形下，构成违约，应承担违约责任。

预约合同生效后，当事人一方不履行订立本约合同的义务，对方请求其赔偿因此造成的损失的，人民法院依法予以支持。对于损失赔偿，当事人有约定的，按照约定；没有约定的，人民法院应当综合考虑预约合同在内容上的完备程度以及订立本约合同的条件的成就程度等因素酌定。

司法观点

法院生效裁判认为，判断当事人之间订立的合同系本约还是预约的根本标准应当是当事人的意思表示，即当事人是否有意在将来订立一个新的合同，以最终明确在双方之间形成某种法律关系的具体内容。如果当事人存在明确的将来订立本约的意思，那么，即使预约的内容与本约已经十分接近，且通过合同解释，从预约中可以推导出本约的全部内容，也应当尊重当事人的意思表示，排除这种客观解释的可能性。不过，仅就案涉《购房协议书》而言，虽然其性质应为预约，但结合双方当事人在订立《购房协议书》之后的履行事实，实业公司与通讯公司之间已经成立了房屋买卖法律关系。对于当事人之间存在预约还是本约关系，不能仅凭一份孤立的协议就简单地加以认定，而是应当综合审查相关协议的内容以及当事人嗣后为达成交易进行的磋商甚至具体的履行行为等事实，从中探寻当事人的真实意思，并据此对当事人之间法律关系的性质作出准确的界定。

本案中，双方当事人在签订《购房协议书》时，作为买受人的通讯公司已经实际交付了定金并约定在一定条件下自动转为购房款，作为出卖人的实业公司也接受了通讯公司的交付。在签订《购房协议书》的3个多月后，实业公司将合同项下的房屋交付给了通讯公司，通讯公司接受了该交付。而根据《购房协议书》的预约性质，实业公司交付房屋的行为不应视为对该合同的履行，在当事人之间不存在租赁等其他有偿使用房屋的法律关系的情形下，实业公司的该行为应认定为系基于与通讯公司之间的房屋买卖关系而为的交付。据此，可以认定当事人之间达成了买卖房屋的合意，成立了房屋买卖法律关系。

要旨提炼

判断当事人之间订立的合同是本约还是预约的根本标准应当是当事人是否有意在将来另行订立一个新的合同，以最终明确双方之间的权利义务关系。即使当事人对标的、数量以及价款等内容进行了约定，但如果约定将来一定期间仍须另行订立合同，就应认定该约定是预约而非本约。当事人在签订预约合同后，已经实施交付标的物或者支付价款等履行行为，应当认定当事人以行为的方式订立了本约合同。

案例四

命题点睛：相邻关系／相邻权／排除妨害

案情回放

某花园小区某号楼某单元全体业主于2019年一致签字同意本单元增设电梯，于小区主要出入口及单元楼道张贴意见征集单、公示、承诺及图纸等相关材料，公示期间未收到异议。随后该增设电梯项目取得了主管部门的审批手续，于2020年4月正式开工。居住于某号楼北楼的业主范某认为该电梯安装位置影响其采光，侵犯其合法权益，遂多次在加装电梯施工现场阻碍施工，导致项目停工。该小区某号楼业主向人民法院起诉，要求判令范某排除妨碍，停止对加装电梯工程的妨害行为。[①]

法考直击

相邻关系

（一）概念

相邻关系是指两个或者两个以上相邻不动产的所有人或使用人，在行使占有、使用、收益、处分的权利时因互相提供必要便利而发生的权利义务关系。

1. 可以将相邻关系简单理解为邻居之间应互相容忍，但容忍也是有限度的，"忍无可忍，无须再忍"。例如，甲将位于顶楼的房屋出租给乙，约定乙可适当装饰房屋。租赁期间，乙装修房屋，产生巨大噪声，使斜对楼的住户丙的睡眠受到严重影响。丙可依相邻关系要求甲或者乙排除妨碍。相邻关系需要邻居之间彼此适当的容忍，但是容忍也是有限度的，乙装修房屋超过了必要限度。

2. 相邻关系中的"相邻"，通常是指邻居之间，既包括土地的相邻人之间，也包括房屋

[①] 《老旧小区既有住宅加装电梯典型案例》案例一　依法加装电梯的业主有权请求相邻楼栋业主停止妨害加装电梯的行为，载最高人民法院网 https://www.court.gov.cn/zixun/xiangqing/417032.html，最后访问时间：2024年1月23日。收录时有调整。

的相邻人之间。但何谓相邻，法律并未明确规定，考生一方面可多结合社会生活理解，另一方面又不可过于钻牛角尖。如住在同一栋楼里，二楼和三楼之间固然是邻居，二楼和四楼、五楼之间当然也是邻居，二楼装修房屋给五楼邻居造成噪声污染，五楼的邻居也可以请求排除妨碍。

3. 相邻关系的主体，不限于所有权人之间，使用人之间也会发生相邻关系。如甲承租一楼的房屋，乙承租二楼的房屋，甲、乙之间也发生相邻关系。

4. 相邻关系要求邻居之间互相容忍，这是法律的强制要求。换句话说，只要有不动产相邻的事实，邻居之间就应承担这种容忍义务。

（二）相邻关系的类型

1. 相邻用水排水关系

（1）相邻人应当尊重水的自然流向，在相邻人之间合理分配水资源。上游使用者不得将水全部拦截，影响下游用水；下游使用者也不得影响上游的排水。

（2）相邻一方在为房屋设置管、槽或其他装置时，不得使房屋雨水直接注泻于邻人建筑物上或者土地上。

2. 邻地使用关系

（1）袋地通行权

袋地通行权，用的是比喻的说法，是指相邻一方的建筑物或土地，处于邻人的土地包围之中，非经过邻人的土地不能到达公共道路，或者虽有其他通道但通行非常困难的，可以通过邻人的土地以到达公共道路。此种与公用道路没有适当联系的土地称为袋地，此种通行权利称为袋地通行权。

在袋地通行权中，通行人在选择道路时，应当选择最必要、损失最少的路线，如只需小道即可，就不得开辟大道；能够在荒地上开辟道路，就不得在耕地上开辟。同时，通行人应当尽量避免对相邻不动产的权利人造成损害，造成损害的，应当予以赔偿。

（2）管线通过

相邻人因铺设电线、电缆、水管、暖气和燃气管线等必须利用相邻土地、建筑物的，该土地、建筑物的权利人应当提供必要的便利。但相邻人应当选择损害最小的地点及方法安设，相邻人还应对所占土地及施工造成的损失给予补偿，并于事后清理现场。

（3）营建利用

相邻人因建造、修缮建筑物而必须利用相邻土地、建筑物的，该土地、建筑物的权利人应当提供必要的便利。但相邻人应当选择损害最小的地点及方法安设，相邻人还应对所占土地及施工造成的损失给予补偿，并于事后清理现场。

3. 通风采光日照关系

相邻人在建造建筑物时，应当与邻人的建筑物留有一定的距离，不得违反国家规定的有关工程建设标准，以免影响邻人建筑物的通风、采光和日照。

4. 相邻竹木归属关系

（1）相邻地界上的竹木、分界墙、分界沟等，如果所有权无法确定的，推定为相邻双方共有财产，其权利义务适用按份共有的原则。

（2）对于相邻他方土地的竹木根枝超越地界，并影响自己对土地使用的，如妨碍自己土地上庄稼的采光，相邻人有权请求相邻他方除去越界的竹木根枝。

5. 相邻侵害防免关系

（1）开掘危险、建筑物危险。不动产权利人挖掘土地、建造建筑物、铺设管线以及安装设备等，不得危及相邻不动产的安全。

（2）不可量物侵入。不动产权利人不得违反国家规定弃置固体废物，排放大气污染物、水污染物、噪声、光、电磁波辐射等有害物质。

司法观点

本案是一起因老旧小区加装电梯而造成的相邻关系纠纷，增设电梯工程系依法进行，相邻楼栋业主以侵害相邻权提出异议、阻挠施工。法院认为，某号楼加装电梯经过本幢房屋相关业主表决同意，徐某等业主系依据合法有效的既有住宅增设电梯开工备案通知单进行施工，范某实施阻碍加装电梯的行为，侵犯了徐某等合法权益。根据法律关于相邻关系的规定，相邻关系应当按照有利生产、方便生活、团结互助、公平合理的原则处理，案涉住宅增设电梯，将为大多数业主特别是老人、小孩生活带来极大便利。虽然可能会对北楼的房屋采光、通风产生一定影响，但北楼应当本着友睦邻里、互让互谅的原则对待增设电梯工程。人民法院判决范某停止对某花园小区某号楼加装电梯工程的阻挠行为。范某不服一审判决，提起上诉，江苏省无锡市中级人民法院经审理后判决驳回上诉，维持原判。

具体而言，某号楼位于小区的中间位置，加装电梯意味着不仅要对该楼外墙进行改建，且电梯井道也需占用紧邻的一部分土地和地上空间，属于影响业主权利、需由业主共同决定的事项。人民法院判决明确该楼加装电梯事宜已经获得该栋楼法定比例以上业主同意，程序合法。

关于增设的电梯是否会对相邻楼栋业主通风采光造成影响的问题，某号楼增设电梯可以改善该幢楼业主的居住条件及生活便利程度，电梯井道采用的是玻璃幕墙，在设计时已经考虑了可能给相邻楼栋及低楼层业主造成的采光问题，在保证本楼栋业主出行便利的情况下，尽可能将相邻及低楼层业主通风采光权的影响降到最低。同样，可能受到影响的业主如本案例中的范某，也应对相邻楼栋业主合理合法使用不动产提供一定的便利，即容忍相邻楼栋业主因加装电梯而在合法合理范围内改造建筑物。

此外，考虑到增设电梯可能给小区业主造成的影响并非一开始就会全部显露，为充分保障范某的权利，本案二审中也提出，如加装电梯后在采光、通风等方面确对部分业主造成较大影响的，亦可就补偿问题另行协商或通过法律途径解决，既保障了增设电梯工程的顺利完工，也为范某合理合法行使权利指明了路径。

要旨提炼

1. 增设电梯可以改善该幢楼业主的居住条件及生活便利程度，在保证本楼栋业主出行便利的情况下，应尽可能将相邻及低楼层业主通风采光权的影响降到最低，可能受到影响的业主也应容忍相邻楼栋业主因加装电梯而在合法合理范围内改造建筑物。

2. 如加装电梯后在采光、通风等方面确对部分业主造成较大影响的，亦可就补偿问题另行协商或通过法律途径解决。

案例五

命题点睛：彩礼返还／已办理结婚登记／尚未形成稳定共同生活

案情回放

刘某与朱某（女）2020年7月确立恋爱关系，2020年9月登记结婚。刘某于结婚当月向朱某银行账户转账一笔80万元并附言为"彩礼"，转账一笔26万元并附言为"五金"。双方分别在不同省份的城市工作生活。后因筹备举办婚礼等事宜发生纠纷，双方于2020年11月协议离婚，婚姻关系存续不到三个月。婚后未生育子女，无共同财产，无共同债权债务。双方曾短暂同居，并因筹备婚宴、拍婚纱照、共同旅游、亲友相互往来等发生部分费用。离婚后，因彩礼返还问题发生争议，刘某起诉请求朱某返还彩礼106万元。①

法考直击

一、禁止以彩礼为名借婚姻索取财物

禁止借婚姻索取财物。一方以彩礼为名借婚姻索取财物，另一方要求返还的，人民法院应予支持。

二、彩礼的界定

人民法院在审理涉彩礼纠纷案件中，可以根据一方给付财物的目的，综合考虑双方当地习俗、给付的时间和方式、财物价值、给付人及接收人等事实，认定彩礼范围。

下列情形给付的财物，不属于彩礼：（1）一方在节日、生日等有特殊纪念意义时点给付的价值不大的礼物、礼金；（2）一方为表达或者增进感情的日常消费性支出；（3）其他价值不大的财物。

---

① 《人民法院涉彩礼纠纷典型案例》案例三：已办理结婚登记，仅有短暂同居经历尚未形成稳定共同生活的，应扣除共同消费等费用后返还部分彩礼——刘某与朱某婚约财产纠纷案，载最高人民法院网 https://www.court.gov.cn/zixun/xiangqing/419922.html，最后访问时间：2024年1月23日。收录时有调整。

三、涉彩礼返还纠纷案件中当事人主体资格

婚约财产纠纷中，婚约一方及其实际给付彩礼的父母可以作为共同原告；婚约另一方及其实际接收彩礼的父母可以作为共同被告。

离婚纠纷中，一方提出返还彩礼诉讼请求的，当事人仍为夫妻双方。

四、返还彩礼的情形

1. 双方未办理结婚登记手续

双方未办理结婚登记但已共同生活，一方请求返还按照习俗给付的彩礼的，人民法院应当根据彩礼实际使用及嫁妆情况，综合考虑共同生活及孕育情况、双方过错等事实，结合当地习俗，确定是否返还以及返还的具体比例。

2. 双方办理结婚登记手续但确未共同生活，双方已离婚。

3. 婚前给付并导致给付人生活困难，双方已离婚。

4. 已办理结婚登记并共同生活

双方已办理结婚登记且共同生活，离婚时一方请求返还按照习俗给付的彩礼的，人民法院一般不予支持。但是，如果共同生活时间较短且彩礼数额过高的，人民法院可以根据彩礼实际使用及嫁妆情况，综合考虑彩礼数额、共同生活及孕育情况、双方过错等事实，结合当地习俗，确定是否返还以及返还的具体比例。人民法院认定彩礼数额是否过高，应当综合考虑彩礼给付方所在地居民人均可支配收入、给付方家庭经济情况以及当地习俗等因素。

司法观点

审理法院认为，彩礼是男女双方在缔结婚姻时一方依据习俗向另一方给付的钱物。关于案涉款项的性质，除已明确注明为彩礼的80万元款项外，备注为"五金"的26万元亦符合婚礼习俗中对于彩礼的一般认知，也应当认定为彩礼。关于共同生活的认定，双方虽然已经办理结婚登记，但从后续拍摄婚纱照、筹备婚宴的情况看，双方仍在按照习俗举办婚礼仪式的过程中。双方当事人婚姻关系仅存续不到3个月，期间双方工作、生活在不同的城市，对于后续如何工作、居住、生活未形成一致的规划。双方虽有短暂同居经历，但尚未形成完整的家庭共同体和稳定的生活状态，不能认定为已经有稳定的共同生活。鉴于双方已经登记结婚，且刘某支付彩礼后双方有共同筹备婚礼仪式、共同旅游、亲友相互往来等共同开销的情况，对该部分费用予以扣减。据此，法院酌情认定返还彩礼80万元。

要旨提炼

涉彩礼返还纠纷中,不论是已办理结婚登记还是未办理结婚登记的情况,在确定是否返还以及返还的具体比例时,共同生活时间均是重要的考量因素。但是,案件情况千差万别,对何谓"共同生活",很难明确规定统一的标准,而应当具体情况具体分析。

本案中,双方婚姻关系存续时间短,登记结婚后仍在筹备婚礼过程中,双方对于后续如何工作、居住、生活未形成一致的规划,未形成完整的家庭共同体和稳定的生活状态,不宜认定为已经共同生活。但是,考虑到办理结婚登记以及短暂同居经历对女方的影响、双方存在共同消费、彩礼数额过高等因素,判决酌情返还大部分彩礼,能够妥善平衡双方利益。

案例六

命题点睛：代位继承/法定继承/遗产的酌给

案情回放

被继承人苏某泉于2018年3月死亡，其父母和妻子均先于其死亡，生前未生育和收养子女。苏某泉的姐姐苏某乙先于苏某泉死亡，苏某泉无其他兄弟姐妹。苏某甲系苏某乙的养女。李某田是苏某泉堂姐的儿子，李某禾是李某田的儿子。苏某泉生前未立遗嘱，也未立遗赠扶养协议。上海市徐汇区华泾路某弄某号某室房屋的登记权利人为苏某泉、李某禾，共同共有。苏某泉的梅花牌手表1块及钻戒1枚由李某田保管中。苏某甲起诉请求，依法继承系争房屋中属于被继承人苏某泉的产权份额及梅花牌手表1块和钻戒1枚。①

法考直击

一、法定继承

（一）概念

法定继承，是指继承人根据法律确定的继承人的范围的顺序以及遗产分配规则，取得被继承人遗产的继承方式。

（二）适用范围

1. 没有遗赠扶养协议、遗赠、遗嘱继承。
2. 遗嘱继承人放弃继承或者受遗赠人放弃受遗赠。
3. 遗嘱继承人丧失继承权或者受遗赠人丧失受遗赠权。
4. 遗嘱继承人、受遗赠人先于遗嘱人死亡或终止。

---

① 《人民法院贯彻实施民法典典型案例（第一批）》八、苏某甲诉李某田等法定继承纠纷案，载最高人民法院网 https://www.court.gov.cn/zixun-xiangqing-347181.html，最后访问时间：2024年1月23日。收录时有调整。

5. 遗嘱无效部分所涉及的遗产。

6. 遗嘱未处分的遗产。

(三) 法定继承人的范围和顺序

第一顺序的法定继承人：配偶、子女、父母；对公婆或岳父母尽了主要赡养义务的丧偶儿媳和丧偶女婿。

第二顺序的法定继承人：兄弟姐妹、祖父母、外祖父母。

注意：

1. 这里所说的子女包括亲生子女（不论是否婚生）、养子女和与继父母之间有扶养关系的继子女。其中，养子女对亲生父母没有继承权；继子女对亲生父母仍然有继承权。

2. 顺序的意义是：有第一顺序继承人的，第二顺序继承人不得继承；没有第一顺序继承人或者第一顺序继承人均丧失了继承权或者放弃了继承权的，由第二顺序继承人继承。

(四) 法定继承中的遗产分配

1. 一般情形：同一顺序继承人继承遗产的份额一般应均等。

2. 特殊情形

（1）对于生活有特殊困难又缺乏劳动能力的继承人，分配遗产时应给予照顾。

（2）对被继承人尽了主要扶养义务或者与被继承人共同生活的继承人，分配遗产时可以多分。

（3）有扶养能力和扶养条件的继承人不尽扶养义务的，在分配遗产时应当不分或者少分。

注意：

①继承人有扶养能力和扶养条件，愿意尽扶养义务，但被继承人因有固定收入和劳动能力，明确表示不要求其扶养的，分配遗产时，一般不应因此而影响其继承份额。

②有扶养能力和扶养条件的继承人虽然与被继承人共同生活，但对需要扶养的被继承人不尽扶养义务，分配遗产时，可以少分或者不分。

（4）继承人协商同意的，也可以不均等。

3. 法定继承人以外有权分得遗产的人

以下两种人虽然不属于法定继承人，但却能分到遗产：

（1）继承人以外的，依靠被继承人扶养的人，可以适当分得遗产。

（2）继承人以外的，对被继承人扶养较多的人，可以适当分得遗产。

二、代位继承

代位继承有两种发生场合，考生要分别掌握。

（一）代位继承的一般发生场合

被继承人的子女先于被继承人死亡，由该先死子女的晚辈直系血亲代替其继承被继承人的遗产。如父亲先于爷爷去世，父亲所留下的孩子代替其父亲继承爷爷的遗产。

此种场合需要考生注意：（1）不论代位人是几个人，其对外均只能相当于一个人，共同继承被代位人应得的份额，然后代位人内部再进行分割。（2）继子女不能作为代位人。

（二）代位继承的特殊发生场合

被继承人的兄弟姐妹先于被继承人死亡的，由被继承人的兄弟姐妹的子女代位继承。

例1：甲、乙是兄弟。甲意外去世，留有一子丙。后乙也意外去世，无继承人。丙可否继承乙之遗产？

可以。此种情况下丙对乙的遗产的继承属于代位继承。

例2：如果乙留有一子丁。丙可否继承乙之遗产？

不可以。因为乙有第一顺序继承人丁，故丙不可以主张代位继承。

三、转继承

转继承，指在被继承人死亡后、遗产分割前，继承人又死亡的，由该死亡之继承人的继承人继承其应当继承的份额的法律制度。如父亲后于爷爷去世，父亲所继承的爷爷的遗产，有父亲的孩子再继续继承。

注意：如果被继承人生前的遗嘱对此另有安排的，则以遗嘱为准，不发生转继承。

四、遗赠扶养协议

（一）概念

遗赠扶养协议，指被扶养人和扶养人之间关于扶养人承担被扶养人的生养死葬义务，被扶养人将自己财产遗赠给扶养人的协议。

1. 遗赠扶养协议是双方法律行为，需要扶养人、被扶养人意思表示一致。

2. 遗赠扶养协议是双务、有偿行为。扶养人尽生养死葬义务，被扶养人应将遗产留给扶养人。

3. 遗赠扶养协议的被扶养人只能是自然人，而扶养人可以是自然人、法人、非法人组织等。

4. 遗赠扶养协议的扶养人，只能是对被扶养人没有法定扶养义务的人，否则无效。如父亲与其某一个子女签订遗赠扶养协议，由于其子女本来就对其承担扶养义务，所以这样的协议是无效的。

（二）遗赠扶养协议与其他遗产转移方式发生冲突时的解决

在法定继承、遗嘱继承或遗赠、遗赠扶养协议这三者中，遗赠扶养协议最优先；遗嘱继承或遗赠次之；法定继承再次之。

（三）遗赠扶养协议的解除

1. 因扶养人违反义务而解除协议的，扶养人丧失取得被扶养人遗产的权利，其支付的供养费用一般不予补偿。

2. 因被扶养人违反义务而解除协议的，被扶养人应当偿还扶养人已支付的供养费用。

司法观点

生效裁判认为，当事人一致确认苏某泉生前未立遗嘱，也未立遗赠扶养协议，故苏某泉的遗产应由其继承人按照法定继承办理。苏某甲系苏某泉姐姐苏某乙的养子女，在苏某乙先于苏某泉死亡且苏某泉的遗产无人继承又无人受遗赠的情况下，根据《最高人民法院关于适用〈中华人民共和国民法典〉时间效力的若干规定》第14条，适用《民法典》第1128条第2款和第3款的规定，苏某甲有权作为苏某泉的法定继承人继承苏某泉的遗产。另外，李某田与苏某泉长期共同居住，苏某泉生病在护理院期间的事宜由李某田负责处理，费用由李某田代为支付，苏某泉的丧葬事宜也由李某田操办，相较苏某甲，李某田对苏某泉尽了更多的扶养义务，故李某田作为继承人以外对被继承人扶养较多的人，可以分得适当遗产且可多于苏某甲。对于苏某泉名下系争房屋的产权份额和梅花牌手表1块及钻戒1枚，法院考虑到有利于生产生活、便于执行的原则，判归李某田所有并由李某田向苏某甲给付房屋折价款人民币60万元。

要旨提炼

1. 被继承人的兄弟姐妹先于被继承人死亡的，由被继承人的兄弟姐妹的子女代位继承。代位继承人一般只能继承被代位继承人有权继承的遗产份额。

2. 对被继承人尽了主要扶养义务或者与被继承人共同生活的继承人，分配遗产时，可以多分。

案例七

命题点睛：名誉权／网络侵权／微信群／公共空间

案情回放

原告兰某达公司、黄某诉称：黄某系兰某达公司员工，从事机器美容美甲业务。自2017年1月17日以来，被告赵某一直对二原告进行造谣、诽谤、诬陷，多次污蔑、谩骂，称黄某有精神分裂，污蔑兰某达公司的仪器不正规、讹诈客户，并通过微信群等方式进行散布，造成原告名誉受到严重损害，生意受损，请求人民法院判令：一、被告对二原告赔礼道歉，并以在北京市顺义区×号张贴公告、北京当地报纸刊登公告的方式为原告消除影响、恢复名誉；二、赔偿原告兰某达公司损失2万元；三、赔偿二原告精神损害抚慰金各5000元。

被告赵某辩称：被告没有在小区微信群里发过损害原告名誉的信息，只与邻居、好朋友说过与二原告发生纠纷的事情，且此事对被告影响亦较大。兰某达公司仪器不正规、讹诈客户非被告一人认为，其他人也有同感。原告的美容店经常不开，其损失与被告无关。故请求驳回原告的诉讼请求。

法院经审理查明：兰某达公司在北京市顺义区某小区一层开有一家美容店，黄某系该公司股东兼任美容师。2017年1月17日16时许，赵某陪同住小区的另一业主到该美容店做美容。黄某为顾客做美容，赵某询问之前其在该美容店祛斑的事情，后二人因美容服务问题发生口角。后公安部门对赵某作出行政处罚决定书，给予赵某行政拘留3日的处罚。

原告主张赵某的微信昵称为X郡主（微信号X-calm），且系小区业主微信群群主，双方发生纠纷后赵某多次在业主微信群中对二原告进行造谣、诽谤、污蔑、谩骂，并将黄某从业主群中移出，兰某达公司因赵某的行为生意严重受损。原告提供微信聊天记录及张某某的证人证言予以证明。微信聊天记录来自两个微信群，人数分别为345人和123人，记载有昵称X郡主发送的有关黄某、兰某达公司的言论，以及其他群成员询问情况等的回复信息；证人张某某是兰某达公司顾客，也是小区业主，其到庭陈述看到的微信群内容并当庭出示手机微信，群主微信号为X-calm。

赵某对原告陈述及证据均不予认可，并表示其2016年在涉诉美容店做激光祛斑，黄某承诺保证全部祛除掉，但做过两次后，斑越发严重，多次沟通，对方不同意退钱，事发当日其再次咨询此事，黄某却否认赵某在此做过祛斑，双方发生口角；赵某只有一个微信号，且经常换名字,现在业主群里叫X果,自己不是群主,不清楚群主情况,没有加过黄某为好友,也没有在微信群里发过损害原告名誉的信息,只与邻居、朋友说过与原告的纠纷,兰某达公司仪器不正规、讹诈客户,其他人也有同感,公民有言论自由。

经原告申请,法院自深圳市腾讯计算机系统有限公司调取了微信号X-calm的实名认证信息,确认为赵某,同时确认该微信号与黄某微信号X-HL互为好友时间为2016年3月4日13时16分18秒。赵某对此予以认可,但表示对于微信群中发送的有关黄某、兰某达公司的信息其并不清楚,现已经不用该微信号了,也退出了其中一个业主群。[①]

法考直击

一、名誉权

(一)概念

名誉权,指民事主体对自己在社会生活中获得的社会评价享有的不可侵犯的权利。

名誉,是对民事主体的品德、声望、才能、信用等的社会评价。

(二)侵害名誉权的行为表现

侮辱、捏造虚假事实(诽谤)等。

(三)名誉权的限制

行为人为公共利益实施新闻报道、舆论监督等行为,影响他人名誉的,不承担民事责任,但是有下列情形之一的除外:(1)捏造、歪曲事实;(2)对他人提供的严重失实内容未尽到合理核实义务;(3)使用侮辱性言辞等贬损他人名誉。

(四)文学、艺术作品侵害名誉权的认定

1.行为人发表的文学、艺术作品以真人真事或者特定人为描述对象,含有侮辱、诽谤内容,侵害他人名誉权的,受害人有权依法请求该行为人承担民事责任。

2.行为人发表的文学、艺术作品不以特定人为描述对象,仅其中的情节与该特定人的情况相似的,不承担民事责任。

(五)媒体报道内容失实侵害名誉权的补救

民事主体有证据证明报刊、网络等媒体报道的内容失实,侵害其名誉权的,有权请求

---

① 参见最高人民法院指导性案例143号,收录时有调整。

该媒体及时采取更正或者删除等必要措施。

（六）信用的保护

民事主体可以依法查询自己的信用评价；发现信用评价不当的，有权提出异议并请求采取更正、删除等必要措施。信用评价人应当及时核查，经核查属实的，应当及时采取必要措施。

二、人格权的保护

（一）诉讼时效问题

人格权受到侵害的，受害人有权请求行为人承担民事责任。受害人享有的停止侵害、排除妨碍、消除危险、消除影响、恢复名誉、赔礼道歉请求权，不适用诉讼时效的规定。

（二）人格权禁令

民事主体有证据证明行为人正在实施或者即将实施侵害其人格权的违法行为，不及时制止将使其合法权益受到难以弥补的损害的，有权依法向人民法院申请采取责令行为人停止有关行为的措施。

（三）侵权责任的承担

1.行为人因侵害人格权承担消除影响、恢复名誉、赔礼道歉等民事责任的，应当与行为的具体方式和造成的影响范围相当。

2.行为人拒不承担上述民事责任的，人民法院可以采取在报刊、网络等媒体上发布公告或者公布生效裁判文书等方式执行，产生的费用由行为人负担。

（四）精神损害赔偿

1.精神损害赔偿的适用范围

《最高人民法院关于确定民事侵权精神损害赔偿责任若干问题的解释》第1—3条规定，精神损害赔偿的具体适用规则为：

（1）因人身权益受到侵害，自然人或其近亲属可以主张精神损害赔偿。

（2）非法使被监护人脱离监护，导致亲子关系或者近亲属间的亲属关系遭受严重损害，监护人可以主张精神损害赔偿。

（3）死者的姓名、肖像、名誉、荣誉、隐私、遗体、遗骨等受到侵害，其近亲属可以主张精神损害赔偿。

（4）具有人身意义的特定物受到侵害，被侵权人可以主张精神损害赔偿。

2. 精神损害赔偿的例外

下列情形下,被侵权人不能主张精神损害赔偿:

(1) 主张精神损害赔偿,以造成严重精神损害为必要条件,故因侵权致人精神损害,但未造成严重后果的,被侵权人不能主张精神损害赔偿。

(2) 法人或者非法人组织不能主张精神损害赔偿。

司法观点

法院生效裁判认为:名誉权是民事主体依法享有的维护自己名誉并排除他人侵害的权利。民事主体不仅包括自然人,也包括法人及其他组织。《民法通则》第101条(现为《民法典》第109条)规定,公民、法人享有名誉权,公民的人格尊严受法律保护,禁止用侮辱、诽谤等方式损害公民、法人的名誉。

本案的争议焦点为,被告赵某在微信群中针对原告黄某、兰某达公司的言论是否构成名誉权侵权。传统名誉权侵权有四个构成要件,即受害人确有名誉被损害的事实、行为人行为违法、违法行为与损害后果之间有因果关系、行为人主观上有过错。对于微信群中的言论是否侵犯他人名誉权的认定,要符合传统名誉权侵权的全部构成要件,还应当考虑信息网络传播的特点并结合侵权主体、传播范围、损害程度等具体因素进行综合判断。

本案中,赵某否认其微信号 X-calm 所发的有关涉案信息是其本人所为,但就此未提供证据证明,且与已查明事实不符,故就该抗辩意见,法院无法采纳。根据庭审查明情况,结合微信聊天记录内容、证人证言、法院自深圳市腾讯计算机系统有限公司调取的材料,可以认定赵某在与黄某发生纠纷后,通过微信号在双方共同居住的小区两个业主微信群发布的信息中使用了"精神分裂""装疯卖傻"等明显带有侮辱性的言论,并使用了黄某的照片作为配图,而对于兰某达公司的"美容师不正规""讹诈客户""破仪器""技术和产品都不灵"等贬损性言辞,赵某未提交证据证明其所发表言论的客观真实性;退一步讲,即使有相关事实发生,其亦应通过合法途径解决。赵某将上述不当言论发至有众多该小区住户的两个微信群,其主观过错明显,从微信群的成员组成、对其他成员的询问情况以及网络信息传播的便利、广泛、快捷等特点来看,涉案言论确易引发对黄某、兰某达公司经营的美容店的猜测和误解,损害小区公众对兰某达公司的信赖,对二者产生负面认识并造成黄某个人及兰某达公司产品或者服务的社会评价降低,赵某的损害行为与黄某、兰某达公司名誉受损之间存在因果关系,故赵某的行为符合侵犯名誉权的要件,已构成侵权。

行为人因过错侵害他人民事权益,应当承担侵权责任。不特定关系人组成的微信群具有公共空间属性,公民在此类微信群中发布侮辱、诽谤、污蔑或者贬损他人的言论构成名誉权侵权,应当依法承担法律责任。公民、法人的名誉权受到侵害,有权要求停止侵害,恢复名誉,消除影响,赔礼道歉,并可以要求赔偿损失。现黄某、兰某达公司要求赵某基于侵犯名誉权之行为赔礼道歉，符合法律规定，应予以支持，赔礼道歉的具体方式由法院酌情确定。关于兰某达公司名誉权被侵犯产生的经济损失，兰某达公司提供的证据不能证明实际经济损失数额，但兰某达公司在涉诉小区经营美容店，赵某在有众多该小区住户的微信群中发表不当言论势必会给兰某达公司的经营造成不良影响，故对兰某达公司的该项请求，综合考虑赵某的过错程度、侵权行为内容与造成的影响、侵权持续时间、兰某达公司实际营业情况等因素酌情确定。关于黄某主张的精神损害抚慰金，亦根据上述因素酌情确定具体数额。关于兰某达公司主张的精神损害抚慰金，缺乏法律依据，故不予支持。

要旨提炼

1.认定微信群中的言论构成侵犯他人名誉权，应当符合名誉权侵权的全部构成要件，还应当考虑信息网络传播的特点并结合侵权主体、传播范围、损害程度等具体因素进行综合判断。

2.不特定关系人组成的微信群具有公共空间属性，公民在此类微信群中发布侮辱、诽谤、污蔑或者贬损他人的言论构成名誉权侵权，应当依法承担法律责任。

案例八

命题点睛：生命权纠纷／公共场所／安全保障义务

案情回放

2017年1月16日，北京市公安局丰台分局卢沟桥派出所接李某某110报警，称支某3外出遛狗未归，怀疑支某3掉在冰里了。接警后该所民警赶到现场开展查找工作，于当晚在永定河拦河闸自西向东第二闸门前消力池内发现一男子死亡，经家属确认为支某3。发现死者时，永定河拦河闸南侧消力池内池水表面结冰，冰面高度与消力池池壁边缘基本持平，消力池外河道无水。北京市公安局丰台分局于2017年1月20日出具关于支某3死亡的调查结论（丰公治亡查字〔2017〕第021号），主要内容为：经过（现场勘察、法医鉴定、走访群众等）工作，根据所获证据，得出如下结论：一、该人系符合溺亡死亡；二、该人死亡不属于刑事案件。支某3家属对死因无异议。支某3遗体被发现的地点为永定河拦河闸下游方向闸西侧消力池，消力池系卢沟桥分洪枢纽水利工程（拦河闸）的组成部分。永定河卢沟桥分洪枢纽工程的日常管理、维护和运行由北京市永定河管理处负责。北京市水务局称事发地点周边安装了防护栏杆，在多处醒目位置设置了多个警示标牌，标牌注明管理单位为"北京市永定河管理处"。支某3的父母支某1、马某某，妻子李某某和女儿支某2向法院起诉，请求北京市永定河管理处承担损害赔偿责任。[①]

法考直击

一、过错责任原则

（一）概念

所谓过错责任原则，是指欲要求行为人（侵权人）承担责任，必须以其存在过错为条件。过错，包括故意和过失。在侵权责任中，不论侵权人是故意还是过失，其所承担的侵权责任是一样的，这一点不要受刑法思维的影响。

---

① 参见最高人民法院指导性案例141号，收录时有调整。

虽然在确定侵权人是否承担侵权责任这一问题上，不需要严格区分侵权人是故意的还是过失的。但是，在受害人问题上，则要区分其是故意还是过失，因为一般情况下，受害人故意，侵权人的责任就会免除；受害人过失，侵权人的责任则减轻。

（二）过错责任原则的分类及其具体适用

根据受害人对过错是否需要举证，过错责任原则又分为一般过错责任原则和过错推定责任原则。

1. 一般过错责任原则，是指在追究行为人的责任时，必须以行为人的过错为条件，但行为人的过错，需要受害人举证加以证明，如果受害人不能证明行为人有过错，则行为人不承担责任。

2. 过错推定责任原则，是指在追究行为人的责任时，必须以行为人有过错为条件，但行为人的过错，不需要受害人举证加以证明，而是法律直接推定行为人有过错，因此行为人应承担责任。此种情形下，如果行为人想要不承担责任，则必须举证证明自己没有过错。如果其举证出来了，则表明法律关于其存在过错的推定就不成立，因此其不需要承担责任；如果其举证不出来，则表明法律关于其存在过错的推定就可以成立，因此其需要承担责任。所以，过错推定责任原则相对于一般过错责任原则，其特殊性就在于一个方面，即受害人不需要举证行为人有过错。

3. 过错推定责任原则，需要法律有明确规定才能适用。过错推定责任原则的情形主要有：

（1）无民事行为能力人在教育机构学习生活期间遭受人身损害，推定教育机构有过错。（《民法典》第1199条）

（2）医疗机构违反诊疗规范、拒绝提供或伪造、篡改、销毁病历资料，推定医疗机构有过错。（《民法典》第1222条）

（3）动物园饲养的动物致人损害，推定动物园有过错。（《民法典》第1248条）

（4）建筑物、构筑物或者其他设施及其搁置物、悬挂物脱落、坠落致人损害，推定其所有人、管理人或使用人有过错。（《民法典》第1253条）

（5）堆放的物品倒塌、滚落或者滑落致人损害，推定堆放人有过错。（《民法典》第1255条）

（6）林木折断、倾倒或者果实坠落等致人损害，推定林木的所有人或管理人有过错。（《民法典》第1257条）

（7）地面施工或窨井等地下设施致人损害，推定地面施工人或地下设施管理人有过错。（《民法典》第1258条）

4. 如果某一侵权责任适用一般过错责任原则，在民法上就将其称为一般侵权责任（也称为一般侵权行为）；如果某一侵权责任适用过错推定责任原则，在民法上就将其称为特殊侵权责任（也称为特殊侵权行为）。

5. 不论某一责任是适用一般过错责任原则，还是适用过错推定责任原则，其构成要件均为四个：行为＋损害后果＋行为与损害后果之间存在因果关系＋行为人有过错。其中，法考在命题时，重点是考查过错这个条件。虽然适用一般过错责任原则和过错推定责任原则都要求必须是四个构成要件，但是，如果适用的是一般过错责任原则，行为人的过错，受害人必须举证证明；如果适用的是过错推定责任原则，行为人的过错，则不需要受害人举证证明，而是由法律直接推定行为人存在过错。

二、违反安全保障义务的侵权责任

（一）发生场合

经营场所、公共场所、群众性活动的经营者、管理者或者组织者，未尽到安全保障义务，造成他人损害。所谓经营场所、公共场所，如宾馆、商场、银行、车站、机场、体育场馆、娱乐场所等。所谓群众性活动，是指由人们组织的、面向社会公众的、参加人数较多的各种活动，生活中较为常见的群众性活动，如旅行社组织的旅游活动；体育比赛活动；演唱会、音乐会等文艺演出活动；展览、展销等活动；游园、灯会、庙会、花会、焰火晚会等活动。

（二）责任承担

实行一般过错责任原则，由经营者、管理者、组织者承担侵权责任。

（三）特殊规则

在经营场所、公共场所、群众性活动中，受害人是因第三人的行为造成损害的，由第三人承担侵权责任；经营者、管理者或者组织者未尽到安全保障义务的，承担相应的补充责任。经营者、管理者或者组织者承担补充责任后，可以向第三人追偿。

司法观点

本案主要争议在于支某3溺亡事故发生地点的查实、相应管理机关的确定，以及该管理机关是否应承担侵权责任。本案主要事实和法律争议认定如下：

一、关于支某3的死亡地点及管理机关的事实认定。首先，从死亡原因上看，公安机关经鉴定认定支某3死因系因溺水导致；从事故现场上看，支某3遗体发现地点为永定河拦河闸前消力池。根据受理支某3失踪查找的公安机关派出所出具工作记录可认定支某3溺亡地点为永定河拦河闸南侧的消力池内。其次，关于消力池的管理机关。现已查明北京市永定河管理处为永定河拦河闸的管理机关，北京市永定河管理处对此亦予以认可，并明确确认消力池属于其管辖范围，据此认定北京市永定河管理处系支某3溺亡地点的管理责任方。鉴于北京市永定河管理处系依法成立的事业单位，依法可独立承担相应民事责任，故北京市水务局、北京市丰台区水务局、北京市丰台区永定河管理所均非本案的适格被告，支某1等四人要求该三被告承担连带赔偿责任的主张无事实及法律依据，不予支持。

二、关于管理机关北京市永定河管理处是否应承担侵权责任的认定。首先，本案并不适用侵权责任法中安全保障义务条款。安全保障义务所保护的人与义务人之间常常存在较为紧密的关系，包括缔约磋商关系、合同法律关系等，违反安全保障义务的侵权行为是负有安全保障义务的人由于没有履行合理范围内的安全保障义务而实施的侵权行为。根据查明的事实，支某3溺亡地点位于永定河拦河闸侧面消力池。从性质上看，消力池系永定河拦河闸的一部分，属于水利工程设施的范畴，并非对外开放的冰场；从位置上看，消力池位于拦河闸下方的永定河河道的中间处；从抵达路径来看，抵达消力池的正常路径，需要从永定河的沿河河堤下楼梯到达河道，再从永定河河道步行至拦河闸下方，因此无论是消力池的性质、消力池所处位置还是抵达消力池的路径而言，均难以认定消力池属于公共场所。北京市永定河管理处也不是群众性活动的组织者，故支某1等四人上诉主张四被上诉人未尽安全保障义务，与法相悖。其次，从侵权责任的构成上看，一方主张承担侵权责任，应就另一方存在违法行为、主观过错、损害后果且违法行为与损害后果之间具有因果关系等侵权责任构成要件承担举证责任。永定河道并非正常的活动、通行场所，依据一般常识即可知无论是进入河道还是进入冰面的行为，均容易发生危及人身的危险，此类对危险后果的预见性，不需要专业知识就可知晓。支某3在明知进入河道、冰面行走存在风险的情况下，仍进入该区域并导致自身溺亡，其主观上符合过于自信的过失，应自行承担相应的损害后果。成年人应当是自身安危的第一责任人，不能把自己的安危寄托在国家相关机构的无时无刻的提醒之下，户外活动应趋利避害，不随意进入非群众性活动场所是每一个公民应自觉遵守的行为规范。综上，北京市永定河管理处对支某3的死亡发生无过错，不应承担赔偿责任。在此需要指出，因支某3意外溺亡，造成支某1、马某某老年丧子，支某2年幼丧父，其家庭境遇令人同情，法院对此予以理解，但是赔偿的责任方是否构成侵权则需法律上严格界定及证据上的支持，不能以情感或结果责任主义为导向将损失交由不构成侵权的他方承担。

要旨提炼

消力池属于禁止公众进入的水利工程设施，不属于《民法典》第1198条第1款规定的"公共场所"。消力池的管理人和所有人采取了合理的安全提示和防护措施，完全民事行为能力人擅自进入造成自身损害，请求管理人和所有人承担赔偿责任的，人民法院不予支持。

第二章

民事诉讼法

案例九

命题点睛：侵害作品信息网络传播权/管辖/侵权行为地

🗣 案情回放

原告张某龙以被告北京某蝶文化传播有限公司、程某、马某擅自在相关网站上发布、使用其享有著作权的写真艺术作品，侵害其作品信息网络传播权为由，向其住所地的河北省秦皇岛市中级人民法院提起诉讼。被告马某以本案应当适用《最高人民法院关于审理侵害信息网络传播权民事纠纷案件适用法律若干问题的规定》（以下简称《信息网络传播权规定》）第15条的规定确定管辖，秦皇岛市为原告住所地，不是侵权行为地或被告住所地为由，对本案管辖权提出异议，请求将本案移送侵权行为地和被告住所地的北京互联网法院审理。[①]

⚖ 法考直击

侵权案件的地域管辖

1. 因侵权行为提起的诉讼，由侵权行为地或者被告住所地人民法院管辖。

侵权行为地，包括侵权行为实施地、侵权结果发生地。

2. 几种特殊侵权案件的地域管辖

特殊侵权案件的管辖遵循一般地域管辖的原则规定，在侵权行为地和被告住所地之外，又增加了其他有管辖权的法院。

（1）产品、服务质量侵权纠纷的管辖法院：被告住所地、侵权行为地、产品制造地、产品销售地、服务提供地。

（2）著作权、商标权侵权纠纷案件的管辖法院：被告所在地、侵权行为的实施地、侵权复制品（商品）储藏地或者查封、扣押地。

（3）新闻侵权案件管辖法院：被告住所地、报刊杂志销售地、被侵权人住所地法院

---

① 参见最高人民法院指导性案例223号，收录时有调整。

管辖。

报刊、杂志的发行销售地视为侵权行为发生地，受侵害的公民、法人和其他组织的住所地视为侵权结果发生地。

合同关系与侵权关系经常并存于同一纠纷案件之中，此时产生请求权竞合，应根据原告的诉讼请求确定管辖法院。如果在合同履行过程中发生侵权，则此案有管辖权的法院，根据合同纠纷为被告住所地和合同履行地，根据侵权纠纷为被告住所地和侵权行为地。

（4）铁路、公路、水上和航空事故请求损害赔偿：被告住所地；事故发生地；车辆、船舶最先到达地、航空器最先降落地。

（5）网络侵权：计算机等信息设备所在地；被侵权人住所地；被告住所地法院；侵权行为地和被告住所地均难以确定或者在境外的，原告发现侵权内容的计算机终端等设备所在地可以视为侵权行为地。

（6）保全侵权：采取保全措施的、受理起诉的法院。（无被告住所地）

司法观点

最高人民法院认为，《最高人民法院关于适用〈中华人民共和国民事诉讼法〉的解释》第25条规定："信息网络侵权行为实施地包括实施被诉侵权行为的计算机等信息设备所在地，侵权结果发生地包括被侵权人住所地。"该规定中的"信息网络侵权行为"针对的是通过信息网络对一般民事权利实施的侵权行为。但"信息网络传播权"，是《著作权法》第10条第1款规定的著作权人享有的法定权利，即"以有线或者无线方式向公众提供作品，使公众可以在其个人选定的时间和地点获得作品的权利。"基于信息网络传播权的性质和特点，侵害信息网络传播权的行为一旦发生，随之导致"公众可以在其个人选定的时间和地点获得作品"，其侵权行为涉及的地域范围具有不确定性。故《信息网络传播权规定》第15条规定："侵害信息网络传播权民事纠纷案件由侵权行为地或者被告住所地人民法院管辖。侵权行为地包括实施被诉侵权行为的网络服务器、计算机终端等设备所在地。侵权行为地和被告住所地均难以确定或者在境外的，原告发现侵权内容的计算机终端等设备所在地可以视为侵权行为地。"因此，《信息网络传播权规定》第15条是针对信息网络传播权这一特定类型的民事权利，对侵害信息网络传播权纠纷民事案件的管辖作出的特别规定。在确定侵害信息网络传播权民事纠纷案件的管辖时，应当以《信息网络传播权规定》第15条为依据。

本案中，秦皇岛市为原告住所地，不属于《信息网络传播权规定》第15条规定的侵权行为地或被告住所地。本案也不存在《信息网络传播权规定》第15条规定的"侵权行为地和被告住所地均难以确定或者在境外"的例外情形。因此，河北省秦皇岛市中级人民法院对于本案没有管辖权,河北省高级人民法院将本案移送北京互联网法院并无不当。

要旨提炼

侵害作品信息网络传播权的侵权结果发生地具有不确定性,不应作为确定管辖的依据。在确定侵害作品信息网络传播权民事纠纷案件的管辖时,应当适用《信息网络传播权规定》第15条的规定,即由侵权行为地或者被告住所地人民法院管辖。

案例十

命题点睛：第三人撤销之诉 / 财产处分行为

案情回放

2003年5月，福建省高级人民法院受理郑某诉远某厦门公司借款纠纷一案。2003年6月2日，该院作出（2003）闽民初字第2号民事调解书，确认远某厦门公司共结欠郑某借款本息共计人民币123129527.72元，之后的利息郑某自愿放弃；如果远某厦门公司未按还款计划返还任何一期欠款，郑某有权要求提前清偿所有未返还欠款。远某厦门公司由在香港注册的香港远某公司独资设立，法定代表人为张某。雷某为燕某公司法定代表人。张某与雷某同为香港远某公司股东、董事，各持香港远某公司50%股份。雷某曾向福建省人民检察院申诉，该院于2003年8月19日向福建省高级人民法院发出《检察建议书》，建议对（2003）闽民初字第2号案件依法再审。福建省高级人民法院向福建省公安厅出具《犯罪线索移送函》，认为郑某与张某涉嫌恶意串通侵占远某厦门公司资产，进而损害香港远某公司的合法权益。

2015年4月8日，郑某与高某签订《债权转让协议书》并进行了公证，约定把（2003）闽民初字第2号民事调解书项下的全部债权转让给高某；截至协议签订之日，债权转让的对价已支付完毕；协议签署后，高某可以自己名义直接向远某厦门公司主张上述全部债权权益，享有合法的债权人权益。2015年4月10日，远某厦门公司声明知悉债权转让事宜。

2015年12月21日，福建省厦门市中级人民法院裁定受理案外人对远某厦门公司的破产清算申请，并指定福建英某律师事务所为破产管理人。破产管理人于2016年3月15日向燕某公司发出《远某厦门公司破产一案告知函》，告知远某厦门公司债权人查阅债权申报材料事宜，其中破产管理人目前接收的债权申报信息统计如下：……5. 燕某公司申报14158920元；6. 高某申报312294743.65元；合计725856487.91元。如债权人在查阅债权申报材料后，对他人申报的债权有异议，请于3月18日前向破产管理人书面提出。

燕某公司以（2003）闽民初字第2号案件是当事人恶意串通转移资产的虚假诉讼、影响其作为破产债权人的利益为由，向福建省高级人民法院提交诉状请求撤销（2003）闽民初字第2号民事调解书。[①]

---

① 参见最高人民法院指导性案例153号，收录时有调整。

法考直击

第三人因不能归责于本人的事由未参加诉讼，但有证据证明发生法律效力的判决、裁定、调解书的部分或者全部内容错误，损害其民事权益的，可以自知道或者应当知道其民事权益受到损害之日起6个月内，向作出该判决、裁定、调解书的人民法院提起诉讼。人民法院经审理，诉讼请求成立的，应当改变或者撤销原判决、裁定、调解书；诉讼请求不成立的，驳回诉讼请求。

（一）因不能归责于本人的事由未参加诉讼

这是指没有被列为生效判决、裁定、调解书当事人，且无过错或者无明显过错的情形。包括：（1）知道诉讼而未参加的。（2）申请参加未获准许的。（3）知道诉讼，但因客观原因无法参加的。（4）因其他不能归责于本人的事由未参加诉讼的。

（二）法院审查期间

30日内立案或裁定不予受理。

（三）审判组织形式

合议庭。

（四）不予受理的案件范围

1. 适用特别程序、督促程序、公示催告程序、破产程序等非讼程序处理的案件。
2. 婚姻无效、撤销或者解除婚姻关系等判决、裁定、调解书中涉及身份关系的内容。
3. 《民事诉讼法》规定的未参加登记的权利人对代表人诉讼案件的生效裁判。
4. 《民事诉讼法》规定的损害社会公共利益行为的受害人对公益诉讼案件的生效裁判。

（五）当事人

1. 原告：第三人。
2. 被告：生效判决、裁定、调解书的当事人。
3. 第三人：生效判决、裁定、调解书中没有承担责任的无独立请求权的第三人，可以列为第三人。

（六）法院裁判及效力

1. 法院裁判

（1）请求成立且确认其民事权利的主张全部或部分成立的，改变原判决、裁定、调解书内容的错误部分。

（2）请求成立，但确认其全部或部分民事权利的主张不成立，或者未提出确认其民事权利请求的，撤销原判决、裁定、调解书内容的错误部分。

（3）请求不成立的，驳回诉讼请求。

2. 裁判效力

当事人可以上诉：当事人对第三人撤销之诉的裁判不服的，可以上诉。

（七）与其他程序的关系

1. 与再审程序

（1）再审优先，第三人撤销之诉并入再审：第三人撤销之诉案件审理期间，人民法院对生效判决、裁定、调解书裁定再审的，受理第三人撤销之诉的人民法院应当裁定将第三人的诉讼请求并入再审程序。

并入再审程序后的处理方式：

①按照第一审程序审理的，人民法院应当对第三人的诉讼请求一并审理，所作的判决可以上诉；

②按照第二审程序审理的，人民法院可以调解，调解达不成协议的，应当裁定撤销原判决、裁定、调解书，发回一审法院重审，重审时应当列明第三人。

（2）第三人撤销之诉优先，中止再审：第三人撤销之诉案件审理期间，人民法院对生效判决、裁定、调解书裁定再审，但有证据证明原审当事人之间恶意串通损害第三人合法权益的，人民法院应当先行审理第三人撤销之诉案件，裁定中止再审诉讼。

2. 与执行程序

（1）可中止原裁判执行：受理第三人撤销之诉案件后，原告提供相应担保，请求中止执行的，人民法院可以准许。

（2）未中止生效判决、裁定、调解书执行的：第三人不服驳回执行异议裁定，则已提起第三人撤销之诉的，不得申请再审；未提起第三人撤销之诉的，可以申请再审。即：

①第三人提起撤销之诉后，未中止生效判决、裁定、调解书执行的，执行法院对第三人提出的执行异议，应予审查。第三人不服驳回执行异议裁定，申请对原判决、裁定、调解书再审的，人民法院不予受理。

②案外人对人民法院驳回其执行异议裁定不服，认为原判决、裁定、调解书内容错误损害其合法权益的，应当根据《民事诉讼法》的规定申请再审，提起第三人撤销之诉的，人民法院不予受理。

（八）债权人的第三人撤销之诉

1. 该债权人的债权是优先保护的债权（优先受偿权）。

2. 债权人不能行使撤销权。

3. 生效法律文书是虚假诉讼。

司法观点

最高人民法院认为：根据《民事诉讼法》第56条（现为第59条）第3款的规定，第三人可以自知道或者应当知道其民事权益受到损害之日起6个月内，向人民法院提起诉讼。该6个月起诉期间的起算点，为当事人知道或者应当知道其民事权益受到损害之日。本案中，在远某厦门公司有足够资产清偿所有债务的前提下，（2003）闽民初字第2号民事调解书对燕某公司债权的实现没有影响；在远某厦门公司正常生产经营的情况下，亦难以确定（2003）闽民初字第2号民事调解书会对燕某公司的债权造成损害。但是，在远某厦门公司因不能足额清偿所欠全部债务而进入破产程序，燕某公司、郑某债权的受让人高某均系其破产债权人，且高某依据（2003）闽民初字第2号民事调解书申报债权的情况下，燕某公司破产债权的实现程度会因高某破产债权所依据的（2003）闽民初字第2号民事调解书而受到损害，故应认定燕某公司在获知远某厦门公司进入破产程序的信息后才会知道或者应当知道其民事权益受到损害。燕某公司于2016年3月15日签收破产管理人制作的有关债权人申报材料，其于2016年9月12日向福建省高级人民法院提交诉状请求撤销（2003）闽民初字第2号民事调解书，未超过6个月的起诉期间。虽然燕某公司时任总经理雷某于2003年7月就（2003）闽民初字第2号民事调解书提出过申诉，但其系以香港远某公司股东、董事以及远某厦门公司董事、总经理的身份为保护远某厦门公司的利益而非燕某公司的债权提出的申诉，且此时燕某公司是否因（2003）闽民初字第2号民事调解书而遭受损害并不确定，也就不存在其是否知道或者应当知道，进而依照《民事诉讼法》第56条第3款的规定起算6个月起诉期间的问题。

要旨提炼

债权人对确认债务人处分财产行为的生效裁判提起第三人撤销之诉的，在出现债务人进入破产程序、无财产可供执行等影响债权人债权实现的情形时，应当认定债权人知道或者应当知道该生效裁判损害其民事权益，提起诉讼的6个月期间开始起算。

案例十一

命题点睛：抗诉／申请撤诉／终结审查

案情回放

2009年6月15日，华某公司因与宏某公司、张某建设工程施工合同纠纷一案，不服黑龙江省高级人民法院同年2月11日作出的（2008）黑民一终字第173号民事判决，向最高人民法院申请再审。最高人民法院于同年12月8日作出（2009）民申字第1164号民事裁定，按照审判监督程序提审本案。在最高人民法院民事审判第一庭提审期间，华某公司鉴于当事人之间已达成和解且已履行完毕，提交了撤回再审申请书。最高人民法院经审查，于2010年12月15日以（2010）民提字第63号民事裁定准许其撤回再审申请。

申诉人华某公司在向法院申请再审的同时，也向检察院申请抗诉。2010年11月12日，最高人民检察院受理后决定对本案按照审判监督程序提出抗诉。2011年3月9日，最高人民法院立案一庭收到最高人民检察院高检民抗〔2010〕58号民事抗诉书后进行立案登记，同月11日移送审判监督庭审理。最高人民法院审判监督庭经审查发现，华某公司曾向本院申请再审，其纠纷已解决，且申请检察院抗诉的理由与申请再审的理由基本相同，遂与最高人民检察院沟通并建议其撤回抗诉，最高人民检察院不同意撤回抗诉。再与华某公司联系，华某公司称当事人之间已就抗诉案达成和解且已履行完毕，纠纷已经解决，并于同年4月13日再次向最高人民法院提交了撤诉申请书。[①]

法考直击

一、人民法院决定再审

（一）人民法院决定再审的条件

1. 提起再审的客体必须是人民法院已经发生法律效力的判决、裁定、调解书。
2. 已经发生法律效力的判决、裁定、调解书确有错误。确有错误，是指原审裁判在事

---

① 参见最高人民法院指导性案例7号，收录时有调整。

实认定、法律适用和程序运行中有重大缺陷，导致裁判结果的不公正。

注意：可以提起再审的民事裁定仅限于不予受理的裁定、驳回起诉的裁定和按自动撤回上诉处理的裁定。

（二）人民法院提起再审的主体

1. 本院提起再审

各级人民法院院长对本院已经发生法律效力的判决、裁定、调解书，发现确有错误，认为需要再审的，应当提交审判委员会讨论决定。

2. 最高人民法院和上级人民法院提起再审（剥夺原审法院和与原审同级法院的再审权）

最高人民法院对地方各级人民法院已经发生法律效力的判决、裁定、调解书，上级人民法院对下级人民法院已经发生法律效力的判决、裁定、调解书，发现确有错误的，有权提审或者指令下级人民法院再审。

此时指令下级法院再审也必须提审。也就是只能指令比原审法院级别高的法院再审，不能指令原审法院或与其同级的法院再审，因为指令原审法院或与原审法院同级的法院再审就不构成提审。

二、人民检察院抗诉引起的再审

（一）再审事由

1. 判决、裁定的再审事由

（1）有新的证据，足以推翻原判决、裁定的。

（2）原判决、裁定认定的基本事实缺乏证据证明的。"认定的基本事实缺乏证据证明"包括：认定的基本事实没有证据支持，或者认定的基本事实所依据的证据虚假、缺乏证明力的；认定的基本事实所依据的证据不合法的；对基本事实的认定违反逻辑推理或者日常生活法则的；认定的基本事实缺乏证据证明的其他情形。

（3）原判决、裁定认定事实的主要证据是伪造的。

（4）原判决、裁定认定事实的主要证据未经质证的。

（5）对审理案件需要的主要证据，当事人因客观原因不能自行收集，书面申请人民法院调查收集，人民法院未调查收集的。

（6）原判决、裁定适用法律确有错误的。"适用法律确有错误"包括：适用的法律与案件性质明显不符的；认定法律关系主体、性质或者法律行为效力错误的；确定民事责任明显违背当事人有效约定或者法律规定的；适用的法律已经失效或者尚未施行的；违反法律溯及力规定的；违反法律适用规则的；适用法律明显违背立法本意的；适用诉讼时效规定错误的；适用法律错误的其他情形。

（7）审判组织的组成不合法或者依法应当回避的审判人员没有回避的。"审判组织的组成不合法"包括：应当组成合议庭审理的案件独任审判的；人民陪审员参与第二审案件审理的；再审、发回重审的案件没有另行组成合议庭的；审理案件的人员不具有审判资格的；审判组织或者人员不合法的其他情形。

（8）无诉讼行为能力人未经法定代理人代为诉讼或者应当参加诉讼的当事人，因不能归责于本人或者其诉讼代理人的事由，未参加诉讼的。

（9）违反法律规定，剥夺当事人辩论权利的。"违反法律规定，剥夺当事人辩论权利"包含：不允许或者严重限制当事人行使辩论权利的；应当开庭审理而未开庭审理的；违反法律规定送达起诉状副本或者上诉状副本，致使当事人无法行使辩论权利的；违法剥夺当事人辩论权利的其他情形。

（10）未经传票传唤，缺席判决的。

（11）原判决、裁定遗漏或者超出诉讼请求的。

（12）据以作出原判决、裁定的法律文书被撤销或者变更的。

（13）审判人员审理该案件时有贪污受贿，徇私舞弊，枉法裁判行为的。审判人员在审理该案件时有贪污受贿，徇私舞弊，枉法裁判行为，是指该行为已经相关刑事法律文书或者纪律处分决定确认的情形。

注意：上述法定13种情形中，属于第6种和第13种情形的，检察院必须抗诉，不得提出检察建议；属于其他11种情形的，检察院可以抗诉，可以提出检察建议，但如果判决、裁定是经同级人民法院再审后作出的或判决、裁定是经同级人民法院审判委员会讨论作出的，则应当抗诉。

2. 调解书的再审事由：损害国家利益、社会公共利益。

（二）提出抗诉的主体

除最高人民检察院可以直接针对最高人民法院的生效裁判直接抗诉外，只能由上级检察院针对下级法院的生效裁判提出抗诉。

地方各级人民检察院针对自己同级法院的生效裁判，只能提请自己的上级检察院提出抗诉，或向同级法院提出检察建议。

（三）抗诉的效力

检察院应当制作抗诉书。检察院提出抗诉的案件，法院应当受理，应当自收到抗诉书之日起30日内作出提起再审的裁定。

（四）抗诉案件的审理法院

1. 通常为接受抗诉的法院。

2.接受抗诉的人民法院在下列 5 种情形下可以交下一级人民法院再审,但经该下一级人民法院再审过的除外:

(1)有新的证据,足以推翻原判决、裁定的。

(2)原判决、裁定认定的基本事实缺乏证据证明的。

(3)原判决、裁定认定事实的主要证据是伪造的。

(4)原判决、裁定认定事实的主要证据未经质证的。

(5)对审理案件需要的主要证据,当事人因客观原因不能自行收集,书面申请人民法院调查收集,人民法院未调查收集的。

注意:上述 5 种情形全部与证据有关,属于实体错误。

(五)抗诉案件的审理

再审时,应当通知检察院派员出席法庭。

(六)检察院的调查取证权

检察院因履行法律监督职责提出检察建议或者抗诉的需要,可以向当事人或者案外人调查核实有关情况。

三、当事人申请再审

(一)申请再审的对象

判决、裁定、调解书。

(二)申请再审的事由

针对判决和裁定的事由与检察院抗诉的法定事由相同,针对调解书的事由是调解违反自愿原则或者调解协议的内容违反法律。

(三)申请再审的法定期间

1.当事人申请再审,应当在判决、裁定、调解书发生法律效力后 6 个月内提出。

2.有下述情形之一的,自知道或者应当知道之日起 6 个月内提出:(1)有新的证据,足以推翻原判决、裁定的;(2)原判决、裁定认定事实的主要证据是伪造的;(3)据以作出原判决、裁定的法律文书被撤销或者变更的;(4)审判人员审理该案件时有贪污受贿,徇私舞弊,枉法裁判行为的。

注意:法院决定再审和检察院抗诉,没有期限的限制,任何时候发现均可启动再审程序。

（四）法院对再审申请的审查

1. 时间：3个月。人民法院应当自收到再审申请书之日起3个月内审查，公告期间、当事人和解期间等不计入审查期限，有特殊情况需要延长的，由本院院长批准。

2. 文书：裁定。

（1）对于再审申请，法院用裁定处理。符合法定情形的，裁定再审；不符合法定情形的，裁定驳回申请。

注意：不符合法定情形的，是裁定驳回再审申请，而不是裁定驳回起诉。裁定驳回再审申请，原裁判效力未被否定；在再审程序审理中，如果发现原审法院受理案件错误，则可以撤销原一、二审裁判，驳回起诉，此时，原裁判的效力是被否定了。

（2）法院裁定不予受理：法院准许撤回再审申请或者按撤回再审申请处理后，再审申请人再次申请再审的；再审申请被驳回后再次提出申请的；对再审判决、裁定提出申请的；在人民检察院对当事人的申请作出不予提出再审检察建议或者抗诉决定后又提出申请的。

（3）组织形式：合议庭审查。对当事人的再审申请，人民法院应当组成合议庭进行审查。

（五）申请再审的法院

1. 通常为上一级人民法院。

2. 当事人一方人数众多或者当事人双方为公民的案件：可以向上一级和原审人民法院申请。

3. 当事人一方人数众多或者当事人双方为公民的案件，当事人分别向原审人民法院和上一级人民法院申请再审且不能协商一致的，由原审人民法院受理。

（六）审理法院

由中级以上法院审理，但当事人一方人数众多或双方是公民，向原审法院（基层法院）申请再审的除外。（限制基层法院的再审权）

1. 最高人民法院、高级人民法院裁定再审的案件，由本院再审或者交由其他人民法院再审，也可以交原审人民法院再审。

（1）因当事人申请裁定再审的案件一般应当由裁定再审的人民法院审理。有下列情形之一的，最高人民法院、高级人民法院可以指令原审人民法院再审：原判决、裁定认定事实的主要证据未经质证的；对审理案件需要的主要证据，当事人因客观原因不能自行收集，书面申请人民法院调查收集，人民法院未调查收集的；违反法律规定，剥夺当事人辩论权利的；发生法律效力的判决、裁定、调解书是由第一审法院作出的；当事人一方人数众多或者当事人双方为公民的；经审判委员会讨论决定的其他情形。

（2）虽然符合可以指令再审的条件，但有下列情形之一的，应当提审：原判决、裁定系经原审人民法院再审审理后作出的；原判决、裁定系经原审人民法院审判委员会讨论作出的；原审审判人员在审理该案件时有贪污受贿，徇私舞弊，枉法裁判行为的；原审人民法院对该案无再审管辖权的；需要统一法律适用或裁量权行使标准的；其他不宜指令原审人民法院再审的情形。

2. 中级人民法院和基层人民法院裁定再审的案件，只能由其本院审理。

（七）不能申请再审的案件

1. 已经发生法律效力的解除婚姻关系的判决书、调解书。
2. 就离婚案件中的财产分割问题申请再审的，如涉及判决中已分割的财产，可以申请再审；如涉及判决中未作处理的夫妻共同财产，应告知当事人另行起诉。
3. 按照特别程序、督促程序、公示催告程序、破产程序审理的案件。

四、当事人申请检察建议或者抗诉

当事人向检察院申请，要求其对民事案件提出检察建议或抗诉，这是除检察院自身发现生效法律文书有错误从而行使检察监督权以外，检察院行使检察监督权的重要线索来源。这项制度既增加了当事人对生效法律文书行使监督权的方式：除了向法院抗诉以外，还可以向检察院申请其提出检察建议或抗诉，也有利于检察院抗诉的实现。

（一）法定情形

1. 法院驳回再审申请的。
2. 法院逾期未对再审申请作出裁定的。
3. 再审判决、裁定有明显错误的。

（二）处理

检察院应当在3个月内作出提出或者不予提出检察建议或者抗诉的决定。

（三）只能申请1次

检察院作出决定后，当事人不得再次向检察院申请检察建议或者抗诉。

先法院，后检察院：当事人向检察院申请检察建议或抗诉前，该案件必须先经过法院处理（该案的再审申请被驳回或未被处理，或该案已经法院再审），然后才能向检察院提出申请。

检察院具有终局性：检察院认为不应该启动再审，作出提出或者不予提出检察建议或者抗诉的决定，当事人再向法院申请再审，法院不予受理。

五、案外人申请再审

（一）案外人申请再审的期限

6个月内申请再审。

（二）案外人申请再审的两种主要情形

1. 案外人是必要共同诉讼人

必须共同进行诉讼的当事人因不能归责于本人或者其诉讼代理人的事由未参加诉讼的，可以自知道或者应当知道之日起6个月内申请再审。

人民法院因上述当事人申请而裁定再审，按照第一审程序再审的，应当追加其为当事人，作出新的判决、裁定；按照第二审程序再审，经调解不能达成协议的，应当撤销原判决、裁定，发回重审，重审时应追加其为当事人。

2. 案外人是有独立请求权的第三人

案外人对驳回其执行异议的裁定不服，认为原判决、裁定、调解书内容错误损害其民事权益的，可以自执行异议裁定送达之日起6个月内，向作出原判决、裁定、调解书的人民法院申请再审。

经审理，再审请求成立的，撤销或者改变原判决、裁定、调解书；再审请求不成立的，维持原判决、裁定、调解书。

司法观点

最高人民法院认为：对于人民检察院抗诉再审的案件，或者人民法院依据当事人申请或依据职权裁定再审的案件，如果再审期间当事人达成和解并履行完毕，或者撤回申诉，且不损害国家利益、社会公共利益的，为了尊重和保障当事人在法定范围内对本人合法权利的自由处分权，实现诉讼法律效果与社会效果的统一，促进社会和谐，人民法院应当根据《最高人民法院关于适用〈中华人民共和国民事诉讼法〉审判监督程序若干问题的解释》第34条（现为第23条）的规定，裁定终结再审诉讼。

本案中，申诉人华某公司不服原审法院民事判决，在向最高人民法院申请再审的同时，也向检察机关申请抗诉。在本院提审期间，当事人达成和解，华某公司向本院申请撤诉。由于当事人有权在法律规定的范围内自由处分自己的民事权益和诉讼权利，其撤诉申请意思表示真实，已裁定准许其撤回再审申请，本案当事人之间的纠纷已得到解决，且本案并不涉及国家利益、社会公共利益或第三人利益，故检察机关抗诉的基础已不存在，本案已无按抗诉程序裁定进入再审的必要，应当依法裁定本案终结审查。

要旨提炼

人民法院接到民事抗诉书后,经审查发现案件纠纷已经解决,当事人申请撤诉,且不损害国家利益、社会公共利益或第三人利益的,应当依法作出对抗诉案终结审查的裁定;如果已裁定再审,应当依法作出终结再审诉讼的裁定。

案例十二

命题点睛：案外人执行异议之诉 / 排除强制执行 / 选择适用

案情回放

2007年，徐某因商品房委托代理销售合同纠纷一案将金某公司诉至北京二中院。北京二中院经审理判决解除徐某与金某公司所签《协议书》，金某公司返还徐某预付款、资金占用费、违约金、利息等。判决后双方未提起上诉，该判决已生效。后因金某公司未主动履行判决，徐某于2009年向北京二中院申请执行。北京二中院裁定查封了涉案房屋。

涉案房屋被查封后，王某以与金某公司签订合法有效《商品房买卖合同》，支付了全部购房款，已合法占有房屋且非因自己原因未办理过户手续等理由向北京二中院提出执行异议，请求依法中止对该房屋的执行。北京二中院驳回了王某的异议请求。王某不服该裁定，向北京二中院提起案外人执行异议之诉。王某再审请求称，仅需符合《最高人民法院关于人民法院办理执行异议和复议案件若干问题的规定》（以下简称《异议复议规定》）第28条或第29条中任一条款的规定，法院即应支持其执行异议。二审判决错误适用了第29条进行裁判，而没有适用第28条，存在法律适用错误。[①]

法考直击

一、执行异议之诉的提起条件

第一，符合一般的起诉条件。

第二，案外人的执行异议申请已经被人民法院裁定驳回（案外人提起执行异议之诉的条件）；或依案外人执行异议申请，人民法院裁定中止执行（申请执行人提起执行异议之诉的条件）。

第三，有明确的排除对执行标的执行的诉讼请求，且诉讼请求与原判决、裁定无关。

第四，自执行异议裁定送达之日起15日内提起。

---

① 参见最高人民法院指导性案例156号，收录时有调整。

二、执行异议之诉的程序

法院应当在收到起诉状之日起 15 日内决定是否立案。适用普通程序。

三、执行异议之诉的当事人

被执行人反对时：原告为案外人，被告为申请执行人+被执行人；或者原告为申请执行人，被告为案外人+被执行人。

被执行人不反对时：原告为案外人，被告为申请执行人，第三人为被执行人；或者原告为申请执行人，被告为案外人，第三人为被执行人。

四、执行异议之诉法院的裁判

（一）案外人提起的执行异议之诉

1. 案外人就执行标的享有足以排除强制执行的民事权益的，判决不得执行该执行标的。
2. 案外人就执行标的不享有足以排除强制执行的民事权益的，判决驳回诉讼请求。
3. 案外人同时提出确认其权利的诉讼请求的，人民法院可以在判决中一并作出裁判。

注意：案外人执行异议之诉审理期间，人民法院不得对执行标的进行处分。申请执行人请求人民法院继续执行并提供相应担保的，人民法院可以准许。

（二）申请执行人提起的执行异议之诉

1. 案外人就执行标的不享有足以排除强制执行的民事权益的，判决准许执行该执行标的。
2. 案外人就执行标的享有足以排除强制执行的民事权益的，判决驳回诉讼请求。

注意：人民法院对执行标的裁定中止执行后，申请执行人在法律规定的期间内未提起执行异议之诉的，人民法院应当自起诉期限届满之日起 7 日内解除对该执行标的采取的执行措施。

司法观点

最高人民法院认为，《异议复议规定》第 28 条适用于金钱债权执行中，买受人对登记在被执行人名下的不动产提出异议的情形。而第 29 条则适用于金钱债权执行中，买受人对登记在被执行的房地产开发企业名下的商品房提出异议的情形。上述两条文虽然适用于不同的情形，但是如果被执行人为房地产开发企业，且被执行的不动产为登记于其名下的商品房，同时符合了"登记在被执行人名下的不动产"与"登记在被执行的房地产开发企业名下的商品房"两种情形，则《异议复议规定》第 28 条与第 29 条在适用上产生竞合。案外人对登记在被执行的房地产开发企业名下的商品房请求排除强制执行的，可以选择适用

第 28 条或者第 29 条的规定;案外人主张适用第 28 条规定的,人民法院应予审查。本案一审判决经审理认为王某符合《异议复议规定》第 28 条规定的情形,具有能够排除执行的权利,而二审判决则认为现有证据难以确定王某符合《异议复议规定》第 29 条的规定,没有审查其是否符合《异议复议规定》第 28 条规定的情形,就直接驳回了王某的诉讼请求,适用法律确有错误。

关于王某是否支付了购房款的问题。王某主张其已经支付了全部购房款,并提交了金某公司开具的付款收据、《商品房买卖合同》、证人证言及部分取款记录等予以佐证,金某公司对王某付款之事予以认可。上述证据是否足以证明王某已经支付了购房款,应当在再审审理过程中,根据审理情况查明相关事实后予以认定。

要旨提炼

《异议复议规定》第 28 条规定了不动产买受人排除金钱债权执行的权利,第 29 条规定了消费者购房人排除金钱债权执行的权利。案外人对登记在被执行的房地产开发企业名下的商品房请求排除强制执行的,可以选择适用第 28 条或者第 29 条的规定;案外人主张适用第 28 条规定的,人民法院应予审查。

第三章

刑 法

案例十三

命题点睛：正当防卫／特殊防卫／行凶／宣告无罪

案情回放

张某与其兄张某1二人均在天津市西青区打工。2016年1月11日，张某1与案外人李某某驾驶机动车发生交通事故。事故发生后，李某某驾车逃逸。在处理事故过程中，张某一方认为交警处置懈怠。此后，张某听说周某强在交警队有人脉关系，遂通过鱼塘老板牛某找到周某强，请周某强向交警"打招呼"，周某强应允。3月10日，张某在交警队处理纠纷时与交警发生争吵，这时恰巧周某强给张某打来电话，张某以为周某强能够压制交警，就让交警直接接听周某强的电话，张某此举引起周某强不满，周某强随即挂掉电话。次日，牛某在电话里提醒张某小心点，周某强对此事没完。

3月12日早上8时许，张某与其兄张某1及赵某在天津市西青区鱼塘旁的小屋内闲聊，周某强纠集丛某、张某2、陈某，由丛某驾车，并携带了陈某事先准备好的两把砍刀，至天津市西青区张某暂住处（分为里屋外屋）。四人首次进入张某暂住处确认张某在屋后，随即返回车内，取出事前准备好的两把砍刀。其中，周某强、陈某二人各持砍刀一把，丛某、张某2分别从鱼塘边操起铁锹、铁锤再次进入张某暂住处。张某1见状上前将走在最后边的张某2截在外屋，二人发生厮打。周某强、陈某、丛某进入里屋内，三人共同向屋外拉拽张某，张某向后挣脱。此刻，周某强、陈某见张某不肯出屋，持刀砍向张某后脑部，张某随手在茶几上抓起一把尖刀捅刺了陈某的胸部，陈某被捅后退到外屋，随后倒地。其间，丛某持铁锹击打张某后脑处。周某强、丛某见陈某倒地后也跑出屋外。张某将尖刀放回原处。此时，其发现张某2仍在屋外与其兄张某1相互厮打，为防止张某1被殴打，其到屋外，随手拿起门口处的铁锹将正挥舞砍刀的周某强打入鱼塘中，周某强爬上岸后张某再次将其打落水中，最终致周某强左尺骨近段粉碎性骨折，其所持砍刀落入鱼塘中。此时，张某1已经将张某2手中的铁锤夺下，并将张某2打落鱼塘中。张某随即拨打电话报警并在现场等待。陈某被送往医院后，因单刃锐器刺破心脏致失血性休克死亡；张某头皮损伤程度构成轻微伤；周某强左尺骨损伤程度构成轻伤一级。[①]

[①] 参见最高人民法院指导性案例144号，收录时有调整。

法考直击

正当防卫

《刑法》第 20 条 为了使国家、公共利益、本人或者他人的人身、财产和其他权利免受正在进行的不法侵害,而采取的制止不法侵害的行为,对不法侵害人造成损害的,属于正当防卫,不负刑事责任。

正当防卫明显超过必要限度造成重大损害的,应当负刑事责任,但是应当减轻或者免除处罚。

对正在进行行凶、杀人、抢劫、强奸、绑架以及其他严重危及人身安全的暴力犯罪,采取防卫行为,造成不法侵害人伤亡的,不属于防卫过当,不负刑事责任。

(一)起因条件

正当防卫需面临现实的不法侵害,即现实性、不法性、侵害性。

1. 现实性

不法侵害必须现实存在,不是主观想象的。如果误以为存在不法侵害而进行防卫的,就是假想防卫。

2. 不法性

只能对侵害法益的不法行为进行正当防卫,对合法行为不能进行正当防卫。因此正当防卫的本质是"正对不正"。这里的不法行为要满足三个特征:进攻性、破坏性、紧迫性。

(1)不法是指人的不法。只有人的身体举动才能被评价为行为,故面对自然灾害、野狗咬人等只能进行紧急避险。

(2)不法包括违法和犯罪。不法行为只要满足进攻性、破坏性、紧迫性,就允许对其防卫。

(3)防卫人不限于本人,面临不法侵害,第三人也可以进行正当防卫。

3. 侵害性

犯罪由客观阶层和主观阶层构成,只要在客观阶层是不法侵害,就有法益侵害性,可以对其进行正当防卫。

(1)对未达责任年龄的人、精神病人的不法侵害可以正当防卫。例如,精神病人杀人,在客观上也是犯罪行为,可以对其正当防卫。因为精神病的状态只影响其责任的承担,不影响行为的法益侵害性。

(2)对不作为犯罪可以进行正当防卫。

(二)时间条件

现实的不法侵害正在进行,法益面临紧迫危险时,才能正当防卫。如果提前防卫或者事后防卫,都是防卫不适时。这里的"正在进行"是指不法侵害已经开始、尚未结束,此时法益面临紧迫危险,防卫才具有适时性。

1. 不法侵害已经开始

这是指不法侵害已经着手,对法益造成现实又紧迫的危险。

2. 不法侵害尚未结束

这是指不法侵害着手后,尚未完全结束,法益仍然面临紧迫危险。结束的标准:应当站在行为时立场,以一般人的理性判断,不能进行事后判断。正因如此,对于不法侵害是否已经开始或者结束,应当立足防卫人在防卫时所处情境,按照社会公众的一般认知,依法作出合乎情理的判断,不能苛求防卫人。

3. 防卫不适时的处理

不法侵害着手前进行防卫,是事前防卫;不法侵害结束后进行防卫,是事后防卫。两者统称为防卫不适时。

(三)意思条件

意思条件,是指防卫人主观上有防卫意思,由防卫认识和防卫意志构成。防卫认识,是指防卫人认识到不法侵害正在进行;防卫意志,是指防卫人具有保护法益免受侵害的正当目的。

(四)对象条件

对象条件,是指正当防卫只能针对不法侵害人本人进行。允许正当防卫,是因为通过防卫行为可以减少甚至避免法益侵害结果,而只有对不法侵害人本人防卫才能起到效果。

1. 防卫的类型:既可以对侵害人的人身进行防卫,也可以对侵害人的犯罪工具进行防卫。

2. 共同侵害的防卫:在共同犯罪中,只要一人着手就认为整体的不法侵害着手,允许对其他共犯人正当防卫。

3. 防卫效果:成立正当防卫不要求现实地制止了不法侵害,即使客观上没有成功制止,也成立正当防卫。

(五)限度条件

限度条件,是指正当防卫没有明显超过必要限度,造成重大损害。

1. 限度以内:正当防卫

(1)明显超过必要限度

防卫是否"明显超过必要限度",应当综合不法侵害的性质、手段、强度、危害程度和防卫的时机、手段、强度、损害后果等情节,考虑双方力量对比,立足防卫人防卫时所处情境,结合社会公众的一般认知作出判断。在判断不法侵害的危害程度时,不仅要考虑已经造成的损害，还要考虑造成进一步损害的紧迫危险性和现实可能性。不应当苛求防卫人必须采取与不法侵害相当的反击方式和强度。通过综合考量，对于防卫行为与不法侵害相差悬殊、明显过激的，应当认定防卫明显超过必要限度。

（2）造成重大损害

"造成重大损害"是指造成不法侵害人重伤、死亡。造成轻伤及以下损害的，不属于重大损害。防卫行为虽然明显超过必要限度但没有造成重大损害的，不应认定为防卫过当。

2.限度以外：防卫过当

（1）防卫过当不是独立罪名，要根据具体的构成要件确定罪名。

（2）防卫过当不满足正当防卫的限度条件，其余条件必须符合。注意：事后防卫不是防卫过当。

（3）防卫过当，应当负刑事责任，但应当减轻或者免除处罚。

（六）特殊防卫

《刑法》第20条第3款规定，对正在进行行凶、杀人、抢劫、强奸、绑架以及其他严重危及人身安全的暴力犯罪，采取防卫行为，造成不法侵害人伤亡的，不属于防卫过当，不负刑事责任。

特殊防卫的特殊之处：对限度条件无要求，因此特殊防卫无过当。但是，特殊防卫要符合正当防卫的其余条件。根据本款规定：（1）对象条件：对严重危及人身安全的暴力犯罪才可以实施特殊防卫。为了保护财产权或者其他权利不能实施特殊防卫。（2）限度条件：针对严重危及人身安全的暴力犯罪，只要符合正当防卫的其他条件，即使造成侵害人伤亡，也不是防卫过当。

1.条文解读

（1）严重危害人身安全。这是指具有导致死亡或严重重伤（不包括一般重伤）的紧迫性危险。例如，甲在乙熟睡时对其奸淫，甲的行为不是严重危及人身安全的暴力犯罪，对甲不能特殊防卫，只能一般防卫。

（2）暴力犯罪。本款中的"暴力"是指对人身实施暴力，因此特殊防卫不适用于非暴力犯罪以及一般的暴力行为。

2.具体内容

（1）行凶。行凶，是指杀人与伤害界限不明，但有可能造成他人重伤或者死亡的行为（缩小解释）。注意：行凶不要求使用凶器。

（2）杀人。①不包括非暴力手段的故意杀人。例如，不能对投毒杀人、不作为杀人行为特殊防卫。②包括转化的故意杀人。例如，甲拘禁乙时，使用木棒对其殴打，如果乙有被致死的紧迫危险，对甲可以特殊防卫。

（3）抢劫。①不包括非暴力手段的抢劫。例如，用迷药方法抢劫、昏醉抢劫等。②包括以暴力方式抢劫枪支、弹药、爆炸物等。③包括事后抢劫，但不包括携带凶器抢夺拟制的抢劫罪。因为携带凶器抢夺本质上仍是抢夺行为，没有严重危及人身安全。

（4）强奸。①不包括非暴力的强奸。如昏醉强奸、迷奸、骗奸等。②包括拐卖妇女中的强奸。

（5）绑架。包括普通绑架和拐卖妇女、儿童罪中的绑架。

司法观点

法院生效裁判认为，张某的行为系正当防卫行为，而且是《刑法》第20条第3款规定的特殊防卫行为。本案中，张某是在周某强、陈某等人突然闯入其私人场所，实施严重不法侵害的情况下进行反击的。周某强、陈某等四人均提前准备了作案工具，进入现场时两人分别手持长约50厘米的砍刀，一人持铁锹，一人持铁锤，而张某一方是并无任何思想准备的。周某强一方闯入屋内后径行对张某实施拖拽，并在张某转身向后挣脱时，使用所携带的凶器砸砍张某后脑部。从侵害方人数、所持凶器、打击部位等情节看，以普通人的认识水平判断，应当认为不法侵害已经达到现实危害张某的人身安全、危及其生命安全的程度，属于《刑法》第20条第3款规定的"行凶"。张某为制止正在进行的不法侵害，顺手从身边抓起一把平时生活所用刀具捅刺不法侵害人，具有正当性，属于正当防卫。

另外，监控录像显示陈某倒地后，周某强跑向屋外后仍然挥舞砍刀，此时张某及其兄张某1人身安全面临的危险并没有完全排除，其在屋外打伤周某强的行为仍然属于防卫行为。

根据《刑法》第20条第3款的规定，对正在进行行凶、杀人、抢劫、强奸、绑架以及其他严重危及人身安全的暴力犯罪，采取防卫行为，造成不法侵害人伤亡的，不属于防卫过当，不负刑事责任。本案中，张某的行为虽然造成了一死一伤的后果，但是属于制止不法侵害的正当防卫行为，依法不负刑事责任。

要旨提炼

1. 对于使用致命性凶器攻击他人要害部位，严重危及他人人身安全的行为，应当认定为《刑法》第20条第3款规定的"行凶"，可以适用特殊防卫的有关规定。

2. 对于多人共同实施不法侵害，部分不法侵害人已被制伏，但其他不法侵害人仍在继续实施侵害的，仍然可以进行防卫。

案例十四

命题点睛：危险驾驶罪 / 追逐竞驶 / 情节恶劣

案情回放

2012年2月3日20时20分许，被告人张某某、金某相约驾驶摩托车出去享受大功率摩托车的刺激感，约定"陆家浜路、河南南路路口是目的地，谁先到谁就等谁"。随后，由张某某驾驶无牌的本田大功率二轮摩托车（经过改装），金某驾驶套牌的雅马哈大功率二轮摩托车（经过改装），从上海市浦东新区乐园路99号车行出发，行至杨高路、巨峰路路口掉头沿杨高路由北向南行驶，经南浦大桥到陆家浜路下桥，后沿河南南路经复兴东路隧道、张杨路回到张某某住所。全程28.5km，沿途经过多个公交站点、居民小区、学校和大型超市。在行驶途中，二被告人驾车在密集车流中反复并线、曲折穿插、多次闯红灯、大幅度超速行驶。当行驶至陆家浜路、河南南路路口时，张某某、金某遇执勤民警检查，遂驾车沿河南南路经复兴东路隧道、张杨路逃离。其中，在杨高南路浦建路立交（限速60km/h）张某某行驶速度115km/h、金某行驶速度98km/h；在南浦大桥桥面（限速60km/h）张某某行驶速度108km/h、金某行驶速度108km/h；在南浦大桥陆家浜路引桥下匝道（限速40km/h）张某某行驶速度大于59km/h、金某行驶速度大于68km/h；在复兴东路隧道（限速60km/h）张某某行驶速度102km/h、金某行驶速度99km/h。

2012年2月5日21时许，被告人张某某被抓获到案后，如实供述上述事实，并向公安机关提供被告人金某的手机号码。金某接公安机关电话通知后于2月6日21时许主动投案，并如实供述上述事实。[①]

法考直击

危险驾驶罪

《刑法》第133条之一　在道路上驾驶机动车，有下列情形之一的，处拘役，并处罚金：

---

① 参见最高人民法院指导性案例32号，收录时有调整。

（一）追逐竞驶，情节恶劣的；

（二）醉酒驾驶机动车的；

（三）从事校车业务或者旅客运输，严重超过额定乘员载客，或者严重超过规定时速行驶的；

（四）违反危险化学品安全管理规定运输危险化学品，危及公共安全的。

机动车所有人、管理人对前款第三项、第四项行为负有直接责任的，依照前款的规定处罚。

有前两款行为，同时构成其他犯罪的，依照处罚较重的规定定罪处罚。

（一）空间条件

发生在道路上。这里的道路，是指公路、城市道路和虽在单位管辖范围，但允许社会机动车通行的地方，包括广场、公共停车场等不特定或者多数人通行的场所。例如，校园里、工厂内、地下车库内的道路。

（二）行为方式

1. 追逐竞驶

（1）速度要求：高速或者超速驾驶。缓慢驾驶，不构成本罪。

（2）人数要求：可以是二人以上，也可由单个人实施。

（3）程度要求：情节恶劣。不要求行为人以赌博竞技或者追求刺激为目的。

2. 醉酒驾驶

（1）入罪标准：血液中酒精含量达到 80 毫克/100 毫升以上，属于醉酒驾驶机动车。

（2）犯罪性质：本罪属于抽象危险犯，不需要判断具体危险。注意：如果没有抽象危险，不构成本罪。例如，甲在没有车辆与行人的荒野道路上醉酒驾驶机动车，对于公共安全没有抽象危险，不构成危险驾驶罪。

（3）教唆犯罪：教唆他人醉酒驾驶的，构成本罪的教唆犯。例如，甲明知乙醉酒，还唆使乙驾车送自己，乙构成危险驾驶罪的正犯，甲构成危险驾驶罪的教唆犯。

（4）间接正犯：支配危险驾驶行为。例如，甲明知乙即将开车，暗中在其饮料中掺入酒精。甲是间接正犯，乙在客观阶层是实行犯。乙不知情，最终无罪。

3. 超员、超速行驶

这是指从事校车业务或者旅客运输，严重超过额定乘员载客，或者严重超过规定时速行驶。注意：如果机动车所有人、管理人对严重超员、超速负有直接责任，构成本罪的共犯。例如，甲是城乡客车的所有人，乙是司机。甲指使乙严重超载行驶，甲、乙构成本罪的共犯。

4. 违规运输危险化学品

（1）犯罪性质：本罪是故意犯罪，属于具体危险犯，要求危及公共安全。

（2）主观认识：必须认识到自己运输的是危险化学物品。

（3）机动车所有人、管理人对违规运输危险化学品负有直接责任的，构成本罪的共犯。

注意：本规定与危险物品肇事罪的关系。本规定是抽象危险犯，如果发生实害结果，构成危险物品肇事罪。

（三）罪数与处罚

1. 想象竞合犯。这是指一个行为同时触犯本罪和其他犯罪，属于想象竞合犯，从一重罪处罚。例如，甲醉酒驾车致乙死亡，醉酒驾驶行为同时触犯本罪和交通肇事罪，想象竞合，从一重罪处罚，定交通肇事罪。

2. 数罪并罚。这是指在危险驾驶行为以外还有其他行为独立构成犯罪，应数罪并罚。例如，甲违规运输危险化学品，危及公共安全，又闯红灯致乙死亡。甲有两个独立的行为：第一，违规运输危险化学品，构成危险驾驶罪；第二，闯红灯致乙死亡，构成危险驾驶罪与交通肇事罪的想象竞合犯，定交通肇事罪。由于这是两个独立的违章行为，对甲应以危险驾驶罪与交通肇事罪并罚。

司法观点

法院生效裁判认为：根据《刑法》第133条之一第1款规定，在道路上驾驶机动车"追逐竞驶，情节恶劣的"构成危险驾驶罪。刑法规定的"追逐竞驶"，一般指行为人出于竞技、追求刺激、斗气或者其他动机，二人或二人以上分别驾驶机动车，违反道路交通安全规定，在道路上快速追赶行驶的行为。本案中，从主观驾驶心态上看，二被告人张某某、金某到案后先后供述"心里面想找点享乐和刺激""在道路上穿插、超车、得到心理满足"；在面临红灯时，"刹车不舒服、逢车必超""前方有车就变道曲折行驶再超越"。二被告人上述供述与相关视听资料相互印证，可以反映出其追求刺激、炫耀驾驶技能的竞技心理。从客观行为上看，二被告人驾驶超标大功率的改装摩托车，为追求速度，多次随意变道、闯红灯、大幅超速等严重违章。从行驶路线上看，二被告人共同自浦东新区乐园路99号出发，至陆家浜路、河南南路路口接人，约定了竞相行驶的起点和终点。综上，可以认定二被告人的行为属于危险驾驶罪中的"追逐竞驶"。

关于本案被告人的行为是否属于"情节恶劣"，应从其追逐竞驶行为的具体表现、危害程度、造成的危害后果等方面，综合分析其对道路交通秩序、不特定多人生命、财产安全威胁的程度是否"恶劣"。本案中，二被告人追逐竞驶行为，虽未造成人员伤亡和财产损失，但从以下情形分析，属于危险驾驶罪中的"情节恶劣"：第一，从驾驶的车辆看，二被告人驾驶的系无牌和套牌的大功率改装摩托车；第二，从行驶速度看，总体驾驶速度很快，多处路段超速达50%以上；第三，从驾驶方式看，反复并线、穿插前车、多次闯红灯行驶；第四，从对待执法的态度看，二被告人在民警盘查时驾车逃离；第五，从行驶路段看，途经的杨高路、张杨路、南浦大桥、复兴东路隧道等均系城市主干道，沿途还有多处学校、公交和地铁站点、居民小区、大型超市等路段，交通流量较大，行驶距离较长，在高速驾驶的刺激心态下和躲避民警盘查的紧张心态下，极易引发重大恶性交通事故。上述行为，给公共交通安全造成一定危险，足以威胁他人生命、财产安全，故可以认定二被告人追逐竞驶的行为属于危险驾驶罪中的"情节恶劣"。

被告人张某某到案后如实供述所犯罪行，依法可以从轻处罚。被告人金某投案自首，依法亦可以从轻处罚。鉴于二被告人在庭审中均已认识到行为的违法性及社会危害性，保证不再实施危险驾驶行为，并多次表示认罪悔罪，且其行为尚未造成他人人身、财产损害后果，故依法作出如上判决。

要旨提炼

1. 机动车驾驶人员出于竞技、追求刺激、斗气或者其他动机，在道路上曲折穿行、快速追赶行驶的，属于《刑法》第133条之一规定的"追逐竞驶"。

2. 追逐竞驶虽未造成人员伤亡或财产损失，但综合考虑超过限速、闯红灯、强行超车、抗拒交通执法等严重违反道路交通安全法的行为，足以威胁他人生命、财产安全的，属于危险驾驶罪中"情节恶劣"的情形。

案例十五

命题点睛：非法经营罪／严重扰乱市场秩序／社会危害性／刑事违法性／刑事处罚必要性

案情回放

内蒙古自治区巴彦淖尔市临河区人民检察院指控被告人王某犯非法经营罪一案，内蒙古自治区巴彦淖尔市临河区人民法院经审理认为，2014年11月至2015年1月期间，被告人王某未办理粮食收购许可证，未经工商行政管理机关核准登记并颁发营业执照，擅自在临河区白脑包镇附近村组无证照违法收购玉米，将所收购的玉米卖给巴彦淖尔市粮油公司杭锦后旗蛮会分库，非法经营数额218288.6元，非法获利6000元。案发后，被告人王某主动退缴非法获利6000元。2015年3月27日，被告人王某主动到巴彦淖尔市临河区公安局经侦大队投案自首。原审法院认为，被告人王某违反国家法律和行政法规规定，未经粮食主管部门许可及工商行政管理机关核准登记并颁发营业执照，非法收购玉米，非法经营数额218288.6元，数额较大，其行为构成非法经营罪。鉴于被告人王某案发后主动到公安机关投案自首，主动退缴全部违法所得，有悔罪表现，对其适用缓刑确实不致再危害社会，决定对被告人王某依法从轻处罚并适用缓刑。宣判后，王某未上诉，检察机关未抗诉，判决发生法律效力。

最高人民法院于2016年12月16日作出（2016）最高法刑监6号再审决定，指令内蒙古自治区巴彦淖尔市中级人民法院对本案进行再审。

再审中，原审被告人王某及检辩双方对原审判决认定的事实无异议，再审查明的事实与原审判决认定的事实一致。内蒙古自治区巴彦淖尔市人民检察院提出了原审被告人王某的行为虽具有行政违法性，但不具有与《刑法》第225条规定的非法经营行为相当的社会危害性和刑事处罚必要性，不构成非法经营罪，建议再审依法改判。原审被告人王某在庭审中对原审认定的事实及证据无异议，但认为其行为不构成非法经营罪。辩护人提出了原审被告人王某无证收购玉米的行为，不具有社会危害性、刑事违法性和应受惩罚性，不符合刑法规定的非法经营罪的构成要件，也不符合刑法谦抑性原则，应宣告原审被告人王某无罪。①

---

① 参见最高人民法院指导性案例97号，收录时有调整。

法考直击

非法经营罪

《刑法》第225条 违反国家规定，有下列非法经营行为之一，扰乱市场秩序，情节严重的，处五年以下有期徒刑或者拘役，并处或者单处违法所得一倍以上五倍以下罚金；情节特别严重的，处五年以上有期徒刑，并处违法所得一倍以上五倍以下罚金或者没收财产：

（一）未经许可经营法律、行政法规规定的专营、专卖物品或者其他限制买卖的物品的；

（二）买卖进出口许可证、进出口原产地证明以及其他法律、行政法规规定的经营许可证或者批准文件的；

（三）未经国家有关主管部门批准非法经营证券、期货、保险业务的，或者非法从事资金支付结算业务的；

（四）其他严重扰乱市场秩序的非法经营行为。

非法经营罪是法定犯，是指未经行政特别许可而非法经营。

（一）行为方式

违反国家规定，实施非法经营行为，扰乱市场秩序，情节严重。违反国家规定，是指违反全国人大及其常委会制定的法律和决定，国务院制定的行政法规、规定的行政措施、发布的决定和命令。注意：不包括部门规章。

1. 专营、专卖物品或者其他限制买卖的物品。例如，未经烟草专卖局许可，擅自经营香烟业务。

2. 经营许可证或者批准文件。例如，非法买卖烟草专卖许可证。

3. 证券、期货、保险业务或者非法从事资金支付结算业务。例如，在国家规定的交易场所外非法买卖外汇。

4. 其他严重扰乱市场秩序的非法经营行为。这是兜底条款，存在被滥用的风险。根据司法解释的规定，各级人民法院审理非法经营犯罪案件，要依法严格把握《刑法》第225条第4项的适用范围。对被告人的行为是否属于"其他严重扰乱市场秩序的非法经营行为"，有关司法解释未作明确规定的，应当作为法律适用问题，逐级向最高人民法院请示。

（二）其他情形

根据司法解释，以下情形定非法经营罪：

1. 非法买卖外汇。这是指在国家规定的交易场所外非法买卖外汇、扰乱市场秩序，情节严重的。

2. 经营非法出版物。这是指违反国家规定，出版、印刷、复制、发行严重危害社会秩序和扰乱市场秩序的非法出版物，情节严重的。注意：本罪与侵犯著作权罪、销售侵权复制品罪的区别。非法经营罪的对象没有著作权和出版权；侵犯著作权等罪有著作权和出版权。

3. 擅自经营国际电信业务。这是指擅自经营国际电信业务或者涉港澳台电信业务进行营利活动，扰乱电信市场管理秩序，情节严重的。

4. 非法生产、销售禁用的添加剂。这是指非法生产、销售盐酸克仑特罗（瘦肉精）等禁止在饲料和动物饮用水中使用的药品，扰乱药品市场秩序，情节严重的；或者在生产、销售的饲料中添加盐酸克仑特罗等禁用药品，或者销售明知是添加有该类药品的饲料，情节严重的。

5. 传染病疫情期间哄抬物价。这是指在预防、控制突发传染病疫情等灾害期间，哄抬物价、牟取暴利，扰乱市场秩序，情节严重的。

6. 非法经营烟草。这是指未经许可，非法生产、批发、零售烟草制品，情节严重的。

7. 擅自设立网吧。这是指擅自设立互联网上网服务营业场所，或者擅自从事互联网上网服务经营活动，情节严重的。

8. 擅自发行、销售彩票。

9. 非法使用POS机。这是指以虚构交易、虚开价格、现金退货等方式向信用卡持卡人直接支付现金，属于非法从事资金结算业务。

10. 擅自发行基金，情节严重的。

11. 非法生产、销售禁用的非食品原料、添加剂。

12. 非法设置生猪屠宰场。

13. 经营"网络水军"服务。这是指以营利为目的，通过信息网络有偿提供删除信息服务，或者明知是虚假信息，通过信息网络有偿提供发布信息等服务，扰乱市场秩序。

14. 非法生产、销售"伪基站"设备，情节严重的。

15. 非法经营药品。违反国家药品管理法律法规，未取得或者使用伪造、变造的药品经营许可证，非法经营药品，情节严重的。

16. 非法生产、销售具有赌博功能的电子设施设备与软件。以提供给他人开设赌场为目的，违反国家规定，非法生产、销售具有退币、退分、退钢珠等赌博功能的电子游戏设施设备或者其专用软件，情节严重的。

17. 非法贩卖形成瘾癖的麻醉药品或者精神药品。出于医疗目的，非法贩卖国家规定管制的能够使人形成瘾癖的麻醉药品或者精神药品，扰乱市场秩序，情节严重的。

18. 违反国家规定，未经许可经营兴奋剂目录所列物质，涉案物质属于法律、行政法规规定的限制买卖的物品，扰乱市场秩序，情节严重的。

19. 违反国家规定，未经监管部门批准，或者超越经营范围，以营利为目的，经常性地向社会不特定对象发放贷款，扰乱金融市场秩序，情节严重的。这里的"经常性地向社会不特定对象发放贷款",是指2年内向不特定多人(包括单位和个人)以借款或其他名义出借资金10次以上。

司法观点

内蒙古自治区巴彦淖尔市中级人民法院再审认为,原判决认定的原审被告人王某于2014年11月至2015年1月,没有办理粮食收购许可证及工商营业执照买卖玉米的事实清楚,其行为违反了当时的国家粮食流通管理有关规定,但尚未达到严重扰乱市场秩序的危害程度,不具备与《刑法》第225条规定的非法经营罪相当的社会危害性、刑事违法性和刑事处罚必要性,不构成非法经营罪。原审判决认定王某构成非法经营罪适用法律错误,检察机关提出的王某无证照买卖玉米的行为不构成非法经营罪的意见成立,原审被告人王某及其辩护人提出的王某的行为不构成犯罪的意见成立。

要旨提炼

1. 对于《刑法》第225条第4项规定的"其他严重扰乱市场秩序的非法经营行为"的适用,应当根据相关行为是否具有与《刑法》第225条前三项规定的非法经营行为相当的社会危害性、刑事违法性和刑事处罚必要性进行判断。

2. 判断违反行政管理有关规定的经营行为是否构成非法经营罪,应当考虑该经营行为是否属于严重扰乱市场秩序。对于虽然违反行政管理有关规定,但尚未严重扰乱市场秩序的经营行为,不应当认定为非法经营罪。

法考直击

侵犯公民个人信息罪

《刑法》第253条之一　违反国家有关规定，向他人出售或者提供公民个人信息，情节严重的，处三年以下有期徒刑或者拘役，并处或者单处罚金；情节特别严重的，处三年以上七年以下有期徒刑，并处罚金。

违反国家有关规定，将在履行职责或者提供服务过程中获得的公民个人信息，出售或者提供给他人的，依照前款的规定从重处罚。

窃取或者以其他方法非法获取公民个人信息的，依照第一款的规定处罚。

单位犯前三款罪的，对单位判处罚金，并对其直接负责的主管人员和其他直接责任人员，依照各该款的规定处罚。

（一）本罪法益

公民的隐私权。

（二）行为主体

已满16周岁的自然人和单位。

（三）行为方式

1. 向他人出售或者提供公民个人信息。
2. 窃取或者以其他方法非法获取公民个人信息。

（四）行为对象

公民个人信息。

公民个人信息，是指以电子或者其他方式记录的能够单独或者与其他信息结合识别特定自然人身份或者反映特定自然人活动情况的各种信息，包括姓名、身份证件号码、通信通讯联系方式、住址、账号密码、财产状况、行踪轨迹、遗传特征、生理状态等。注意：不包括单位与死者的相关信息。

（五）《最高人民法院、最高人民检察院关于办理侵犯公民个人信息刑事案件适用法律若干问题的解释》

第3条　向特定人提供公民个人信息，以及通过信息网络或者其他途径发布公民个人信息的，应当认定为刑法第二百五十三条之一规定的"提供公民个人信息"。

案例十六

命题点睛：侵犯公民个人信息 / 刑事附带民事公益诉讼 / 人脸识别 / 人脸信息

案情回放

2020年6月至9月间，被告人李某制作一款具有非法窃取安装者相册照片功能的手机"黑客软件"，打包成安卓手机端的"APK安装包"，发布于暗网"茶马古道"论坛售卖，并伪装成"颜值检测"软件发布于"芥某论坛"（后更名为"快某社区"）提供访客免费下载。用户下载安装"颜值检测"软件使用时，"颜值检测"软件会自动在后台获取手机相册里的照片，并自动上传到被告人搭建的腾讯云服务器后台，从而窃取安装者相册照片共计1751张，其中部分照片含有人脸信息、自然人姓名、身份号码、联系方式、家庭住址等公民个人信息100余条。

2020年9月，被告人李某在暗网"茶某古道"论坛看到"黑客资料"帖子，后用其此前在暗网售卖"APK安装包"部分所得购买、下载标题为"社工库资料"数据转存于"MEGA"网盘，经其本人查看，确认含有个人真实信息。2021年2月，被告人李某明知"社工库资料"中含有户籍信息、QQ账号注册信息、京东账号注册信息、车主信息、借贷信息等，仍将网盘链接分享至其担任管理员的"翠湖庄园业主交流"QQ群，提供给群成员免费下载。经鉴定，"社工库资料"经去除无效数据并进行合并去重后，包含各类公民个人信息共计8100万余条。

上海市奉贤区人民检察院以社会公共利益受到损害为由，向上海市奉贤区人民法院提起刑事附带民事公益诉讼。

被告人李某对起诉指控的基本犯罪事实及定性无异议，且自愿认罪认罚。

辩护人提出被告人李某系初犯，到案后如实供述所犯罪行，且自愿认罪认罚等辩护意见，建议对被告人李某从轻处罚，请求法庭对其适用缓刑。辩护人另辩称，检察机关未对涉案8100万余条数据信息的真实性核实确认。[①]

---

① 参见最高人民法院指导性案例192号，收录时有调整。

司法观点

法院生效裁判认为：本案争议焦点为利用涉案"颜值检测"软件窃取的"人脸信息"是否属于刑法规制范畴的"公民个人信息"。法院经审理认为，"人脸信息"属于《刑法》第253条之一规定的公民个人信息，利用"颜值检测"黑客软件窃取软件使用者"人脸信息"等公民个人信息的行为，属于刑法中"窃取或者以其他方法非法获取公民个人信息"的行为，依法应予惩处。主要理由如下：第一，"人脸信息"与其他明确列举的个人信息种类均具有明显的"可识别性"特征。《最高人民法院、最高人民检察院关于办理侵犯公民个人信息刑事案件适用法律若干问题的解释》中列举了公民个人信息种类，虽未对"人脸信息"单独列举，但允许依法在列举之外认定其他形式的个人信息。《最高人民法院、最高人民检察院关于办理侵犯公民个人信息刑事案件适用法律若干问题的解释》中对公民个人信息的定义及明确列举与《民法典》等法律规定中有关公民个人信息的认定标准一致，即将"可识别性"作为个人信息的认定标准，强调信息与信息主体之间被直接或间接识别出来的可能性。"人脸信息"属于生物识别信息，其具有不可更改性和唯一性，人脸与自然人个体一一对应，无须结合其他信息即可直接识别到特定自然人身份，具有极高的"可识别性"。第二，将"人脸信息"认定为公民个人信息遵循了法秩序统一性原理。民法等前置法将"人脸信息"作为公民个人信息予以保护。《民法典》第1034条规定了个人信息的定义和具体种类，《个人信息保护法》进一步将"人脸信息"纳入个人信息的保护范畴，侵犯"人脸信息"的行为构成侵犯自然人人格权益等侵权行为的，须承担相应的民事责任或行政、刑事责任。第三，采用"颜值检测"黑客软件窃取"人脸信息"具有较大的社会危害性和刑事可罚性。因"人脸信息"是识别特定个人的敏感信息，亦是社交属性较强、采集方便的个人信息，极易被他人直接利用或制作合成，从而破解人脸识别验证程序，引发侵害隐私权、名誉权等违法行为，甚至盗窃、诈骗等犯罪行为，社会危害较大。被告人李某操纵黑客软件伪装的"颜值检测"软件窃取用户自拍照片和手机相册中的存储照片，利用了互联网平台的开放性，以不特定公众为目标，手段隐蔽、欺骗性强、窃取面广，具有明显的社会危害性，需用刑法加以规制。

关于辩护人提出本案公民个人信息数量认定依据不足的辩护意见，法院经审理认为，公安机关侦查过程中采用了抽样验证的方法，随机挑选部分个人信息进行核实，能够确认涉案个人信息的真实性，被告人、辩护人亦未提出涉案信息不真实的线索或证据。司法鉴定机构通过去除无效信息，并采用合并去重的方法进行鉴定，检出有效个人信息8100万余条，公诉机关指控的公民个人信息数量客观、真实，且符合《最高人民法院、最高人民检察院关于办理侵犯公民个人信息刑事案件适用法律若干问题的解释》中确立的对批量公民个人信息具体数量的认定规则，故对辩护人的辩护意见不予采纳。

综上，被告人李某违反国家有关规定，非法获取并向他人提供公民个人信息，情节特未经被收集者同意，将合法收集的公民个人信息向他人提供的，属于刑法第二百五十三条之一规定的"提供公民个人信息"，但是经过处理无法识别特定个人且不能复原的除外。

第4条 违反国家有关规定，通过购买、收受、交换等方式获取公民个人信息，或者在履行职责、提供服务过程中收集公民个人信息的，属于刑法第二百五十三条之一第三款规定的"以其他方法非法获取公民个人信息"。

第5条 非法获取、出售或者提供公民个人信息，具有下列情形之一的，应当认定为刑法第二百五十三条之一规定的"情节严重"：

（一）出售或者提供行踪轨迹信息，被他人用于犯罪的；

（二）知道或者应当知道他人利用公民个人信息实施犯罪，向其出售或者提供的；

（三）非法获取、出售或者提供行踪轨迹信息、通信内容、征信信息、财产信息五十条以上的；

（四）非法获取、出售或者提供住宿信息、通信记录、健康生理信息、交易信息等其他可能影响人身、财产安全的公民个人信息五百条以上的；

（五）非法获取、出售或者提供第三项、第四项规定以外的公民个人信息五千条以上的；

（六）数量未达到第三项至第五项规定标准，但是按相应比例合计达到有关数量标准的；

（七）违法所得五千元以上的；

（八）将在履行职责或者提供服务过程中获得的公民个人信息出售或者提供给他人，数量或者数额达到第三项至第七项规定标准一半以上的；

（九）曾因侵犯公民个人信息受过刑事处罚或者二年内受过行政处罚，又非法获取、出售或者提供公民个人信息的；

（十）其他情节严重的情形。

实施前款规定的行为，具有下列情形之一的，应当认定为刑法第二百五十三条之一第一款规定的"情节特别严重"：

（一）造成被害人死亡、重伤、精神失常或者被绑架等严重后果的；

（二）造成重大经济损失或者恶劣社会影响的；

（三）数量或者数额达到前款第三项至第八项规定标准十倍以上的；

（四）其他情节特别严重的情形。

第11条 非法获取公民个人信息后又出售或者提供的，公民个人信息的条数不重复计算。

向不同单位或者个人分别出售、提供同一公民个人信息的，公民个人信息的条数累计计算。

对批量公民个人信息的条数，根据查获的数量直接认定，但是有证据证明信息不真实或者重复的除外。

别严重,其行为已构成侵犯公民个人信息罪。被告人李某到案后能如实供述自己的罪行,依法可以从轻处罚,且自愿认罪认罚,依法可以从宽处理。李某非法获取并向他人提供公民个人信息的侵权行为,侵害了众多公民个人信息安全,损害社会公共利益,应当承担相应的民事责任。故依法作出上述判决。

要旨提炼

使用人脸识别技术处理的人脸信息以及基于人脸识别技术生成的人脸信息均具有高度的可识别性,能够单独或者与其他信息结合识别特定自然人身份或者反映特定自然人活动情况,属于刑法规定的公民个人信息。行为人未经公民本人同意,未具备获得法律、相关部门授权等个人信息保护法规定的处理个人信息的合法事由,利用软件程序等方式窃取或者以其他方法非法获取上述信息,情节严重的,应依照《最高人民法院、最高人民检察院关于办理侵犯公民个人信息刑事案件适用法律若干问题的解释》第5条第1款第4项等规定定罪处罚。

案例十七

命题点睛：生产、销售有毒、有害食品罪 / 有毒有害的非食品原料

案情回放

被告人习某于2001年注册成立了阳某公司，系公司的实际生产经营负责人。2010年以来，被告单位阳某公司从被告人谭某处以600元/公斤的价格购进生产保健食品的原料，该原料系被告人谭某从被告人尹某处以2500元/公斤的价格购进后进行加工，阳某公司购进原料后加工制作成用于辅助降血糖的保健食品阳某牌山芪参胶囊，以每盒100元左右的价格销售至扬州市广陵区金某海保健品店及全国多个地区。被告人杨某具体负责生产，被告人钟某、王某负责销售。2012年5月至9月，销往上海、湖南、北京等地的山芪参胶囊分别被检测出含有盐酸丁二胍，食品药品监督管理部门将检测结果告知阳某公司及习某。被告人习某在得知检测结果后随即告知被告人谭某、尹某，被告人习某明知其所生产、销售的保健品中含有盐酸丁二胍后，仍然继续向被告人谭某、尹某购买原料，组织杨某、钟某、王某等人生产山芪参胶囊并销售。被告人谭某、尹某在得知检测结果后继续向被告人习某销售该原料。

盐酸丁二胍是丁二胍的盐酸盐。目前盐酸丁二胍未获得国务院药品监督管理部门批准生产或进口，不得作为药物在我国生产、销售和使用。扬州大学医学院葛晓群教授出具的专家意见和南京医科大学司法鉴定所的鉴定意见证明：盐酸丁二胍具有降低血糖的作用，很早就撤出我国市场，长期使用添加盐酸丁二胍的保健食品可能对机体产生不良影响，甚至危及生命。

从2012年8月底至2013年1月案发，阳某公司生产、销售金额达800余万元。其中，习某、尹某、谭某参与生产、销售的含有盐酸丁二胍的山芪参胶囊金额达800余万元；杨某参与生产的含有盐酸丁二胍的山芪参胶囊金额达800余万元；钟某、王某参与销售的含有盐酸丁二胍的山芪参胶囊金额达40余万元。尹某、谭某与阳某公司共同故意实施犯罪，系共同犯罪，尹某、谭某系提供有毒、有害原料用于生产、销售有毒、有害食品的帮助犯，其在共同犯罪中均系从犯。习某与杨某、钟某、王某共同故意实施犯罪，系共同犯罪，杨某、钟某、王某系受习某指使实施生产、销售有毒、有害食品的犯罪行为，均系从犯。习某在共同犯罪中起主要作用，系主犯。杨某、谭某犯罪后主动投案，并如实供述犯罪事实，系

自首，当庭自愿认罪。习某、尹某、王某归案后如实供述犯罪事实，当庭自愿认罪。钟某归案后如实供述部分犯罪事实，当庭对部分犯罪事实自愿认罪。①

法考直击

生产、销售有毒、有害食品罪

《刑法》第144条 在生产、销售的食品中掺入有毒、有害的非食品原料的，或者销售明知掺有有毒、有害的非食品原料的食品的，处五年以下有期徒刑，并处罚金；对人体健康造成严重危害或者有其他严重情节的，处五年以上十年以下有期徒刑，并处罚金；致人死亡或者有其他特别严重情节的，依照本法第一百四十一条的规定处罚。

（一）本罪性质

抽象危险犯。只要实施了生产、销售行为就构成本罪。

（二）行为方式

在食品中掺入有毒、有害的非食品原料，或者销售明知掺有有毒、有害的非食品原料的食品。

1. 毒害的来源。必须是人为掺入的毒害，不包括原发性毒害。例如，销售病死的猪肉不构成本罪，因为这不是人为掺入的毒害，应定销售不符合安全标准的食品罪。

2. 有害的程度。根据同类解释，这里的"有害"要和"有毒"具有相当性。例如，超限量使用食品添加剂，对人体虽然有害，但达不到"有毒"的程度，不构成本罪，应定销售不符合安全标准的食品罪。

3. 食品的种类。不要求在商店出售，不要求经过加工，包括活体动物。

（三）有毒、有害食品

1. 在食用农产品种植、养殖、销售、运输、贮存等过程中，使用禁用农药、兽药等禁用物质。

2. 在保健食品中非法添加国家禁用药物等有毒、有害物质。

3. 将工业酒精勾兑成散装白酒出售。

4. 将工业用猪油冒充食用油出售。

5. 用"地沟油"生产食用油。

---

① 参见最高人民法院指导性案例70号，收录时有调整。

注意：只要在食品中添加"禁用"物质，均构成本罪；在食品中添加"允许"使用的物质，但超量或者滥用的，构成生产、销售不符合安全标准的食品罪。

（四）罪数问题

1. 生产、销售有毒、有害食品，同时触犯投放危险物质罪的，想象竞合，从一重罪论处。
2. 为了杀害特定人而向其出售有毒、有害食品的，定故意杀人罪。
3. 司法解释规定：（1）生产、销售不符合食品安全标准的食品添加剂，用于食品的包装材料、容器、洗涤剂、消毒剂，或者用于食品生产经营的工具、设备等，定生产、销售伪劣产品罪；（2）以提供给他人生产、销售食品为目的，违反国家规定，生产、销售国家禁止用于食品生产、销售的非食品原料，情节严重的，定非法经营罪。

司法观点

法院生效裁判认为：《刑法》第144条规定："在生产、销售的食品中掺入有毒、有害的非食品原料的，或者销售明知掺有有毒、有害的非食品原料的食品的，处五年以下有期徒刑，并处罚金；对人体健康造成严重危害或者有其他严重情节的，处五年以上十年以下有期徒刑，并处罚金；致人死亡或者有其他特别严重情节的，依照本法第一百四十一条的规定处罚。"《最高人民法院、最高人民检察院关于办理危害食品安全刑事案件适用法律若干问题的解释》第20条（现为第9条）规定："下列物质应当认定为'有毒、有害的非食品原料'：（一）法律、法规禁止在食品生产经营活动中添加、使用的物质；（二）国务院有关部门公布的《食品中可能违法添加的非食用物质名单》《保健食品中可能非法添加的物质名单》上的物质；（三）国务院有关部门公告禁止使用的农药、兽药以及其他有毒、有害物质；（四）其他危害人体健康的物质。"第21条（现为第24条）规定："'足以造成严重食物中毒事故或者其他严重食源性疾病''有毒、有害非食品原料'难以确定的，司法机关可以根据检验报告并结合专家意见等相关材料进行认定。必要时，人民法院可以依法通知有关专家出庭作出说明。"本案中，盐酸丁二胍系在我国未获得药品监督管理部门批准生产或进口，不得作为药品在我国生产、销售和使用的化学物质；其亦非食品添加剂。盐酸丁二胍也不属于上述《最高人民法院、最高人民检察院关于办理危害食品安全刑事案件适用法律若干问题的解释》第20条第2项、第3项规定的物质。根据扬州大学医学院葛晓群教授出具的专家意见和南京医科大学司法鉴定所的鉴定意见证明，盐酸丁二胍与《最高人民法院、最高人民检察院关于办理危害食品安全刑事案件适用法律若干问题的解释》第20条第2项《保健食品中可能非法添加的物质名单》中的其他降糖类西药（盐酸二甲双胍、盐酸苯乙双胍）具有同等属性和同等危害。长期服用添加有盐酸丁二胍的"阳某牌山芪参胶囊"有对人体产生毒副作用的风险，影响人体健康甚至危害生命。因此，对盐酸丁二胍应当依照《最高人民法院、最高人民检察院关于办理危害食品安全刑事案件适用法律若干问题的解释》第20条第4项、第21条的规定,认定为《刑法》第144条规定的"有毒、有害的非食品原料"。

被告单位阳某公司、被告人习某作为阳某公司生产、销售山芪参胶囊的直接负责的主管人员,被告人杨某、钟某、王某作为阳某公司生产、销售山芪参胶囊的直接责任人员,明知阳某公司生产、销售的保健食品山芪参胶囊中含有国家禁止添加的盐酸丁二胍成分,仍然进行生产、销售;被告人尹某、谭某明知其提供的含有国家禁止添加的盐酸丁二胍的原料被被告人习某用于生产保健食品山芪参胶囊并进行销售,仍然向习某提供该种原料,因此,上述单位和被告人均依法构成生产、销售有毒、有害食品罪。其中,被告单位阳某公司、被告人习某、尹某、谭某的行为构成生产、销售有毒、有害食品罪。被告人杨某的行为构成生产有毒、有害食品罪;被告人钟某、王某的行为均已构成销售有毒、有害食品罪。根据被告单位及各被告人犯罪情节、犯罪数额,综合考虑各被告人在共同犯罪的地位作用、自首、认罪态度等量刑情节,作出如上判决。

要旨提炼

行为人在食品生产经营中添加的虽然不是国务院有关部门公布的《食品中可能违法添加的非食用物质名单》和《保健食品中可能非法添加的物质名单》中的物质,但如果该物质与上述名单中所列物质具有同等属性,并且根据检验报告和专家意见等相关材料能够确定该物质对人体具有同等危害的,应当认定为《刑法》第144条规定的"有毒、有害的非食品原料"。

案例十八

命题点睛：组织、领导、参加黑社会性质组织罪 / 软暴力

案情回放

2013年以来，被告人龚某、刘某在江苏省常熟市从事开设赌场、高利放贷活动，并主动结识社会闲杂人员，逐渐积累经济实力。2014年7月起，被告人龚某、刘某组织被告人马某、赵某、王某1、王某2、陈某等人，形成了以被告人龚某、刘某为首的较为稳定的犯罪组织，并于2015年4月实施了首次有组织犯罪。2016年下半年、2017年8月梁某、崔某先后加入该组织。

该组织人数众多，组织者、领导者明确，骨干成员固定。被告人龚某为该组织的组织者、领导者，被告人刘某为该组织的领导者，被告人马某、赵某、王某1、王某2、陈某等人为积极参加者，被告人崔某、梁某等人为一般成员。该组织内部分工明确，龚某、刘某负责决策和指挥整个组织的运转；被告人马某、赵某、王某1、王某2、陈某受被告人龚某、刘某的指派开设赌场牟取利益，并在赌场内抽取"庄风款"、"放水"、记账，按照被告人龚某、刘某的指派为讨债而实施非法拘禁、寻衅滋事、敲诈勒索、强迫交易等违法犯罪行为，崔某、梁某参与寻衅滋事违法犯罪行为。该组织为规避侦查，强化管理，维护自身利益，逐步形成了"红钱按比例分配""放贷本息如实上报，不得做手脚"等不成文的规约，对成员的行动进行约束。在借款时使用同伙名义，资金出借时留下痕迹，讨债时规避法律。建立奖惩制度，讨债积极者予以奖励，讨债不积极者予以训斥。该组织通过有组织地实施开设赌场、高利放贷等违法手段聚敛资产，具有较强的经济实力。其中，该组织通过开设赌场非法获利的金额仅查实的就达300余万元。另，在上述被告人处搜查到放贷借条金额高达4000余万元，资金流水上亿元。该组织以非法聚敛的财产用于支持违法犯罪活动，或为违法犯罪活动"善后"，如购买GPS等装备、赔付因讨债而砸坏的物品，以及支付被刑事拘留后聘请律师的费用。该组织为维护其非法利益，以暴力、威胁等手段，有组织地实施了开设赌场、寻衅滋事、非法拘禁、强迫交易、敲诈勒索等违法犯罪活动，并长期实施多种"软暴力"行为，为非作恶，欺压、残害群众，严重破坏社会治安，妨害社会管理秩序，在江苏省常熟市及周边地区造成了恶劣的社会影响。该黑社会性质组织在形成、发展过程中，为寻求建立稳定犯罪组织，牟取高额非法利益而实施大量违法犯罪活动。主要犯罪事实如下：

（一）开设赌场罪

2015年4月至2018年2月，被告人龚某、刘某、马某、王某1、赵某、王某2、陈某多次伙同他人在江苏省常熟市海虞镇、辛庄镇等地开设赌场，仅查明的非法获利就达人民币300余万元。

（二）寻衅滋事罪

2014年至2018年，被告人龚某、刘某伙同其他被告人，在江苏省常熟市原虞山镇、梅李镇、辛庄镇等多地，发放年息84%—360%的高利贷，并为索要所谓"利息"，有组织地对被害人及其亲属采取拦截、辱骂、言语威胁、砸玻璃、在被害人住所喷漆、拉横幅等方式进行滋事，共计56起120余次。

（三）非法拘禁罪

2015年至2016年，被告人龚某、刘某、马某、王某1、赵某、王某2、陈某在江苏省常熟市等多地，为索要高利贷等目的非法拘禁他人10起，其中对部分被害人实施辱骂、泼水、打砸物品等行为。

（四）强迫交易罪

1. 2013年3月，被告人龚某向胡某某发放高利贷，张某某担保。为索要高利贷本金及利息，在非法拘禁被害人后，被告人龚某强迫被害人张某某到王某某家提供家政服务长达一年有余，被告人龚某从中非法获利人民币25500元。

2. 2014年11月，被告人刘某、王某1向陈某某发放高利贷，陶某某担保。在多次进行滋事后，被告人王某1、刘某强迫被害人陶某某于2017年4月至2018年1月到被告人住处提供约定价值人民币6000余元的家政服务共计80余次。

（五）敲诈勒索罪

2017年8月31日至2018年1月21日，被告人刘某、王某1、王某2、陈某实施敲诈勒索3起，以签订"车辆抵押合同"、安装GPS的方式，与被害人签订高出实际出借资金的借条并制造相应的资金走账流水，通过拖走车辆等方式对被害人进行要挟，并非法获利合计人民币5.83万元。[①]

法考直击

组织、领导、参加黑社会性质组织罪

《刑法》第294条 组织、领导黑社会性质的组织的，处七年以上有期徒刑，并处没收财产；积极参加的，处三年以上七年以下有期徒刑，可以并处罚金或者没收财产；其他参加

---

① 参见最高人民法院指导性案例186号，收录时有调整。

的，处三年以下有期徒刑、拘役、管制或者剥夺政治权利，可以并处罚金。

境外的黑社会组织的人员到中华人民共和国境内发展组织成员的，处三年以上十年以下有期徒刑。

国家机关工作人员包庇黑社会性质的组织，或者纵容黑社会性质的组织进行违法犯罪活动的，处五年以下有期徒刑；情节严重的，处五年以上有期徒刑。

犯前三款罪又有其他犯罪行为的，依照数罪并罚的规定处罚。

黑社会性质的组织应当同时具备以下特征：

（一）形成较稳定的犯罪组织，人数较多，有明确的组织者、领导者，骨干成员基本固定；

（二）有组织地通过违法犯罪活动或者其他手段获取经济利益，具有一定的经济实力，以支持该组织的活动；

（三）以暴力、威胁或者其他手段，有组织地多次进行违法犯罪活动，为非作恶，欺压、残害群众；

（四）通过实施违法犯罪活动，或者利用国家工作人员的包庇或者纵容，称霸一方，在一定区域或者行业内，形成非法控制或者重大影响，严重破坏经济、社会生活秩序。

黑社会性质组织是犯罪集团的一种，不要求必须具有"政治保护伞"。

（一）本罪性质

抽象危险犯。实施组织、领导、参加行为，就能构成本罪。

（二）行为方式

1. 组织：这是指倡导、发起、策划黑社会性质组织的行为。
2. 领导：这是指在黑社会性质组织中，对该组织的活动进行策划、决策、指挥。
3. 参加：除组织、领导外，其他参加黑社会性质组织的行为。

（三）责任认定

对组织者、领导者应按照其所组织、领导的黑社会性质组织所犯的全部罪行处罚。

注意：是按照"黑社会性质组织所犯的全部罪行"，而不是按照集团成员所犯的全部罪行处罚，即在黑社会性质组织"章程"以内的，组织者、领导者负责；在黑社会性质组织"章程"以外的，组织者、领导者不承担责任。

（四）罪数问题

组织、领导、参加黑社会性质的行为本身便是犯罪，又实施其他犯罪的，应数罪并罚。例如，参加黑社会性质组织，并实施杀人、贩卖毒品等犯罪的，数罪并罚。

司法观点

法院生效裁判认为：

（一）关于组织特征。一是该犯罪组织的成长轨迹明确。龚某与刘某二人于 2007 年左右先后至江苏省常熟市打工，后龚某从少量资金起步，与刘某等人合作开设赌场并放高利贷，逐步积累经济实力，后其他组织成员相继加入，参股放贷。在高利放贷过程中，因互相占股分利，组织成员利益相互交织，关系日趋紧密，架构不断成熟，并最终形成了以龚某为组织者、领导者，刘某为领导者，王某 1、王某 2、陈某、马某、赵某为积极参加者，崔某、梁某为一般参加者的较稳定的违法犯罪组织。二是该犯罪组织的行为方式和组织意图明确，该组织通过开设赌场和高利放贷聚敛非法财富，在讨债过程中，以滋扰纠缠、打砸恐吓、出场摆势、言语威胁、围堵拦截等"软暴力"方式为惯常行为手段，实施一系列违法犯罪活动，目的是实现非法债权，意图最大限度攫取经济利益。由于组织成员系互相占股出资及分利，故无论组织中哪些成员实施违法犯罪活动，相关非法利益的实现均惠及全体出资的组织成员，符合组织利益及组织意图，为组织不断扩大非法放贷规模，增强犯罪能力等进一步发展提供基础，创造条件。三是该犯罪组织的层级结构明确，该组织以龚某、刘某为基础，龚某吸收发展马某、赵某，刘某吸收发展王某 1、王某 2、陈某，形成二元层级关系，各被告人对所谓"替谁帮忙、找谁商量"均有明确认识。在具体违法犯罪活动中，以共同开设赌场并非法放贷为标志，两股势力由合作进而汇流，互相占股出资放贷，共同违法犯罪讨债，后期又吸收崔某、梁某加入，形成三元层级结构。在组织架构中，组织、领导者非常明显，积极参加者和骨干成员基本固定，人员规模逐渐增大，且本案后续所涉及的黑社会性质组织的其他犯罪均是由这些组织成员所为。四是该犯罪组织的行为规则明确，组织成员均接受并认同出资后按比例记公账分利、讨债时替组织出头等行为规则。这些规则不仅有组织成员供述，也与组织的实际运作模式和实际违法犯罪活动情况相吻合，相关行事规则为纠合组织成员，形成共同利益，保持组织正常运转起到重要作用。综上，该组织有一定规模，人员基本稳定，有明确的组织者、领导者，骨干成员固定，内部层次分明，符合黑社会性质组织的组织特征。

（二）关于经济特征。一是该犯罪组织通过违法犯罪活动快速聚敛经济利益。该组织以开设赌场、非法高利放贷为基础和资金来源，通过大量实施寻衅滋事、非法拘禁等违法犯罪活动保障非法债权实现，大量攫取非法经济利益。其中，开设赌场并实施非法高利放贷部分，有据可查的非法获利金额就达人民币 300 余万元，且大部分被继续用于非法放贷。在案查获的部分放贷单据显示该组织放贷规模已达人民币 4000 余万元，查实银行资金流水已过亿元，具有较强的经济实力。二是该犯罪组织以经济实力支持该组织的活动。该组织获得的经济利益部分用于支持为组织利益而实施的违法犯罪活动，该组织经济利益的获取过程也是强化组织架构的过程。综上，该组织聚敛大量钱财，又继续用于维系和强化组织生存发展，符合黑社会性质组织的经济特征。

（三）关于行为特征。该组织为争取、维护组织及组织成员的经济利益，利用组织势力和形成的便利条件，有组织地多次实施开设赌场、寻衅滋事、非法拘禁、强迫交易等不同种类的违法犯罪活动，违法犯罪手段以"软暴力"为主，并体现出明显的组织化特点，多人出场摆势、分工配合，并以"硬暴力"为依托，实施多种"软暴力"讨债等违法犯罪活动，软硬暴力行为交织，"软暴力"可随时向"硬暴力"转化。这些行为系相关组织成员为确立强势地位、实现非法债权、牟取不法利益、按照组织惯常的行为模式与手段实施的，相关违法犯罪行为符合组织利益，体现组织意志，黑社会性质组织的行为特征明显。

（四）关于危害性特征。该犯罪组织通过实施一系列违法犯罪活动，为非作恶，欺压、残害群众。在社会秩序层面上，该犯罪组织长期实施开设赌场、非法放贷，"软暴力"讨债等违法犯罪活动，范围波及江苏省常熟市多个街道，给被害人及其家庭正常生活带来严重影响，给部分被害人企业的正常生产经营带来严重破坏，给部分被害人所在机关学校的正常工作和教学秩序带来严重冲击。相关违法犯罪行为败坏社会风气，冲击治安秩序，严重降低群众安全感、幸福感，影响十分恶劣。在管理秩序层面上，该犯罪组织刻意逃避公安机关的管理、整治和打击，破坏了正常社会管理秩序。在社会影响层面上，这些违法犯罪活动在一定区域内致使多名群众合法权益遭受侵害，从在案证据证实的群众切身感受看，群众普遍感觉心里恐慌，安全感下降，群众普遍要求进行整治，恢复经济、社会生活秩序。

综上所述，本案犯罪组织符合黑社会性质组织认定标准。该组织已经形成了"以黑养黑"的组织运作模式，这一模式使该组织明显区别于一般的共同犯罪和恶势力犯罪集团。龚某犯罪组织虽然未发现"保护伞"，但通过实施违法犯罪行为，使当地群众产生心理恐惧和不安全感，严重破坏了当地的社会治安秩序、市场经济秩序。对黑社会组织的认定，不能仅根据一个或数个孤立事实来认定，而是要通过一系列的违法犯罪事实来反映。因为以"软暴力"为手段的行为通常不是实施一次就能符合刑法规定的犯罪构成，其单个的行为通常因为情节轻微或显著轻微、后果不严重而不作为犯罪处理或不能认定为犯罪，此时必须综合考虑"软暴力"行为的长期性、多样性来判断其社会影响及是否构成黑恶犯罪。黑社会性质组织犯罪的危害性特征所要求的"造成重大影响"是通过一系列的违法犯罪活动形成的，具有一定的深度和广度，而非个别的、一时的，特别是在以"软暴力"为主要手段的犯罪组织中，要结合违法犯罪活动的次数、时间跨度、性质、后果、侵害对象的个数、是否有向"硬暴力"转化的现实可能、造成的社会影响及群众安全感是否下降等因素综合判断，不能局限在必须要求具体的违法犯罪活动都要造成严重后果或者在社会上造成恶劣影响，也不能简单地以当地普通群众不知晓、非法控制不明显等，认为其危害性不严重。从本案中被告人非法放贷后通过"软暴力"讨债造成的被害人及其家庭、单位所受的具体影响和周边群众的切身感受等来看，社会危害性极其严重，构成了组织、领导、参加黑社会性质组织罪。

要旨提炼

犯罪组织以其势力、影响和暴力手段的现实可能性为依托,有组织地长期采用多种"软暴力"手段实施大量违法犯罪行为,同时辅之以"硬暴力","软暴力"有向"硬暴力"转化的现实可能性,足以使群众产生恐惧、恐慌进而形成心理强制,并已造成严重危害后果,严重破坏经济、社会生活秩序的,应认定该犯罪组织具有黑社会性质组织的行为特征。

案例十九

命题点睛：开设赌场罪 / 网络赌博

案情回放

2016年2月14日，被告人李某、洪某沃、洪某泉伙同洪某1、洪某2（均在逃）以福建省南安市英都镇阀门基地旁一出租房为据点（后搬至福建省南安市英都镇环江路大众电器城五楼的套房），雇用洪某3等人，运用智能手机、电脑等设备建立微信群[群昵称为"寻龙诀"，经多次更名后为"（新）九八届同学聊天"]拉拢赌客进行网络赌博。洪某1、洪某2作为发起人和出资人，负责幕后管理整个团伙；被告人李某主要负责财务、维护赌博软件；被告人洪某沃主要负责后勤；被告人洪某泉主要负责处理与赌客的纠纷；被告人洪某强为出资人，并介绍了陈某某等赌客加入微信群进行赌博。该微信赌博群将启动资金人民币300000元分成100份资金股，并另设10份技术股。其中，被告人洪某强占资金股6股，被告人洪某沃、洪某泉各占技术股4股，被告人李某占技术股2股。

参赌人员加入微信群，通过微信或支付宝将赌资转至庄家（昵称为"白龙账房""青龙账房"）的微信或者支付宝账号计入分值（一元相当于一分）后，根据"PC蛋蛋"等竞猜游戏网站的开奖结果，以押大小、单双等方式在群内投注赌博。该赌博群24小时运转，每局参赌人员数十人，每日赌注累计达数十万元。截至案发时，该团伙共接受赌资累计达3237300元。赌博群运行期间共分红2次，其中被告人洪某强分得人民币36000元，被告人李某分得人民币6000元，被告人洪某沃分得人民币12000元，被告人洪某泉分得人民币12000元。[①]

法考直击

开设赌场罪

《刑法》第303条　以营利为目的，聚众赌博或者以赌博为业的，处三年以下有期徒刑、拘役或者管制，并处罚金。

---

① 参见最高人民法院指导性案例105号，收录时有调整。

开设赌场的，处五年以下有期徒刑、拘役或者管制，并处罚金；情节严重的，处五年以上十年以下有期徒刑，并处罚金。

组织中华人民共和国公民参与国（境）外赌博，数额巨大或者有其他严重情节的，依照前款的规定处罚。

（一）主观目的

以营利为目的。提供棋牌室等娱乐场所并只收取固定的场所和服务费用的经营行为等，不构成本罪。

（二）具体情形

根据司法解释的规定，具有下列情形之一的，属于开设赌场：

1. 建立赌博网站并接受投注的。
2. 建立赌博网站并提供给他人组织赌博的。
3. 为赌博网站担任代理并接受投注的。
4. 参与赌博网站利润分成的。
5. 设置赌博机，并以现金、有价证券等贵重款物作为奖品，或者以回购奖品方式给予他人现金、有价证券等贵重款物组织赌博活动的。
6. 明知他人开设赌场，而为其提供资金、计算机网络、通信、费用结算等直接帮助的，以开设赌场罪的共犯论处。

司法观点

法院生效裁判认为，被告人洪某强、洪某沃、洪某泉、李某以营利为目的，通过邀请人员加入微信群的方式招揽赌客，根据竞猜游戏网站的开奖结果，以押大小、单双等方式进行赌博，并利用微信群进行控制管理，在一段时间内持续组织网络赌博活动的行为，属于《刑法》第303条第2款规定的"开设赌场"。被告人洪某强、洪某沃、洪某泉、李某开设和经营赌场，共接受赌资累计达3237300元，应认定为《刑法》第303条第2款规定的"情节严重"，其行为均已构成开设赌场罪。

要旨提炼

以营利为目的，通过邀请人员加入微信群的方式招揽赌客，根据竞猜游戏网站的开奖结果等方式进行赌博，设定赌博规则，利用微信群进行控制管理，在一段时间内持续组织网络赌博活动的，属于《刑法》第303条第2款规定的"开设赌场"。

案例二十

命题点睛：私募基金 / 集资诈骗 / 单位犯罪 / 追赃挽损

案情回放

被告单位中某中基供应链集团有限公司（以下简称"中某中基集团"）；被告人孟某，系中某中基集团法定代表人、董事长；被告人岑某，系中某中基集团总经理；被告人庄某，系中某中基集团副总经理（已死亡）。

2015年5月，孟某注册成立中某中基集团。2015年11月至2020年6月，中某中基集团及其直接负责的主管人员孟某、岑某、庄某，通过实际控制的上海檀某资产管理有限公司（以下简称"檀某公司"）、上海洲某资产管理有限公司（以下简称"洲某公司"）、深圳市辉某产业服务集团有限公司（以下简称"辉某集团"）以及合作方北京云某投资有限公司（以下简称"云某公司"）等10多家公司，采用自融自用的经营模式，围绕中某中基集团从事私募基金产品设计、发行、销售及投融资活动。

孟某、岑某、庄某指使檀某公司、洲某公司工作人员以投资中某中基集团实际控制的多家空壳公司股权为名，使用庄某伪造的财务数据、贸易合同设计内容虚假的私募基金产品，将单一融资项目拆分为数个基金产品，先后以檀某公司、洲某公司、云某公司为私募基金管理人，发行39只私募股权类基金产品。上述三家公司均在基金业协会登记为私募股权、创业投资基金管理人，39只产品均在基金业协会备案。

相关基金产品由不具备私募基金销售资质的"辉某集团"等3家"辉某系"公司销售。孟某、岑某指使"辉某系"公司工作人员以举办宣传会、召开金融论坛、峰会酒会，随机拨打电话，在酒店公共区域摆放宣传资料等方式向社会公开宣传私募基金产品，谎称由具有国资背景的中某中基控股集团有限公司出具担保函，以虚设的应收账款进行质押，变相承诺保本保息，超出备案金额、时间，滚动销售私募基金产品，累计非法募集资金人民币78.81亿余元。

募集资金转入空壳目标项目公司后，从托管账户违规汇集至中某中基集团账户形成资金池，由孟某、岑某任意支配使用。上述集资款中，兑付投资人本息42.5亿余元，支付销售佣金、员工工资、保证金17.1亿余元，转至孟某、岑某控制的个人账户及个人挥霍消费3.9亿余元，对外投资17.5亿余元。中某中基集团所投资的项目处于长期亏损状态，主要依靠募新还旧维持运转。截至案发，投资人本金损失38.22亿余元。[①]

法考直击

集资诈骗罪

《刑法》第192条 以非法占有为目的，使用诈骗方法非法集资，数额较大的，处三年以上七年以下有期徒刑，并处罚金；数额巨大或者有其他严重情节的，处七年以上有期徒刑或者无期徒刑，并处罚金或者没收财产。

单位犯前款罪的，对单位判处罚金，并对其直接负责的主管人员和其他直接责任人员，依照前款的规定处罚。

（一）概念

集资诈骗罪，是指以非法占有为目的，使用诈骗方法非法集资，数额较大的行为。

（二）构成要件

1. 本罪的诈骗方法即为欺骗行为，与诈骗罪的行为构造相同。

行为构造：行为人实施欺骗行为→使对方陷入认识错误→对方基于认识错误处分财产→行为人或第三者取得财产→被害人遭受财产损失。

2. 非法集资，是指单位或者个人，违反法律、法规，向社会公众募集资金的行为。

（1）集资仅限于向社会公众募集资金，不包括募集资金以外的财物。

（2）集资行为必须面向社会公众，但不要求实际上已经骗取了多数人的资金。

（3）非法集资表现为虚假承诺回报，承诺的回报必须是虚假的，而不是真实的。

3. 责任要素除故意外，还要求具有非法占有的目的，表现为具有不归还集资款的意思。

使用诈骗方法非法集资，具有下列情形之一的，可以认定为"以非法占有为目的"：

（1）集资后不用于生产经营活动或者虽用于生产经营活动但与筹集资金规模明显不成比例，致使集资款不能返还的。

（2）肆意挥霍集资款，致使集资款不能返还的。

（3）携带集资款逃匿的。

（4）将集资款用于违法犯罪活动的。

[①] 《"两高"联合发布依法从严打击私募基金犯罪典型案例》中某中基集团、孟某、岑某集资诈骗案——以发行销售私募基金为名，使用诈骗方法非法集资对集资款具有非法占有目的的，构成集资诈骗罪，载最高人民法院网 https://www.court.gov.cn/zixun/xiangqing/421622.html，最后访问时间：2024年1月23日。收录时有调整。

（5）抽逃、转移资金、隐匿财产，逃避返还资金的。

（6）隐匿、销毁账目，或者搞假破产、假倒闭，逃避返还资金的。

（7）拒不交代资金去向，逃避返还资金的。

（8）其他可以认定非法占有目的的情形。

（三）本罪的认定

1. 本罪与非法吸收公众存款罪的区别：是否具有非法占有目的，本罪要求具有此目的。

2. 网络借贷信息中介机构或其控制人，利用网络借贷平台发布虚假消息，非法建立资金池募集资金，所得资金大部分未用于生产经营活动，主要用于借新还旧和个人挥霍，无法归还所募集资金数额巨大，应认定为具有非法占有目的，以集资诈骗罪追究刑事责任。

3. 犯罪嫌疑人在初始阶段仅具有非法吸收公众存款的故意，不具有非法占有目的，但在发生经营失败、资金链断裂等问题后，明知没有归还能力仍然继续吸收公众存款的，这一时间节点之后的行为应当认定为集资诈骗罪，此前的行为应当认定为非法吸收公众存款罪，属于包括的一罪，以集资诈骗罪定罪处罚。

司法观点

1. 以发行销售私募基金为名，使用诈骗方法非法集资，对集资款具有非法占有目的的，构成集资诈骗罪。司法机关应以私募基金发行中约定的投资项目、底层资产是否真实，销售中是否提供虚假承诺等作为是否使用诈骗方法的审查重点；应以资金流转过程和最终去向作为是否具有非法占有目的的审查重点，包括募集资金是否用于私募基金约定投资项目，是否用于其他真实投资项目，是否存在极不负责任的投资，是否通过关联交易、暗箱操作等手段进行利益输送，是否以各种方式抽逃转移资金，是否用于个人大额消费和投资等。本案中，孟某等人虚构对外贸易项目、伪造财务资料发行内容虚假的私募基金，以虚假担保诱骗投资人投资，属于典型的使用诈骗方法募集资金；募集资金汇集于中某中基集团资金池，主要用于兑付本息、支付高额运营成本和个人占有挥霍，虽有17亿余元用于投资，但是与募集资金的规模明显不成比例，且投资项目前期均未经过充分的尽职调查，资金投入后也未对使用情况进行任何有效管理，对资金使用的决策极不负责任，应依法认定具有非法占有目的。

2. 准确认定犯罪主体，全面审查涉案财产，依法追赃挽损。私募基金非法集资案件涉及私募基金设计、管理、销售等多方主体，认定犯罪主体应以募集资金的支配与归属为核心，对于犯罪活动经私募基金管理人或其实际控制人决策实施，全部或者大部分违法所得归单位所有的，除单位设立后专门从事违法犯罪活动外，应依法认定为单位犯罪，追缴单位全部违法所得。私募股权类投资基金的涉案资金以股权投资形式流向其他公司的，追赃挽损的范围不限于犯罪单位的财物，对涉案私募基金在其他公司投资的股权，应在确认权属后依法予以追缴。本案中，10多家关联公司围绕中某中基集团开展私募基金发行销售活动，募集资金归中某中基集团统一支配使用，司法机关依法认定中某中基集团为单位犯罪主体，对单位财产、流向空壳公司的财产以及投资项目财产全面追赃挽损。

要旨提炼

以发行销售私募基金为名，使用诈骗方法非法集资对集资款具有非法占有目的的，构成集资诈骗罪。

案例二十一

命题点睛：受贿罪／受贿数额计算／掩饰受贿退赃

案情回放

2003年8、9月间，被告人潘某某、陈某分别利用担任江苏省南京市栖霞区迈皋桥街道工委书记、迈皋桥办事处主任的职务便利，为南京某房地产开发有限公司总经理陈某1在迈皋桥创业园区低价获取100亩土地等提供帮助，并于9月3日分别以其亲属名义与陈某1共同注册成立多某公司，以"开发"上述土地。潘某某、陈某既未实际出资，也未参与该公司经营管理。2004年6月，陈某1以多某公司的名义将该公司及其土地转让给南京某体育用品有限公司，潘某某、陈某以参与利润分配名义，分别收受陈某1给予的480万元。2007年3月，陈某因潘某被调查，在美国出差期间安排其驾驶员退给陈某180万元。案发后，潘某某、陈某所得赃款及赃款收益均被依法追缴。

2004年2月至10月，被告人潘某某、陈某分别利用担任迈皋桥街道工委书记、迈皋桥办事处主任的职务之便，为南京某置业发展有限公司在迈皋桥创业园购买土地提供帮助，并先后4次各收受该公司总经理吴某某给予的50万元。

2004年上半年，被告人潘某某利用担任迈皋桥街道工委书记的职务便利，为南京某发展有限公司受让金某大厦项目减免100万元费用提供帮助，并在购买对方开发的一处房产时接受该公司总经理许某某为其支付的房屋差价款和相关税费61万余元（房价含税费121.0817万元，潘某某支付60万元）。2006年4月，潘某某因检察机关从许某某的公司账上已掌握其购房仅支付部分款项的情况而补还给许某某55万元。

此外，2000年春节前至2006年12月，被告人潘某某利用职务便利，先后收受迈皋桥办事处一党支部书记兼南京某商贸有限责任公司总经理高某某人民币201万元和美元49万元、浙江某房地产集团南京置业有限公司范某美元1万元。2002年至2005年间，被告人陈某利用职务便利，先后收受迈皋桥办事处一党支部书记高某某21万元、迈皋桥办事处副主任刘某8万元。

综上，被告人潘某收受贿赂人民币792万余元、美元50万元（折合人民币398.1234万元），共计收受贿赂1190.2万余元；被告人陈某收受贿赂559万元。[①]

---

① 参见最高人民法院指导性案例3号，收录时有调整。

法考直击

受贿罪

《刑法》第 385 条　国家工作人员利用职务上的便利,索取他人财物的,或者非法收受他人财物,为他人谋取利益的,是受贿罪。

国家工作人员在经济往来中,违反国家规定,收受各种名义的回扣、手续费,归个人所有的,以受贿论处。

(一)普通受贿罪

1. 索取贿赂:利用职务上的便利,不要求为他人谋取利益。
2. 收受贿赂:利用职务上的便利,要求为他人谋取利益。

(1)利用职务上的便利

利用自己的职权或有隶属制约关系的其他国家工作人员(即下级)的职务之便。

(2)"为他人谋取利益"是客观的构成

利益包括正当利益、不正当利益。

行为人有为他人谋取利益的承诺(明示许诺、默示许诺)即可,并不要求实际为他人谋取利益。

默示许诺:明知他人有具体请托事项而收受其财物的,视为承诺为他人谋取利益。

(3)受贿时间

在职务行为之前、之中、之后,索取、收受贿赂,都可成立受贿罪。

(4)事后受贿

在实施职务行为为他人谋取利益时,没有受贿故意,事后明知他人财物是自己职务行为的不正当报酬而收受,成立受贿罪。司法解释规定,履职时未被请托,但事后基于该履职事由收受他人财物的,视为"为他人谋取利益"。

(5)离职后受贿

利用职务上的便利为请托人谋取利益之前或者之后,约定在离职后才收受财物,同时在离职后收受的,成立受贿罪。如果在离职前没有约定,不构成受贿罪。

(二)斡旋受贿

1. 基本构造

国家工作人员利用本人职权或者地位形成的便利条件,通过其他国家工作人员职务上的行为,为请托人谋取不正当利益,索取、收受贿赂。

2. 要点

受贿者必须是国家工作人员，不是离休的人员，也不包括单位。

受贿者与被其利用的国家工作人员（实际办事人）在职务上没有隶属、制约关系，如果受贿者利用自己下属、有制约关系的人的职权，不是斡旋受贿，是普通受贿。

须谋取不正当利益，如果谋取正当利益，不构成犯罪。

3. 时间

收受财物的时间，可以事前，可以事后，也可以约定离职后收受。

（三）变相受贿

1. 以交易形式收受贿赂的，成立受贿罪。
2. 收受干股的，成立受贿罪。
3. 以开办公司等合作投资名义收受贿赂的，成立受贿罪。
4. 以委托请托人投资证券、期货或者其他委托理财的名义收受贿赂的，成立受贿罪。
5. 以赌博形式收受贿赂的，成立受贿罪。
6. 以特定关系人"挂名"领取薪酬的，成立受贿罪。此处的"特定关系人"不同于利用影响力受贿罪中的"关系密切的人"，此处是指与国家工作人员有近亲属、情人以及其他共同利益关系的人。
7. 国家工作人员授意请托人将财物给予特定关系人的，成立受贿罪，特定关系人成立共犯。
8. 名借实给汽车、房产，即使未过户，亦成立受贿罪。

（四）受贿的既遂标准

1. 收受型受贿的既遂标准

取得说，行为人实际领受、占有、控制行贿人给付的贿赂或财产性利益。

名借实给收受请托人房屋、汽车，未变更权属登记的，不影响受贿既遂的成立。

2. 索取型受贿的既遂标准

实施了索要行为就是既遂。

（五）数额认定

1. 收受财产性利益时，应以实际获得的财产性利益计算，不能按照行贿人实际支出的成本计算。
2. 受贿所得的收益不是受贿数额，应予以追缴。
3. 共同犯罪中应对整体的犯罪数额负责，而不是仅对自己实际分得的数额负责。

司法观点

法院生效裁判认为：关于被告人潘某某、陈某及其辩护人提出二被告人与陈某1共同开办多某公司开发土地获取"利润"480万元不应认定为受贿的辩护意见。经查，潘某时任迈皋桥街道工委书记，陈某时任迈皋桥街道办事处主任，对迈皋桥创业园区的招商工作、土地转让负有领导或协调职责，二人分别利用各自职务便利，为陈某1低价取得创业园区的土地等提供了帮助，属于利用职务上的便利为他人谋取利益；在此期间，潘某某、陈某与陈某1商议合作成立多某公司用于开发上述土地，公司注册资金全部来源于陈某1，潘某某、陈某既未实际出资，也未参与公司的经营管理。因此，潘某某、陈某利用职务便利为陈某1谋取利益，以与陈某1合办公司开发该土地的名义而分别获取的480万元，并非所谓的公司利润，而是利用职务便利使陈某1低价获取土地并转卖后获利的一部分，体现了受贿罪权钱交易的本质，属于以合办公司为名的变相受贿，应以受贿论处。

关于被告人潘某某及其辩护人提出潘某某没有为许某某实际谋取利益的辩护意见。经查，请托人许某某向潘某某行贿时，要求在受让金某大厦项目中减免100万元的费用，潘某某明知许某某有请托事项而收受贿赂；虽然该请托事项没有实现，但"为他人谋取利益"包括承诺、实施和实现不同阶段的行为，只要具有其中一项，就属于为他人谋取利益。承诺"为他人谋取利益"，可以从为他人谋取利益的明示或默示的意思表示予以认定。潘某某明知他人有请托事项而收受其财物，应视为承诺为他人谋取利益，至于是否已实际为他人谋取利益或谋取到利益，只是受贿的情节问题，不影响受贿的认定。

关于被告人潘某某及其辩护人提出潘某某购买许某某的房产不应认定为受贿的辩护意见。经查，潘某某购买的房产，市场价格含税费共计应为121万余元，潘某某仅支付60万元，明显低于该房产交易时当地市场价格。潘某某利用职务之便为请托人谋取利益，以明显低于市场的价格向请托人购买房产的行为，是以形式上支付一定数额的价款来掩盖其受贿权钱交易本质的一种手段，应以受贿论处，受贿数额按照涉案房产交易时当地市场价格与实际支付价格的差额计算。

关于被告人潘某某及其辩护人提出潘某某购买许某某开发的房产，在案发前已将房产差价款给付了许某某，不应认定为受贿的辩护意见。经查，2006年4月，潘某某在案发前将购买许某某开发房产的差价款中的55万元补给许某某，相距2004年上半年其低价购房有近两年时间，没有及时补还巨额差价；潘某某的补还行为，是由于许某某因其他案件被检察机关找去谈话，检察机关从许某某的公司账上已掌握潘某某购房仅支付部分款项的情况后，出于掩盖罪行目的而采取的退赃行为。因此，潘某某为掩饰犯罪而补还房屋差价款，不影响对其受贿罪的认定。

综上所述，被告人潘某某、陈某及其辩护人提出的上述辩护意见不能成立，不予采纳。潘某某、陈某作为国家工作人员，分别利用各自的职务便利，为他人谋取利益，收受他人财物的行为均已构成受贿罪，且受贿数额特别巨大，但同时鉴于二被告人均具有归案后如实供述犯罪、认罪态度好，主动交代司法机关尚未掌握的同种余罪，案发前退出部分赃款，案发后配合追缴涉案全部赃款等从轻处罚情节，故一、二审法院依法作出如上裁判。

要旨提炼

1. 国家工作人员利用职务上的便利为请托人谋取利益，并与请托人以"合办"公司的名义获取"利润"，没有实际出资和参与经营管理的，以受贿论处。

2. 国家工作人员明知他人有请托事项而收受其财物，视为承诺"为他人谋取利益"，是否已实际为他人谋取利益或谋取到利益，不影响受贿的认定。

3. 国家工作人员利用职务上的便利为请托人谋取利益，以明显低于市场的价格向请托人购买房屋等物品的，以受贿论处，受贿数额按照交易时当地市场价格与实际支付价格的差额计算。

4. 国家工作人员收受财物后，因与其受贿有关联的人、事被查处，为掩饰犯罪而退还的，不影响认定受贿罪。

第四章

刑事诉讼法

案例二十二

命题点睛：被告人不认罪 / 刑事诉讼证明标准 / 排除合理怀疑 / 直接改判

案情回放

被告人刘某某，女，1982年6月出生，无业。

2015年12月21日，公安机关接周某举报，在广东省广州市番禺区某小区附近刘某某所驾驶车辆的副驾驶位的脚踏板上，查获装在茶叶袋内的甲基苯丙胺1千克，在驾驶位座椅上缴获金色手机1部，在刘某某手上缴获黑色手机1部，在副驾驶座椅上缴获黑色钱包1个，内有银行卡8张。刘某某称自己经营燕窝生意，车内毒品系刚下车的朋友周某所留。次日，刘某某被刑事拘留。经公安机关询问，周某称车内毒品系刘某某所有，刘某某让其帮助卖掉，其乘坐刘某某车辆谎称去找购毒人，下车后即报警。

2016年9月22日，广州市番禺区人民检察院以非法持有毒品罪对刘某某提起公诉，后以贩卖毒品罪变更起诉。番禺区人民法院经三次开庭审理，认为被告人可能被判处无期徒刑以上刑罚，报送广州市中级人民法院管辖。2017年7月4日，广州市人民检察院以贩卖毒品罪对刘某某提起公诉。广州市中级人民法院经两次开庭审理，认为虽然在被告人刘某某的车上发现了涉案毒品，但是周某举报前刚从涉案车辆副驾驶位离开，毒品又系从副驾驶位的脚踏板上查获，无法排除刘某某提出的毒品归周某所有的合理辩解。因此，检察机关指控被告人刘某某贩卖毒品罪的事实不清、证据不足，遂于2018年2月2日一审宣告刘某某无罪。①

法考直击

一、刑事诉讼证明标准

（一）概念

刑事诉讼中的证明标准，是指法律规定的检察机关和当事人运用证据证明案件事实要求达到的程度。

---

① 参见最高人民检察院指导性案例检例第179号，收录时有调整。

（二）事实清楚、证据确实充分的认定

1. 具体内容及含义

我国刑事诉讼中认定被告人有罪的证明标准是"犯罪事实清楚，证据确实、充分"。

（1）所谓证据确实，是指对定案的证据在质量上的要求：一是指据以定案的单个证据，必须经查证属实；二是指单个证据与案件事实之间，必须存在客观联系。

（2）所谓证据充分，是指对定案的证据在数量上的要求，基本要求是，证据的量必须充足，能够组成一个完整的证明体系，所有属于犯罪构成要件及量刑情节的事实均有相应证据加以证明，不存在任何一环的脱漏，而且证据在总体上已足以对所要证明的案件事实得出确定无疑的结论。

2. 法定条件

证据确实、充分，应当符合以下条件：

（1）定罪量刑的事实都有证据证明。

（2）据以定案的证据均经法定程序查证属实。

（3）综合全案证据，对所认定事实已排除合理怀疑。

（三）具体划分标准

1. 立案阶段：有犯罪事实发生需要追究刑事责任。

2. 逮捕阶段：有证据证明有犯罪事实。

3. 侦查终结提起公诉有罪判决：事实清楚，证据确实、充分。

二、"疑罪从无"的处理原则

阶段	疑罪的处理方式
审查起诉	作出不起诉的决定。
一审程序	作出证据不足、指控的犯罪不能成立的无罪判决。
二审程序	原判决事实不清楚或者证据不足的，可以在查清事实后改判；也可以裁定撤销原判，发回原审人民法院重新审判。
再审程序	或按一审或按二审。
死刑缓期执行案件复核程序	原判事实不清、证据不足的，可以裁定不予核准，并撤销原判，发回重新审判，或者依法改判。
死刑立即执行案件复核程序	原判事实不清、证据不足的，应当裁定不予核准，并撤销原判，发回重新审判。
注意：定罪证据不足的案件，应当坚持疑罪从无原则，依法宣告被告人无罪，不得降格作出"留有余地"的判决。	

司法观点

广东省检察机关认为，一审法院在对被告人刘某某所驾驶的车辆内发现涉案毒品的归属问题上，片面采信刘某某的不合理辩解，进而不合理地怀疑毒品为证人周某所有，认定刘某某构成贩卖毒品罪的证据没有形成完整的证明体系，不能排除合理怀疑，据此宣告刘某某无罪的判决确有错误。本案侦查工作中存在的取证问题和瑕疵并未切断证据链条，刘某某的无罪辩解与其他在案证据存在矛盾，全案证据足以证实刘某某具有贩卖毒品的主观故意和客观行为。具体理由如下：

1."合理怀疑"不尽合理。被告人刘某某的辩解明显与其他在案证据相互矛盾，人民法院以存在"合理怀疑"为由作出无罪判决系确有错误。刘某某辩解自己经营燕窝生意，案发前一天去过汕尾购买走私燕窝，却无法验证和登录自己的微商账号，也提供不出下线微商或者客户的联系方式；刘某某辩解其与周某交易的系燕窝，但双方言语隐晦，短信、微信记录有大量疑似毒品交易的行话、黑话，与燕窝交易习惯不符；刘某某称开车带"货"贩卖，但车上的"货"只有毒品没有燕窝；周某不具备购买甲基苯丙胺1千克的经济条件，刘某某辩解毒品归周某所有无其他证据印证。本案侦查工作中存在的问题和部分证言的变化并不影响证据的真实性、客观性，并未切断全案证据链条。证人周某在举报电话中，称她与被举报人刘某某认识，因担心被打击报复而不愿意提供自己的个人情况、不愿意进行指认，并在开庭审理时当庭改变部分证言，但其一直稳定陈述本案基本事实，不能就此否认其证言的证据效力。

2.在案证据足以证实刘某某具有贩卖毒品的主观故意和客观行为。检察机关提起公诉时提交的被告人刘某某手机中的微信语音、声纹鉴定书、通话清单和银行交易流水，以及刘某某驾车赴粤东往返的交通监控视频截图等证据，足以证实刘某某从粤东不法分子处购得毒品，并准备在案发当天通过周某卖出。从刘某某手机里存储的大量毒品交易行话和暗语，可以看出其从事毒品交易至少一年时间，案发前一天还有周某以外的其他人准备向刘某某购买毒品。综合原有证据及抗诉期间补充完善的毒品上家陈某的有罪供述、周某关于部分证言改变的原因等证据，足以证实涉案毒品系刘某某案发前在陆丰市向陈某购买并带回广州准备贩卖的事实。

需要说明的是，本案已在三级法院七次开庭审理，而且人民检察院在开庭审理前已向刘某某及其辩护人开示新证据，充分听取了辩方意见，依法充分保障了当事人诉讼权利，鉴于本案事实清楚，证据确实、充分，广东省人民检察院建议省高级人民法院依法改判被告人有罪。

2019年6月7日，广东省高级人民法院经审理依法作出终审判决，采纳抗诉意见，以贩卖毒品罪判处刘某某无期徒刑。

要旨提炼

1.正确适用排除合理怀疑的证据规则。合理怀疑是指以证据、逻辑和经验法则为根据的怀疑,即案件存在被告人无罪的现实可能性。办理刑事案件要综合审查全案证据,考虑各方面因素,对所认定事实排除合理怀疑并得出唯一性结论。对于不当适用"合理怀疑"作出无罪判决的,人民检察院要根据案件证据情况,认真审查法院判决无罪的理由。对于确有必要的,要补充完善证据,以准确排除"合理怀疑",充分支持抗诉意见和理由。针对被告人的无罪辩解,要注意审查辩解是否具有合理性,与案件事实和证据是否存在矛盾。对于证人改变证言的情形,要结合证人改变的理由、证人之前的证言以及与在案其他证据印证情况进行综合判断。经综合审查,如果案件确实存在"合理怀疑",应当坚持疑罪从无原则,依法作出无罪的结论;如果被告人的辩解与全案证据矛盾,或者无客观性证据印证,且与经验法则、逻辑法则不相符,应当认定不属于"合理怀疑"。

2.对于行为人不认罪的毒品犯罪案件,要根据在案证据,结合案件实际情况综合判断行为人对毒品犯罪的主观"明知"。人民检察院在办理案件中,判断行为人是否"知道或者应当知道行为对象是毒品",应综合考虑案件中的各种客观实际情况,依据实施毒品犯罪行为的过程、行为方式、毒品被查获时的情形和环境等证据,结合行为人的年龄、阅历、智力及掌握相关知识情况,进行综合分析判断。并且用作推定行为人"知道或者应当知道行为对象是毒品"的前提的事实基础必须有确凿的证据证明。

3.对于查清事实后足以定罪量刑的抗诉案件,如未超出起诉指控范围的,人民检察院可以建议人民法院依法直接改判。根据《刑事诉讼法》第236条规定,对于原判决事实不清或者证据不足的,第二审人民法院在查清事实后可以依法改判或者发回重审。司法实践中,对于人民检察院提出抗诉后补充的证据,如果该证据属于补强证据,认定的案件事实没有超出起诉指控的范围,且案件已经多次开庭审理,应当综合考虑诉讼经济原则和人权保障的关系,建议人民法院在查明案件事实后依法改判。

案例二十三

命题点睛：间接证据的审查运用 / 电子数据 / 发现新的犯罪事实 / 补充起诉

案情回放

被告人李某，男，1986 年 11 月出生，无业。

2016 年 6 月 26 日 16 时许，被害人荣某向天津市公安局和平分局某派出所报案称，李某盗窃其支付宝账户 4000 元。公安机关经侦查发现，李某于 2016 年 3 至 6 月间通过网络社交平台结识多名女性。2016 年 6 月 24 日 18 时许，李某在某商场附近约见被害人荣某，当日 22 时许将其带至李某预订的快捷酒店房间内，随后趁荣某昏睡之际，使用其指纹解锁手机，窃取荣某支付宝账户内人民币 4000 元。李某还采用同样手段，分别于同年 3 月、5 月在同一酒店窃取被害人于某、常某人民币 500 元、1000 元。7 月 13 日，李某被抓获归案。10 月 18 日，公安机关以李某涉嫌盗窃罪移送天津市和平区人民检察院审查起诉。

2017 年 4 月 25 日，天津市和平区人民检察院以抢劫罪对李某提起公诉，指控李某于 2016 年 6 月 24 日约见被害人荣某，在吃饭过程中，趁其不备，向饮料中投放可致人昏迷的不明物质，并于当日 22 时许将其带至快捷酒店房间内。其间，李某趁荣某昏睡之际，使用其指纹解锁，打开其手机并将其支付宝账户内 4000 元转入自己支付宝账户。李某还采用同样手段，分别于同年 3 月、5 月在上述酒店劫取被害人于某、常某人民币 500 元、1000 元。

2018 年 3 月 20 日，天津市和平区人民法院作出一审判决，仅认定李某秘密窃取被害人荣某 4000 元的犯罪事实，且认为李某基本能够如实供述盗窃犯罪事实，退缴赃款，从轻判处李某有期徒刑一年十一个月，并处罚金 4000 元。①

法考直击

一、电子数据

（一）电子数据的范围

电子数据是案件发生过程中形成的，以数字化形式存储、处理、传输的，能够证明案

---

① 参见最高人民检察院指导性案例检例第 180 号，收录时有调整。

件事实的数据。电子数据包括但不限于下列信息、电子文件：

（1）网页、博客、微博客、朋友圈、贴吧、网盘等网络平台发布的信息；

（2）手机短信、电子邮件、即时通信、通讯群组等网络应用服务的通信信息；

（3）用户注册信息、身份认证信息、电子交易记录、通信记录、登录日志等信息；

（4）文档、图片、音视频、数字证书、计算机程序等电子文件。

以数字化形式记载的证人证言、被害人陈述以及犯罪嫌疑人、被告人供述和辩解等证据，不属于电子数据。确有必要的，对相关证据的收集、提取、移送、审查，可以参照适用本规定。

（二）电子数据的审查与认定

1. 不得作为定案根据——真实性无法确定

（1）系篡改、伪造或者无法确定真伪的；

（2）有增加、删除、修改等情形，影响电子数据真实性；

（3）其他无法保证电子数据真实性的情形。

2. 可补正、可合理解释

（1）未以封存状态移送的；

（2）笔录或者清单上没有侦查人员、电子数据持有人、提供人、见证人签名或者盖章的；

（3）对电子数据的名称、类别、格式等注明不清的；

（4）有其他瑕疵的。

二、间接证据

间接证据是不能单独、直接证明刑事案件主要事实，需要与其他证据相结合才能证明的证据。间接证据必须与案内的其他证据结合起来，形成一个证据体系，才能共同证明案件的主要事实。

没有直接证据，但间接证据同时符合下列条件的，可以认定被告人有罪：

1. 证据已经查证属实。
2. 证据之间相互印证，不存在无法排除的矛盾和无法解释的疑问。
3. 全案证据形成完整的证据链。
4. 根据证据认定案件事实足以排除合理怀疑，结论具有唯一性。
5. 运用证据进行的推理符合逻辑和经验。

司法观点

天津市检察机关认为，一审法院关于"不能证实被告人李某向被害人饮品中投放不明物质；不能证实被害人的血液、尿液中有可致人昏迷的不明物质；不能证实被害人系在'不知反抗、不能反抗'状态下被劫取财物；无法排除李某与被害人之间存在正当经济往来的合理辩解，检察机关指控的抢劫罪名不能成立"的认定不当。本案区分盗窃罪与抢劫罪的关键在于被告人是否使用暴力、胁迫以外的其他方法使被害人不能反抗以劫取财物。在案证据能够证实被告人李某构成抢劫罪而不是盗窃罪，李某系有预谋、有准备地采用投放药物致人昏迷的惯用手段，多次实施抢劫、强奸、强制猥亵犯罪。具体理由如下：

1.在案证据能够证实被告人李某在饮品中投放了可以致人昏迷的药物。饭店监控录像、被害人陈述与证人证言相互印证，证实李某与被害人用餐之前或者就餐期间外出购买饮料向被害人提供；多名被告人的同学、朋友及同监室人员证实李某曾向其"炫耀"给人下药并发生性关系的犯罪事实；社保卡购药记录、证人证言均证实李某在未患有相关疾病情况下却购买了精神类药物。

2.现有证据可以证实被害人与李某之间不存在正常经济往来。从转账金额看，多名被害人证实支付宝转账金额与李某辩称的 AA 制消费金额存在矛盾；从转账时间看，被害人证实在此段时间自己并不需要现金，不存在转账后从李某处换取现金的必要性；从转账时的状态看，多名被害人陈述自己当时出现头晕、意识不清的状况，后被带至酒店或者居住地昏睡，转账时段处于昏迷状态，不可能主动转账给李某，且有的被害人直至公安人员向其询问，才发现曾经转账给李某的事实。

3.在案证据已经形成完整证据链。各被害人对于同李某交往过程中的经历和受侵害的情况高度相似，均是喝了李某提供的水或者饮料后从头晕到意识不清再到完全昏迷，被害人之间互不相识，这种特殊经历绝非偶然；李某的手机搜索浏览记录，证实其曾多次查询"怀疑被下药没证据报警管用吗""某时尚广场 5 楼及影院有监控吗""女人被下药是什么表现"等信息；李某在作案后，为逃避法律制裁，还曾假借被害人名义在网上向律师咨询"未经同意支付宝转账行为"的法律后果；多名被害人证实李某在与其交往过程中或者见面吃饭时，存在劝说被害人将手机支付密码改为指纹支付的情况；被害人陈述案发时处于昏迷状态，与在案照片、视频录像显示的情况一致，且与专家意见证实的药物药理、药效相互印证，被害人荣某报案时已近 48 小时，因药物代谢原因身体内未提取到药物成分残留具有合理性。

综上，全案证据证实，被告人李某通过网络社交平台专门结识年轻女性，犯罪对象不特定，且同时与多名被害人交往，交往中劝说对方将手机屏保更改为指纹解锁，并提前购买精神类药物、预订酒店房间，见面后观察被害人手机支付方式、打探支付密码，在饮品中投放精神类药物，随后将饮用饮品后意识不清的被害人带至酒店房间，实施犯罪。

要旨提炼

1.注重收集电子数据在内的客观性证据，充分运用间接证据，综合其他在案证据形成完整证据链证明案件事实。对于以间接证据认定犯罪的，要综合在案证据之间相互印证，运用证据推理符合逻辑和经验，根据证据认定事实排除合理怀疑，全案证据形成完整的证据链等准确认定。对每一份间接证据，均要确认其真实性、合法性，充分挖掘证据与事实之间、证据与证据之间的关联性，增强间接证据的证明力。在收集、固定证据过程中，要注意收集和运用电子数据证实犯罪，实现科技强检在完善证据链条，追诉漏罪漏犯，指控证明犯罪等方面的效能。

2. 在二审抗诉案件办理过程中，如发现新的犯罪事实的，人民检察院应当移送公安机关侦查，查证属实的，建议人民法院发回重审，由人民检察院补充起诉。人民检察院在二审抗诉过程中，如果发现原判决事实不清楚，存在新的犯罪事实的，应当要求公安机关侦查并移送起诉。为充分保障被告人对补充起诉的犯罪事实的上诉权，人民检察院应当建议二审法院裁定撤销原判、发回重审，待公安机关侦查终结移送审查起诉后，由人民检察院补充起诉，做到既全面、准确、有力打击犯罪，又保障被告人依法享有的上诉权。

案例二十四

命题点睛：网络诽谤／严重危害社会秩序／能动司法／自诉转公诉

案情回放

2020年7月7日18时许，郎某在杭州市余杭区某小区东门快递驿站内，使用手机偷拍正在等待取快递的被害人谷某，并将视频发布在某微信群。后郎某、何某分别假扮快递员和谷某，捏造谷某结识快递员并多次发生不正当性关系的微信聊天记录。为增强聊天记录的可信度，郎某、何某还捏造"赴约途中""约会现场"等视频、图片。7月7日至7月16日期间，郎某将上述捏造的微信聊天记录截图39张及视频、图片陆续发布在该微信群，引发群内大量低俗、侮辱性评论。8月5日，上述偷拍的视频以及捏造的微信聊天记录截图27张被他人合并转发，并相继扩散到110余个微信群（群成员约2.6万）、7个微信公众号（阅读数2万余次）及1个网站（浏览量1000次）等网络平台，引发大量低俗、侮辱性评论，严重影响了谷某的正常工作生活。8月至12月，此事经多家媒体报道引发网络热议，其中，仅微博话题"被造谣出轨女子至今找不到工作"阅读量就达4.7亿次、话题讨论5.8万人次。该事件在网络上广泛传播，给广大公众造成不安全感，严重扰乱了网络社会公共秩序。

2020年8月7日，谷某就郎某、何某涉嫌诽谤向浙江省杭州市公安局余杭分局报案。8月13日，余杭分局作出对郎某、何某行政拘留9日的决定。10月26日，谷某委托诉讼代理人向浙江省杭州市余杭区人民法院提起刑事自诉，并根据法院通知补充提交了相关材料。12月14日，法院立案受理并对郎某、何某采取取保候审强制措施。

因相关事件及视频在网络上进一步传播、蔓延，案件情势发生重大变化。检察机关认为，郎某、何某的行为不仅侵害被害人的人格权，而且经网络迅速传播，已经严重扰乱网络社会公共秩序。由于本案被侵害对象系随意选取，具有不特定性，任何人都可能成为被侵害对象，严重破坏了广大公众安全感。对此类案件，由自诉人收集证据并达到事实清楚，证据确实、充分的证明标准难度很大，只有通过公诉程序追诉才能及时、有效收集、固定证据，依法惩罚犯罪、维护社会公共秩序。12月22日，浙江省杭州市余杭区人民检察院建议公安机关立案侦查。12月25日，余杭分局对郎某、何某涉嫌诽谤罪立案侦查。12月26日，谷某向余杭区人民法院撤回起诉。

余杭区人民检察院围绕诽谤罪"情节严重"的标准以及"严重危害社会秩序"的公诉

情形，向公安机关提出对诽谤信息传播侵害被害人人格权与社会秩序、公众安全感遭受破坏的相关证据一并收集固定的意见。公安机关经侦查，及时收集、固定了诽谤信息传播扩散情况、引发的低俗评论以及该案给广大公众造成的不安全感等关键证据。

2021年1月20日，余杭分局将该案移送审查起诉。余杭区人民检察院审查认为，郎某、何某为寻求刺激、博取关注，捏造损害他人名誉的事实，在网络上散布，造成该信息被大量阅读、转发，严重侵害谷某的人格权，导致谷某被公司劝退，随后多次求职被拒，使谷某遭受一定经济损失，社会评价也遭受严重贬损，且二被告人侵害对象选择随意，造成不特定公众恐慌和社会安全感、秩序感下降；诽谤信息在网络上大范围流传，引发大量低俗评论，对网络公共秩序造成严重冲击，严重危害社会秩序，符合《刑法》第246条第2款"严重危害社会秩序"的规定。

2021年2月26日，余杭区人民检察院依法对郎某、何某以涉嫌诽谤罪提起公诉。鉴于二被告人认罪认罚，对被害人进行赔偿并取得谅解，余杭区人民检察院对二被告人提出有期徒刑一年，缓刑二年的量刑建议。

2021年4月30日，余杭区人民法院依法公开开庭审理本案。庭审中，二被告人再次表示认罪认罚。

辩护人对检察机关指控事实、定性均无异议。郎某的辩护人提出，诽谤信息的传播介入了他人的编辑、转发，属于多因一果。公诉人答辩指出，郎某作为成年人应当知道网络具有开放性、不可控性，诽谤信息会被他人转发或者评论，因此，他人的扩散行为应当由其承担责任。而且，被他人转发，恰恰说明该诽谤信息对社会秩序的破坏。

余杭区人民法院审理后当庭宣判，采纳检察机关指控的犯罪事实和量刑建议，判决二被告人有期徒刑一年，缓刑二年。宣判后，二被告人未提出上诉，判决已生效。①

法考直击

告诉才处理的案件

（一）定义

1. 原则：告诉才处理的案件是指只有经被害人及其法定代理人提出控告和起诉，人民法院才予受理的案件。

2. 特殊情形：被害人自己不能或者不敢。

《最高人民法院关于适用〈中华人民共和国刑事诉讼法〉的解释》第317条第1款规定，本解释第1条规定的案件，如果被害人死亡、丧失行为能力或者因受强制、威吓等无法告

---

① 参见最高人民检察院指导性案例检例第137号，收录时有调整。

诉，或者是限制行为能力人以及因年老、患病、盲、聋、哑等不能亲自告诉，其法定代理人、近亲属告诉或者代为告诉的，人民法院应当依法受理。被害人的法定代理人、近亲属告诉或者代为告诉的，应当提供与被害人关系的证明和被害人不能亲自告诉的原因的证明。

注意：原则上只能是被害人自己告诉，如果出现特殊情形导致被害人客观不能或者主观不敢告诉，则可以由法定代理人、近亲属告诉。公安机关、人民检察院不可以主动插手这一类的案件。

（二）类型

1. 侮辱、诽谤案。（《刑法》第246条，但严重危害社会秩序和国家利益的除外）
2. 暴力干涉婚姻自由案。（《刑法》第257条第1款）
3. 虐待案。（《刑法》第260条第1款，但被害人没有能力告诉或者因受到强制、威吓无法告诉的除外）
4. 侵占案。（《刑法》第270条）

注意：前三种案件如果情节严重的，将成为公诉案件，如虐待致人死亡案件由公安机关立案侦查，不再属于告诉才处理的案件。也就是说，告诉才处理的案件仅包括前三类案件的一般情形，只要出现例外情形，它们就不再属于告诉才处理的案件，而属于一般公诉案件。

司法观点

1. 准确把握网络诽谤犯罪"严重危害社会秩序"的认定条件。网络涉及面广、浏览量大，一旦扩散，往往造成较大社会影响，与传统的发生在熟人之间、社区传播形式的诽谤案件不同，通过网络诽谤他人，诽谤信息经由网络广泛传播，严重损害被害人人格权，如果破坏了公序良俗和公众安全感，严重扰乱网络社会公共秩序的，应当认定为《最高人民法院、最高人民检察院关于办理利用信息网络实施诽谤等刑事案件适用法律若干问题的解释》第3条规定的"其他严重危害社会秩序的情形"。对此，可以根据犯罪方式、对象、内容、主观目的、传播范围和造成后果等，综合全案事实、性质、情节和危害程度等予以评价。

2. 坚持能动司法，依法惩治网络诽谤犯罪。网络诽谤传播广、危害大、影响难消除，被害人往往面临举证难、维权难，通过自诉很难实现权利救济，更无法通过自诉有效追究犯罪嫌疑人刑事责任。如果网络诽谤犯罪侵害了社会公共利益，就应当适用公诉程序处理。检察机关要适应新时代人民群众对人格尊严保护的更高需求，针对网络诽谤犯罪的特点，积极主动履职，加强与其他执法司法机关沟通协调，依法启动公诉程序，及时有效打击犯罪，加强对公民人格权的刑法保护，维护网络社会秩序，营造清朗网络空间。

3. 被害人已提起自诉的网络诽谤犯罪案件，因同时侵害公共利益需要适用公诉程序办理的，应当依法处理好程序转换。对自诉人已经提起自诉的网络诽谤犯罪案件，检察机关审查认为属于"严重危害社会秩序"，应当适用公诉程序的，应当履行法律监督职责，建议公安机关立案侦查。在公安机关立案后，对自诉人提起的自诉案件，人民法院尚未受理的，检察机关可以征求自诉人意见，由其撤回起诉。人民法院对自诉人的自诉案件受理以后，公安机关又立案的，检察机关可以征求自诉人意见，由其撤回起诉，或者建议人民法院依法裁定终止自诉案件的审理，以公诉案件审理。

要旨提炼

利用信息网络诽谤他人，破坏公众安全感，严重扰乱网络社会秩序，符合《刑法》第246条第2款"严重危害社会秩序"的，检察机关应当依法履行追诉职责，作为公诉案件办理。对公安机关未立案侦查，被害人已提出自诉的，检察机关应当处理好由自诉向公诉程序的转换。

案例二十五

命题点睛：刑事诉讼／强制医疗／有继续危害社会可能

案情回放

被申请人徐某在2007年下半年开始出现精神异常，表现为凭空闻声，认为别人在议论他，有人要杀他，紧张害怕，夜晚不睡，随时携带刀自卫，外出躲避。因未接受治疗，病情加重。2012年11月18日4时许，被申请人在其经常居住地听到有人开车来杀他，遂携带刀和榔头欲外出撞车自杀。其居住地的门卫张某得知其出去要撞车自杀，未给其开门。被申请人见被害人手持一部手机，便认为被害人要叫人来对其加害。被申请人当即用携带的刀刺杀被害人身体，用榔头击打其头部，致其当场死亡。经法医学鉴定，被害人系头部受到钝器打击，造成严重颅脑损伤死亡。

2012年12月10日，被申请人被公安机关送往成都市第四人民医院住院治疗。2012年12月17日，成都精卫司法鉴定所接受成都市公安局武侯区分局的委托，对被申请人进行精神疾病及刑事责任能力鉴定，同月26日该所出具成精司鉴所（2012）病鉴字第105号鉴定意见书，载明：1.被鉴定人徐某目前患有精神分裂症，幻觉妄想型；2.被鉴定人徐某2012年11月18日4时作案时无刑事责任能力。2013年1月成都市第四人民医院对被申请人的病情作出证明，证实徐某需要继续治疗。[①]

法考直击

依法不负刑事责任的精神病人的强制医疗程序

强制医疗是针对精神病人的一种社会防卫措施，而非刑罚措施。

（一）适用条件

适用强制医疗，需要满足以下三个条件：

---

① 参见最高人民法院指导性案例63号，收录时有调整。

1. 实施了危害公共安全或者严重危害公民人身安全的暴力行为。
2. 经法定程序鉴定属依法不负刑事责任的精神病人。
3. 有继续危害社会的可能。

（二）审查及启动

1. 启动主体

只有人民检察院和人民法院，权力具有专属性，其他机关不可行使。

2. 检察院的启动

（1）对于公安机关移送的强制医疗意见书或者在审查起诉过程中发现精神病人符合强制医疗条件的，人民检察院应当向人民法院提出强制医疗的申请。

检察院申请启动的案件，原刑事案件被告人则称为被申请人。

（2）刑事案件之不起诉决定

在审查起诉中，犯罪嫌疑人经鉴定系依法不负刑事责任的精神病人的，人民检察院应当作出不起诉决定（注意此为法定不起诉）。认为符合《刑事诉讼法》第302条规定条件的，应当向人民法院提出强制医疗的申请。

（3）法院对检察院申请之审查处理

对人民检察院提出的强制医疗申请，人民法院应当在7日以内审查完毕，并按照下列情形分别处理：①属于强制医疗程序受案范围和本院管辖，且材料齐全的，应当受理。②不属于本院管辖的，应当退回人民检察院。③材料不全的，应当通知人民检察院在3日以内补送；3日以内不能补送的，应当退回人民检察院。

（4）处理结果

对申请强制医疗的案件，人民法院审理后，应当按照下列情形分别处理：①符合强制医疗条件的，应当作出对被申请人强制医疗的决定。②被申请人属于依法不负刑事责任的精神病人，但不符合强制医疗条件的，应当作出驳回强制医疗申请的决定；被申请人已经造成危害结果的，应当同时责令其家属或者监护人严加看管和医疗。③被申请人具有完全或者部分刑事责任能力，依法应当追究刑事责任的，应当作出驳回强制医疗申请的决定，并退回人民检察院依法处理。

3. 法院的启动

第一审人民法院在审理案件过程中发现被告人可能符合强制医疗条件的，应当依照法定程序对被告人进行法医精神病鉴定。经鉴定，被告人属于依法不负刑事责任的精神病人的，应当适用强制医疗程序，对案件进行审理。

对申请强制医疗的案件，人民法院审理后，应当按照下列情形分别处理：①被告人符合强制医疗条件的，应当判决宣告被告人不负刑事责任，同时作出对被告人强制医疗的决定。②被告人属于依法不负刑事责任的精神病人，但不符合强制医疗条件的，应当判决宣告被告人无罪或者不负刑事责任；被告人已经造成危害结果的，应当同时责令其家属或者监护人严加看管和医疗。③被告人具有完全或者部分刑事责任能力，依法应当追究刑事责任的，应当依照普通程序继续审理。

（三）强制医疗的审理程序

1. 检察院启动之管辖权

人民检察院申请对依法不负刑事责任的精神病人强制医疗的案件，由被申请人实施暴力行为所在地的基层人民法院管辖；由被申请人居住地的人民法院审判更为适宜的，可以由被申请人居住地的基层人民法院管辖。

2. 会见规则

审理人民检察院申请强制医疗的案件，应当会见被申请人，听取被害人及其法定代理人的意见。

3. 通知法定代理人等到场

（1）审理强制医疗案件，应当通知被申请人或者被告人的法定代理人到场。

（2）被申请人或者被告人的法定代理人经通知未到场的，可以通知被申请人或者被告人的其他近亲属到场。

4. 法律援助制度

被申请人或者被告人没有委托诉讼代理人的，应当自受理强制医疗申请或者发现被告人符合强制医疗条件之日起3日以内，通知法律援助机构指派律师担任其诉讼代理人，为其提供法律帮助。

5. 庭审形式——以开庭为原则不开庭为例外

审理强制医疗案件，应当组成合议庭，开庭审理。但是，被申请人、被告人的法定代理人请求不开庭审理，并经人民法院审查同意的除外。

6. 被申请人的权利

被申请人要求出庭，人民法院经审查其身体和精神状态，认为可以出庭的，应当准许。出庭的被申请人，在法庭调查、辩论阶段，可以发表意见。

（四）二审中强制医疗的启动程序

人民法院在审理第二审刑事案件过程中，发现被告人可能符合强制医疗条件的，可以依照强制医疗程序对案件作出处理，也可以裁定发回原审人民法院重新审判。

（五）复议程序

1. 申请复议

被决定强制医疗的人、被害人及其法定代理人、近亲属对强制医疗决定不服的，可以自收到决定书第二日起5日内向上一级人民法院申请复议。复议期间不停止执行强制医疗的决定。

2. 上级法院的处理程序

对不服强制医疗决定的复议申请，上一级人民法院应当组成合议庭审理，并在1个月内，按照下列情形分别作出复议决定：

（1）被决定强制医疗的人符合强制医疗条件的，应当驳回复议申请，维持原决定。

（2）被决定强制医疗的人不符合强制医疗条件的，应当撤销原决定。

（3）原审违反法定诉讼程序，可能影响公正审判的，应当撤销原决定，发回原审人民法院重新审判。

3. 强制医疗决定进入二审程序的规定

对《最高人民法院关于适用〈中华人民共和国刑事诉讼法〉的解释》第639条第1项规定的（被告人符合强制医疗条件的，应当判决宣告被告人不负刑事责任，同时作出对被告人强制医疗的决定）判决、决定，人民检察院提出抗诉，同时被决定强制医疗的人、被害人及其法定代理人、近亲属申请复议的，上一级人民法院应当依照第二审程序一并处理。

（六）检察院的监督

人民检察院认为强制医疗决定或者解除强制医疗决定不当，在收到决定书后20日内提出书面纠正意见的，人民法院应当另行组成合议庭审理，并在1个月内作出决定。

司法观点

法院生效裁判认为：本案被申请人徐某实施了故意杀人的暴力行为后，经鉴定属于依法不负刑事责任的精神病人，其妄想他人欲对其加害而必须携带刀等防卫工具外出的行为，在其病症未能减轻并需继续治疗的情况下，认定其放置社会有继续危害社会的可能。成都市武侯区人民检察院提出对被申请人强制医疗的申请成立，予以支持。诉讼代理人提出了被申请人是否有继续危害社会的可能应由医疗机构作出评估，本案没有医疗机构的评估报告，对被申请人的强制医疗的证据不充分的辩护意见。法院认为，在强制医疗中如何认定被申请人是否有继续危害社会的可能，需要根据以往被申请人的行为及本案的证据进行综合判断，而医疗机构对其评估也只是对其病情痊愈的评估，法律没有赋予医疗机构对患者是否有继续危害社会可能性方面的评估权利。本案被申请人的病症是被害幻觉妄想症，经常假想要被他人杀害，外出害怕被害必带刀等防卫工具。如果不加约束治疗，被申请人不可能不外出，其外出必携带刀的行为，具有危害社会的可能，故诉讼代理人的意见不予采纳。

要旨提炼

审理强制医疗案件，对被申请人或者被告人是否"有继续危害社会可能"，应当综合被申请人或者被告人所患精神病的种类、症状，案件审理时其病情是否已经好转，以及其家属或者监护人有无严加看管和自行送医治疗的意愿和能力等情况予以判定。必要时，可以委托相关机构或者专家进行评估。

案例二十六

命题点睛：违法所得没收／境外财产／国际刑事司法协助

案情回放

（一）涉嫌受贿犯罪事实

2010年至2017年，彭某利用担任某市住房和城乡建设委员会副主任、轨道交通集团有限公司党委书记、董事长等职务上的便利，为有关单位或个人在承揽工程、承租土地及设备采购等事项上谋取利益，单独或者伙同贾某语及彭某一等人非法收受上述单位或个人给予的财物共计折合人民币2.3亿余元和美元12万元。其中，彭某伙同贾某语非法收受他人给予的财物共计折合人民币31万余元、美元2万元。

2015年至2017年，彭某安排彭某一使用两人共同受贿所得人民币2085万余元，在长沙市购买7套房产。案发后，彭某一出售该7套房产，并向办案机关退缴房款人民币2574万余元。

2015年9月至2016年11月，彭某安排彭某一将两人共同受贿所得人民币4500万元借给邱某某；2016年11月，彭某和彭某一收受他人所送对邱某某人民币3000万元的债权，并收取了315万元利息。上述7500万元债权，邱某某以北京某国际投资咨询有限公司在某商业有限公司的40%股权设定抵押担保。案发后，办案机关冻结了上述股份，并将上述315万元利息予以扣押。

2010年至2015年，彭某、贾某语将收受有关单位或个人所送黄金制品，分别存放于彭某家中和贾某、蔡某家中。办案机关提取并扣押上述黄金制品。

（二）涉嫌洗钱犯罪事实

2012年至2017年，贾某语将彭某受贿犯罪所得人民币4299万余元通过地下钱庄或者借用他人账户转移至境外。

2014年至2017年，彭某、贾某语先后安排彭某一等人将彭某受贿款兑换成外币后，转至贾某语在其他国家开设的银行账户，先后用于在4个国家购买房产、国债及办理移民事宜等。应中华人民共和国刑事司法协助请求，相关国家对涉案房产、国债、资金等依法予以监管和控制。①

---

① 参见最高人民检察院指导性案例检例第128号，收录时有调整。

法考直击

犯罪嫌疑人、被告人逃匿、死亡案件违法所得的没收程序

（一）概念

1. 没收程序是指当某些案件中犯罪嫌疑人、被告人逃匿或者死亡时，追缴其违法所得及其他涉案财产所特有的方式、方法和步骤。

2. 没收程序并不是针对被追诉人刑事责任的审判程序，而是针对违法所得和涉案财物的专门的处置程序。

（二）逃匿之启动程序

1. 案件范围

（1）贪污贿赂、失职渎职等职务犯罪案件。

（2）刑法分则第二章规定的相关恐怖活动犯罪案件，以及恐怖活动组织、恐怖活动人员实施的杀人、爆炸、绑架等犯罪案件。

（3）危害国家安全、走私、洗钱、金融诈骗、黑社会性质组织、毒品犯罪案件。

（4）电信诈骗、网络诈骗犯罪案件。

2. "重大犯罪"之界定

（1）案件在本省、自治区、直辖市或者全国范围内有较大影响的。

（2）逃匿境外的。

3. 犯罪嫌疑人、被告人"逃匿"之认定

（1）逃避侦查和刑事追究潜逃、隐匿，或者在刑事诉讼过程中脱逃的。

（2）假死——犯罪嫌疑人、被告人因意外事故下落不明满2年，或者因意外事故下落不明，经有关机关证明其不可能生存的，依照前述要求处理。

4. 公安机关发布通缉令或者公安部通过国际刑警组织发布红色国际通报，应当认定为上述"通缉"。

（三）死亡之启动程序

犯罪嫌疑人、被告人死亡，依照刑法规定应当追缴其违法所得及其他涉案财产的。

（四）违法所得的认定

通过实施犯罪直接或者间接产生、获得的任何财产，应当认定为上述违法所得；已经部分或者全部转变、转化为其他财产的，转变、转化后的财产应当视为"违法所得"。

来自违法所得转变、转化后的财产收益，或者来自已经与违法所得相混合财产中违法

所得相应部分的收益,应当视为"违法所得"。

(五)一审

1. 管辖

没收违法所得的申请,由犯罪地或者犯罪嫌疑人、被告人居住地的中级人民法院组成合议庭进行审理。

2. 参加诉讼主体

犯罪嫌疑人、被告人的近亲属和其他利害关系人有权申请参加诉讼,也可以委托诉讼代理人参加诉讼。

犯罪嫌疑人、被告人的近亲属应当提供其与犯罪嫌疑人、被告人关系的证明材料,其他利害关系人应当提供证明其对违法所得及其他涉案财产主张权利的证据材料。

参加的时间:申请参加的应当在公告期间提出。在公告期满后申请参加诉讼,能够合理说明原因,人民法院应当准许。

3. 举证责任

法院对没收违法所得的申请进行审理,检察院应当承担举证责任。

4. 审理方式

(1)审判组织

人民检察院向原受理案件的人民法院提出申请的,可以由同一审判组织依照本章规定的程序审理。

(2)是否开庭——有无利害关系人参加

公告期满后,人民法院应当组成合议庭对申请没收违法所得的案件进行审理。

利害关系人申请参加或者委托诉讼代理人参加诉讼的,应当开庭审理。没有利害关系人申请参加诉讼的,或者利害关系人及其诉讼代理人无正当理由拒不到庭的,可以不开庭审理。

(3)检察院是否派员

人民法院对没收违法所得申请案件开庭审理的,人民检察院应当派员出席。

(4)通知送达

人民法院确定开庭日期后,应当将开庭的时间、地点通知人民检察院、利害关系人及其诉讼代理人、证人、鉴定人、翻译人员。通知书原则上至迟在开庭审理3日以前送达;受送达人在境外的,至迟在开庭审理30日以前送达。

5. 审理程序

开庭审理申请没收违法所得的案件,按照下列程序进行:

(1)审判长宣布法庭调查开始后,先由检察员宣读申请书,后由利害关系人、诉讼代理人发表意见。

（2）法庭应当依次就犯罪嫌疑人、被告人是否实施了贪污贿赂犯罪、恐怖活动犯罪等重大犯罪并已经通缉1年不能到案，或者是否已经死亡，以及申请没收的财产是否依法应当追缴进行调查；调查时，先由检察员出示证据，后由利害关系人、诉讼代理人出示证据，并进行质证。

（3）法庭辩论阶段，先由检察员发言，后由利害关系人、诉讼代理人发言，并进行辩论。利害关系人接到通知后无正当理由拒不到庭，或者未经法庭许可中途退庭的，可以转为不开庭审理，但还有其他利害关系人参加诉讼的除外。

6. 裁判结果

对申请没收违法所得的案件，人民法院审理后，应当按照下列情形分别处理：

（1）属于则没收

申请没收的财产属于违法所得及其他涉案财产的，除依法返还被害人的以外，应当裁定没收。

（2）不符合驳回

不符合没收条件的，应当裁定驳回申请，解除查封、扣押、冻结措施。

（3）高度可能没收

申请没收的财产具有高度可能属于违法所得及其他涉案财产的，应当认定为"申请没收的财产属于违法所得及其他涉案财产"。

巨额财产来源不明犯罪案件中，没有利害关系人对违法所得及其他涉案财产主张权利，或者利害关系人对违法所得及其他涉案财产虽然主张权利但提供的证据没有达到相应证明标准的，应当视为"申请没收的财产属于违法所得及其他涉案财产"。

（六）二审

1. 启动二审

对没收违法所得或者驳回申请的裁定，犯罪嫌疑人、被告人的近亲属和其他利害关系人或者人民检察院可以5日内提出上诉、抗诉。

2. 利害关系人申请参加

利害关系人非因故意或者重大过失在第一审期间未参加诉讼，在第二审期间申请参加诉讼的，人民法院应当准许，并发回原审人民法院重新审判。

3. 是否开庭

人民检察院、利害关系人对第一审裁定认定的事实、证据没有争议的，第二审人民法院可以不开庭审理。

4. 二审审查范围

第二审人民法院应当就上诉、抗诉请求的有关事实和适用法律进行审查。

5. 二审法院的处理结果

第二审人民法院经审理,应当按照下列情形分别作出裁定:

(1)正确的,应当驳回上诉或者抗诉,维持原裁定。

(2)第一审裁定认定事实清楚,但适用法律有错误的,应当改变原裁定。

(3)第一审裁定认定事实不清的,可以在查清事实后改变原裁定,也可以撤销原裁定,发回原审人民法院重新审判。

(4)第一审裁定违反法定诉讼程序,可能影响公正审判的,应当撤销原裁定,发回原审人民法院重新审判。

(七)程序终止

在逃的犯罪嫌疑人、被告人到案的,人民法院应当裁定终止审理。人民检察院向原受理申请的人民法院提起公诉的,可以由同一审判组织审理。

司法观点

1. 依法加大对跨境转移贪污贿赂所得的洗钱犯罪打击力度。犯罪嫌疑人、被告人逃匿境外的贪污贿赂犯罪案件,一般均已先期将巨额资产转移至境外,我国《刑法》第191条明确规定此类跨境转移资产行为属于洗钱犯罪。《最高人民法院、最高人民检察院关于适用犯罪嫌疑人、被告人逃匿、死亡案件违法所得没收程序若干问题的规定》明确规定对于洗钱犯罪案件,可以适用特别程序追缴违法所得及其他涉案财产。检察机关在办理贪污贿赂犯罪案件中,应当加大对涉嫌洗钱犯罪线索的审查力度,对于符合法定条件的,应积极适用违法所得没收程序追缴违法所得。

2. 准确认定需要没收违法所得的境外财产。《最高人民法院、最高人民检察院关于适用犯罪嫌疑人、被告人逃匿、死亡案件违法所得没收程序若干问题的规定》明确规定对于适用违法所得没收程序案件,适用"具有高度可能"的证明标准。经审查,有证据证明犯罪嫌疑人、被告人将违法所得转移至境外,在境外购置财产的支出小于所转移的违法所得,且犯罪嫌疑人、被告人没有足以支付其在境外购置财产的其他收入来源的,可以认定其在境外购置的财产具有高度可能属于需要申请没收的违法所得。

3. 对于主犯逃匿境外的共同犯罪案件,依法审慎适用特别程序追缴违法所得。共同犯罪中,主犯对全部案件事实负责,犯罪后部分犯罪嫌疑人、被告人逃匿境外,部分犯罪嫌疑人、被告人在境内被司法机关依法查办的,如果境内境外均有涉案财产,且逃匿的犯罪嫌疑人、被告人是共同犯罪的主犯,依法适用特别程序追缴共同犯罪违法所得,有利于全面把握涉案事实,取得较好办案效果。

要旨提炼

对于跨境转移贪污贿赂所得的洗钱犯罪案件，检察机关应当依法适用特别程序追缴贪污贿赂违法所得。对于犯罪嫌疑人、被告人转移至境外的财产，如果有证据证明具有高度可能属于违法所得及其他涉案财产的，可以依法申请予以没收。对于共同犯罪的主犯逃匿境外，其他共同犯罪人已经在境内依照普通刑事诉讼程序处理的案件，应当充分考虑主犯应对全案事实负责以及国际刑事司法协助等因素，依法审慎适用特别程序追缴违法所得。

第五章

行政法与行政诉讼法

案例二十七

命题点睛：行政许可／期限／告知义务／行政程序／确认／违法判决

案情回放

1994年12月12日，简阳市政府以通告的形式，对本市区范围内客运人力三轮车实行限额管理。1996年8月，简阳市政府对人力客运老年车改型为人力客运三轮车（240辆）的经营者每人收取了有偿使用费3500元。1996年11月，简阳市政府对原有的161辆客运人力三轮车经营者每人收取了有偿使用费2000元。从1996年11月开始，简阳市政府开始实行经营权的有偿使用，有关部门也对限额的401辆客运人力三轮车收取了相关的规费。1999年7月15日、7月28日，简阳市政府针对有偿使用期限已届满两年的客运人力三轮车，发布《关于整顿城区小型车辆营运秩序的公告》（以下简称《公告》）和《关于整顿城区小型车辆营运秩序的补充公告》（以下简称《补充公告》）。其中，《公告》要求"原已具有合法证照的客运人力三轮车经营者必须在1999年7月19日至7月20日到市交警大队办公室重新登记"，《补充公告》要求"经审查，取得经营权的登记者，每辆车按8000元的标准（符合《公告》第六条规定的每辆车按7200元的标准）交纳经营权有偿使用费"。张某、陶某等182名客运人力三轮车经营者认为简阳市政府作出的《公告》第六条和《补充公告》第二条的规定形成重复收费，侵犯其合法经营权，向四川省简阳市人民法院提起行政诉讼，要求判决撤销简阳市政府作出的上述《公告》和《补充公告》。①

法考直击

一、行政许可的类型

（一）按照许可性质的分类

1.一般许可。一般许可是指直接涉及国家安全、公共安全、经济宏观调控、生态环境保护以及直接关系人身健康、生命财产安全等特定活动，需要按照法定条件予以批准的事项。

---

① 参见最高人民法院指导性案例88号，收录时有调整。

2. 特许。特许是指有限自然资源开发利用、公共资源配置以及直接关系公共利益的特定行业的市场准入等，需要赋予特定权利的事项。

3. 认可。认可是指提供公众服务并且直接关系公共利益的职业、行业，需要确定具备特殊信誉、特殊条件或者特殊技能等资格、资质的事项。

4. 核准。核准是指直接关系公共安全、人身健康、生命财产安全的重要设备、设施、产品、物品，需要按照技术标准、技术规范，通过检验、检测、检疫等方式进行审定的事项。

5. 登记。登记是指企业或其他组织的设立等需要确定主体资格的事项。

（二）按照许可实施期限的分类

按照行政许可的实施有无时间上的限制，可分为经常性许可和非经常性许可。

1. 经常性许可。经常性许可是指许可事项一经设定，其实施没有期限限制的许可事项。只要设定许可的立法文件本身不被废止、修改或者撤销，这些许可事项就将一直实施下去。大部分许可都属于经常性许可。

2. 非经常性许可。非经常性许可是指许可事项在设定后，其实施有一定期限限制的许可事项。非经常性许可的终止方式有二：

（1）到期终止。这种许可又称临时性许可，如《行政许可法》规定的省级地方政府规章所设定的许可就是临时性许可，其实施期限最长不得超过1年。

（2）转化终止。有些非经常性许可的实施期限虽无明确限制，但必须在条件成熟时由有权机关通过制定法律、法规的形式，将其转化为经常性许可，此时非经常性许可的实施也就自然终结。

二、行政许可的设定原则和设定权限

行政许可的"设定"，包括"创设"与"规定"两个层次。

第一，行政许可的创设（从无到有）。行政许可的创设是指有权国家机关通过制定立法文件创设行政许可事项、赋予行政机关许可审批权力的立法活动。

第二，行政许可的规定（从粗到细）。行政许可的规定是指有权国家机关对一个已经存在的许可事项、许可权力通过制定下位法作出进一步的、具体化的规范。

（一）行政许可的设定原则

1. 可以设定为许可的事项

可以设定行政许可的事项，主要有《行政许可法》第12条规定的5个方面，即一般许可、特许、认可、核准、登记。这5个方面总结起来，其是指公民、法人和其他组织从事的公共相关性特定活动。所谓公共相关性特定活动，主要是指那些可能对公共安全、宏观经济、生态环境和经济秩序造成不利影响或者危害的自由活动，或者开发利用自然资源、占用公共资源、进入特定行业市场的活动。

2. 可不设定许可的事项

如果通过实行以下原则能够解决行使自由权的公共相关性问题，就可以不设定行政许可：

（1）公民、法人或者其他组织自主决定。

（2）市场竞争机制有效调节。

（3）行业组织或者中介机构自律管理。

（4）行政机关可以采取事后监督等其他管理方式解决。

（二）行政许可的创设

1. 经常性许可的创设

法律、行政法规、地方性法规均有权创设经常性许可。

这些立法文件对许可的创设，实行上位法优先的原则，即只有在上位法对某一事项尚未创设许可的情况下，下位法才可以创设。

2. 非经常性许可的创设

国务院的决定和省级政府规章可以创设非经常性许可。

非经常性许可在实施一段时间之后，要么终止实施，要么由有权机关将其转化为经常性许可继续实施。非经常性许可的创设有两种情况：

（1）国务院在必要时采用决定的方式设定，该许可实施后，若属于临时性许可，则在其实施期限届至之后自然终止；若不属于临时性许可，则必须及时提请全国人大及其常委会制定法律，或由国务院自行制定行政法规，把它转化为经常性许可。

（2）省级政府在上位法尚未出台，但又确有必要的情况下，可以通过省政府规章形式设定临时性许可，这种临时性许可的实施期限最长不得超过1年，满1年需要继续实施的应当提请本级人大及其常委会制定地方性法规，把它转化为经常性许可。

（三）行政许可的规定

行政法规、地方性法规、各种行政规章均可对上位法已创设的许可作出进一步的详细规定。

行政许可的规定必须遵循"不得违反上位法"的原则，既不能增设行政许可，也不能增设违反上位法的其他许可条件。

行政规章以下（不含行政规章）的其他规范性文件，既无许可创设权，也无许可规定权。

（四）禁止设定许可的事项

《行政许可法》禁止地方设定以下三种许可：

1. 禁止设定全国统一的认可事项。地方立法文件不得设定应当由国家统一确定的资格、资质许可。至于哪些认可事项应当由国家统一实施，应当由法律或者行政法规加以明确。一般来讲，如果这种资格、资质认可关系到公民就业权的实现，或关系到不同市场主体的公平竞争，就不应由地方设定。

2. 禁止设定企业或其他组织的设立登记及其前置性许可。地方立法文件既不得设定企业设立登记事项，也不得设定这些企业设立登记事项的前置性许可。

3. 禁止设定限制外地的生产、经营、服务、商品进入本地的许可。地方立法文件所设定的行政许可，不得限制其他地区的个人或者企业到本地区从事生产经营和提供服务，不得限制其他地区的商品进入本地区的市场。

三、行政许可的实施主体

（一）行政机关实施

行政许可原则上由行政机关实施。该机关应当具备许可实施权，并在其法定权限内实施。

（二）授权实施

某些获得法律、行政法规、地方性法规授权的社会公共组织，也可以在授权范围内以自己的名义实施许可。被授权组织实施行政许可，适用行政机关实施许可的规定。注意《行政许可法》明确规定，能够授权社会组织实施行政许可的依据必须是法律、行政法规、地方性法规。因此，规章授权社会公共组织实施行政许可的，无效。

（三）委托实施

行政机关在其法定职权内，依照法律、法规、规章的规定，可以委托其他行政机关实施行政许可。委托实施的行政许可，委托者与被委托者都必须承担一定义务。委托者的义务在于应将受委托者与委托内容公告，并对受委托者实施许可的行为加以监督，同时对该行为引起的法律后果负责。被委托者的义务则在于必须以委托者的名义实施行政许可，且不得再将许可事务转委托于他人实施。

（四）办公方式改革

1. 一个窗口对外：行政许可由一个行政机关内设的多个机构办理的，该行政机关应当确定一个机构统一受理行政许可申请，统一送达行政许可决定。

2. 一个机关对外：行政许可由地方政府两个以上部门分别实施的，该级政府可以确定一个部门受理许可申请，并转告有关部门分别提出意见后统一办理。

3. 联合办理或者集中办理：行政许可由地方政府两个以上部门分别实施的，该级政府可以组织有关部门联合办理、集中办理。

4.集中实施：经国务院批准，省级政府可以决定由一个行政机关行使多个行政机关的行政许可权，这就是行政许可的集中实施。其目的在于便利当事人，减轻其程序性负担，落实行政法上高效便民的基本原则。其实质是许可权在不同行政机关之间的重新配置，将本来分属多个机关的许可权集中地配属于其中的一个机关，或另外一个机关；原来的机关就此失去对该事项的许可实施权，如果再继续实施相关许可，其行为无效。

这些规定都是对行政许可办公方式的改革，改革的目的在于便利当事人，体现了高效便民的基本原则。

四、行政许可实施的一般程序

一般程序，就是实施行政许可的一般过程，也是任何行政许可事项的实施必经的过程。此外的其他特殊程序，要么是一般程序的延伸，要么是一般程序的变化。

一个行政许可事项的实施，必须经过申请、受理、审查、决定四个环节。

（一）申请

1.行政机关的义务

（1）提供文本的义务。当事人申请行政许可需要采用格式文本的，行政机关应当向其提供，格式文本中不得包含与当事人所申请的行政许可事项没有直接关系的内容。提供格式文本不得收费。

（2）公示信息的义务。行政机关应当将法律、法规、规章规定的有关行政许可的事项、依据、条件、数量、程序、期限，当事人需要提交的全部材料的目录，以及申请书的范本等，在办公场所公示。

（3）解释说明的义务。申请人要求行政机关对公示内容予以说明、解释的，行政机关应当说明、解释，提供准确、可靠的信息。

（4）推行电子政务的义务。行政机关应当推行电子政务，在其网站上公布行政许可事项，方便申请人采取数据电文等方式提出申请，并应与其他行政机关共享行政许可的有关信息，提高办事效率。

2.申请人的权利和义务

申请人的权利主要表现为灵活申请的权利，可以：（1）委托代理人申请，但该许可事项依法应当由当事人亲自到场申请的除外。（2）通过信函、电报、电传、传真、电子数据交换、电子邮件等书面方式提出申请。

申请人的义务主要表现为申请行政许可必须采取书面的方式，申请人对书面申请材料真实性负责。申请人应当如实向行政机关提交有关材料、反映真实情况，并对其申请材料实质内容的真实性负责。

（二）受理

行政机关对申请人提出的申请，根据不同情况，处理方式有三种：

1. 受理

当事人的申请符合下列条件的，应予受理：（1）申请事项确实需要获得行政许可；（2）申请事项属于本机关职权范围；（3）申请材料齐全并符合法定形式。

2. 补正后受理

当事人的申请出现下列情况的，行政机关应在其补充或更正有关材料后受理：（1）申请材料存在错误，但当场可以更正的，应当允许申请人当场更正之后受理其申请；（2）申请材料存在缺失或错误，当场发现的，应当当场一次性告知申请补正申请材料；事后发现材料缺失的，应当在5日内一次性告知申请人需要补正的全部内容，当事人依法补正有关材料的应予受理。若没有在5日内一次性告知补正申请材料的，视为自收到申请材料之日起已经受理。

3. 不受理

当事人的申请属于下列情况的，行政机关对其申请不予受理：（1）申请事项依法不需要取得行政许可的。（2）申请事项依法不属于本机关职权范围的（在决定不受理的同时应告知申请人向其他行政机关申请）。（3）申请人的申请材料存在缺失或错误，在行政机关告知其补充更正后，仍未依法补正或更正的。

无论行政机关最后是否受理申请，都应当出具加盖本机关专用印章和注明日期的书面凭证。

（三）审查

1. 核实义务

行政机关对申请材料的审查有形式审查和实质审查之分。形式审查是指行政机关针对行政相对人提交的申请材料，只审查其是否"齐全"以及是否符合"法定形式"，符合这两个标准的，即予当场作出行政许可。实质审查是指行政机关针对行政相对人提交的申请材料，不仅要审查其是否"齐全"以及是否符合"法定形式"，还要审查这些材料的真实性，在此基础上方能作出行政许可。

如果行政机关需要对申请材料的实质内容进行核实的，应当指派2名以上工作人员进行核查；如果只作形式审查，如核实其是否齐全、是否正确，则核查人员并无人数要求，也可以指派1名工作人员进行核查。

2. 报送义务

需要跨级审查的许可事项，应当由下级行政机关先予审查，并在法定的期限内将初步审查意见和全部申请材料直接报送上级行政机关。上级行政机关不得要求申请人重复提供申请材料。如此规定，一是为了减轻当事人重复提供材料的负担；二是为了督促行政机关尽快作出许可决定，避免因上下级机关之间重复审查造成拖延。

3. 告知义务

行政机关对行政许可申请进行审查时，发现行政许可事项直接关系他人重大利益的，应当将其告知该利害关系人。申请人和利害关系人有权进行陈述和申辩，行政机关应当听取其意见。这一规定的目的是避免因利害关系人在许可程序中"缺席"而遭受损害。

（四）决定

行政许可的决定，包括准予许可和不准予许可两种情况。

1. 决定的形式

行政许可是要式行政行为，无论是准予许可，还是不准予许可的决定，都必须以书面形式作出。需要颁发许可证件的，应当向申请人颁发加盖许可机关印章的行政许可证件；行政机关实施检验、检测、检疫的，可以在检验、检测、检疫合格的设备、设施、产品、物品上加贴标签或者加盖检验、检测、检疫印章。

对于准予许可的决定还应当公开，以便公众查阅。

2. 决定的时限

许可的决定期限自许可申请受理之日起计算；以数据电文方式受理的，自数据电文进入行政机关指定的系统之日起计算；数据电文需要确认收讫的，自申请人收到收讫确认之日起计算。期限的规定包括以下几种情况：

（1）当场决定。申请人提交的申请材料齐全、符合法定形式，行政机关能够当场作出决定的，应当场作出书面的许可决定。

（2）一个主体实施许可的决定。对于不能当场作出决定的许可事项，如果是由一个机关单独实施的，该机关应当自受理之日起 20 日内作出许可决定。20 日内不能作出决定的，经本机关负责人批准可以延长 10 日，并将延长期限的理由告知申请人。法律、法规作出例外规定的，从其规定。

（3）平级多个主体实施许可的决定。行政许可采取统一办理、联合办理、集中办理，即由多个主体一同实施的，应当自受理办理之日起 45 日内作出许可决定。45 日内不能办结的，经本级政府负责人批准可以延长 15 日，并应当将延长期限的理由告知申请人。

（4）跨级多个主体实施许可的决定。对于需要跨级审查的许可事项，其最终作出许可决定的总时限仍依上述规定处理，并无特殊之处。但要注意，法律对下级机关提出初步审查意见的时限作出了规定，要求下级机关自其受理申请之日起 20 日内审查完毕。当然，法律、法规作出例外规定的，从其规定。

在掌握决定时限时，要注意不能与颁证时限相混淆。颁证时限是指自行政机关作出准予许可的决定时起，到向被许可人正式颁发许可凭证止的时段。颁证时限与决定时限是相互衔接的关系,行政机关应当自作出决定之日起 10 日内向申请人颁发、送达行政许可证件,或加贴标签、加盖检验、检测、检疫印章。

当然,上述的各种时限只是一般情况下行政机关作出许可决定所需的时间。如果在许可实施过程中,依法需要听证、招标、拍卖、检验、检测、检疫、鉴定和专家评审的,此类特殊事项所耗费的时间另行计算,不计算在上述期限之内,但行政机关应当将所需时间书面告知申请人。

3. 决定的效力

行政许可的效力,主要是指空间效力,包括两种:(1)全国有效。由法律和行政法规设定的行政许可,原则上在全国范围内有效。(2)在一定地域内有效。地方性法规与省级政府规章设定的行政许可,一般只在本区域内有效;由法律和行政法规设定的行政许可,也可以规定仅在一定区域内生效。

4. 许可决定的变更与延续程序

行政机关对当事人变更或延续申请的处理,都经过类似于一般程序的申请、受理、审查与决定过程,并无特殊之处。《行政许可法》唯一强调的只是期限问题,且针对的仅是延续程序。规定被许可人延续行政许可的有效期的,应当在该有效期届满 30 日前向原决定机关提出申请。法律、法规、规章另有规定的,从其规定。行政机关应当在该行政许可有效期届满前作出是否准予延续的决定,逾期未作决定的,视为准予延续。

5. 许可实施的费用承担

行政机关提供行政许可申请书格式文本,不得收费。

行政机关实施行政许可和对许可事项进行监督检查,不得收取任何费用。但法律、行政法规另有规定的除外。

行政机关实施行政许可,依照法律、行政法规收取费用的,应当按照公布的法定项目和标准收费;所收取的费用必须全部上缴国库,任何机关或者个人不得以任何形式截留、挪用、私分或者变相私分。财政部门不得以任何形式向行政机关返还或者变相返还实施行政许可所收取的费用。

五、行政许可的听证程序

行政听证制度,是行政程序法上的一项重要制度,是指行政机关在作出一项严重影响当事人权利义务的决定之前,通过听取当事人对有关事实与法律问题进行陈述、申辩、质证,从而保证其行政决定更加合法、合理、公正的制度。

(一)听证的启动

行政许可听证程序的启动包括主动启动与被动启动。

主动启动的主体是行政机关。对于法律、法规、规章规定应当听证的事项,或行政机关认为因涉及公共利益而需要听证的重大许可事项，都应当向社会公告并举行听证。

被动启动的主体是许可事项申请人或利害关系人。行政许可直接涉及申请人与他人之间重大利益关系的，行政机关在作出行政许可决定前，应当告知申请人、利害关系人享有要求听证的权利。

（二）听证的期限

1. 申请期限：申请人、利害关系人应当在被告知听证权利之日起 5 日内提出听证申请。

2. 组织期限：行政机关应当在 20 日内组织听证。

3. 告知期限：行政机关应当于举行听证的 7 日前将举行听证的时间、地点通知申请人、利害关系人，必要时还需公告。

（三）听证主持人的回避

行政机关在选择听证主持人时，应当按照程序正当原则的要求，实行公务回避。在听证程序中，能够引起公务回避的原因有两个：一是实体原因；二是程序原因。

1. 实体原因，是指听证主持人不能与许可事项存在直接利害关系，否则将造成其角色上的冲突。行政许可的申请人或利害关系人如认为主持人与该行政许可事项有直接利害关系的，有权申请回避。

2. 程序原因，是指在听证前已经参与审查该许可事项的行政机关工作人员不能担任听证主持人，而应当指定其他人员主持听证。这一规定绝非因为听证前的审查人员与许可事项本身存在实体法上的权利义务冲突，而仅仅是出于程序上的考虑。因为一个行政工作人员如果已经接触并参与了某一许可事项的审查，难免对此形成某些固定看法，出于"先入为主"的心态，有可能影响他在主持听证过程中作出公正的判断。

（四）听证的内容

申请人、利害关系人可以提出证据，并进行申辩和质证。行政机关审查该行政许可申请的工作人员应当提供审查意见（拟准予许可或不予许可）、证据、理由、依据。

（五）听证的形式

除涉及国家秘密、商业秘密、个人隐私外，听证应当公开举行。

（六）听证笔录的效力

行政机关应当对听证过程制作笔录，听证笔录在交听证参加人确认无误后由其签字盖章。特别注意行政机关应当根据听证笔录作出许可决定，这一规定体现了行政程序法上的案卷排他原则。案卷排他，即行政机关只能以案卷上已经载明的内容、经过质证的材料作为作出行政决定的全部依据，而不得对案卷中没有记载的因素加以考虑，禁止在听证会结束后搜集证据来作为许可决定的依据使用。

（七）听证的费用承担

申请人、利害关系人不承担行政机关组织听证的费用。组织听证的费用由行政机关承担。

六、行政许可实施的特别程序

行政许可按照其性质可以分为一般许可、特许、认可、核准、登记五类，除了一般许可无须作出特别规定之外，其他类型的许可事项都在一般程序的基础上适用一些特殊程序。

（一）针对特许的程序

特许就是有限自然资源的开发利用、公共资源的配置、特定行业的市场准入等许可事项。

有限资源的开发利用是指对包括土地、森林、草原、湖泊、水流、矿产、海域等在内的自然资源的开发利用。

公共资源的配置是指对公共运输线路和电信资源如无线电频谱、航空线路、公交线路等有限公共资源的配置。

特定行业的市场准入是指企业被许可进入电力、铁路、民航、通信、石油、烟草等行业从事相关经营活动。

由于特许在性质上是行政机关代表国家就一定的公共资源权利向被许可人作出的让渡，结果是使被许可人增加了其本来没有的权利，这类资源的排他性必将造成被许可人与其他人在权利上的不平等。既然实体的平等无法实现，法律就必须退而求其次来追求程序上的平等。因此，对特许事项原则上应当通过招标、拍卖等公平竞争的方式作出决定，按照招标、拍卖程序确定中标人、买受人后，行政机关应当作出准予行政许可的决定，依法向中标人、买受人颁发行政许可证件。

此外，自然资源、公共资源的有限性和稀缺性，公用事业的巨大市场以及国家对市场准入的限制，决定着这类许可经济价值巨大，通过招标、拍卖方式的公平竞争的方式作出许可决定，可以防止个别企业通过钱权交易的方式贿赂官员进行暗箱操作，更有利于资源的保护。行政机关违法不采用招标、拍卖方式，或违反招标、拍卖程序，损害申请人合法权益的，申请人可以通过行政复议或行政诉讼的方式寻求救济。

（二）针对认可的程序

认可就是赋予公民、法人或其他组织以从事特定行业、职业的资格、资质的许可，即认可针对"人"。由于认可在性质上是对申请人从业条件、能力的审查，需要通过一定形式来保证其审查结果的公正性。对此，《行政许可法》作了如下规定：

1. 针对公民的认可，一般需要组织国家考试，并由行政机关根据考试成绩和其他法定条件作出许可决定。此类资格考试应由行政机关或行业组织实施，并公开举行。组织者应当事先公布考试的报名条件、报考办法、考试科目、考试大纲等，但不得组织强制性的考前培训，不得指定教材或者其他助考材料。

2. 对于法人和其他组织的认可，一般需要进行考核，考核的内容包括申请人的专业人员构成、技术条件、经营业绩和管理水平等，并由行政机关根据考核结果作出许可决定。

（三）针对核准的程序

核准是指行政机关对特定产品、物品、设施、设备的检验、检测、检疫，即核准针对"物"。《行政许可法》主要对核准的实施期限予以特别限制，规定行政机关对一定物品实施核准的，应当自受理申请之日起 5 日内指派 2 名以上工作人员按照技术标准、技术规范进行核准，不需要对核准结果作进一步技术分析即可得出结论的，应当场根据检验、检测、检疫的结果作出许可决定。

（四）针对登记的程序

登记是指企业或其他组织的设立等需要确定主体资格的事项。

行政机关对于登记事项主要是作形式上的审查，只要申请人提交的申请材料齐全、符合法定形式，行政机关就必须当场予以登记。特殊情况下，行政机关需要对申请材料的实质内容进行核实的，应当依法指派 2 名以上工作人员进行核查。

（五）有数量限制的许可

除特许之外，其他类型的许可也可能存在数量限制。对此法律规定，有数量限制的行政许可，多个申请人均符合法定条件和标准的，行政机关应当根据受理行政许可申请的先后顺序作出准予行政许可的决定。但法律、行政法规另有规定的，从其例外。

司法观点

最高人民法院认为，本案涉及以下三个主要问题：

关于被诉行政行为的合法性问题。从法律适用上看，《四川省道路运输管理条例》（现已失效）第 4 条规定"各级交通行政主管部门根据道路运输发展规划负责本行政区域内营业性车辆类型的调整、数量的投放"和第二十四条规定"经县级以上人民政府批准，客运经营权可以实行有偿使用"。四川省交通厅制定的《四川省小型车辆客运管理规定》（川交运〔1994〕359 号）第 8 条规定："各市、地、州运管部门对小型客运车辆实行额度管理时，经当地政府批准可采用营运证有偿使用的办法，但有偿使用期限一次不得超过两年。"

可见，四川省地方性法规已经明确对客运经营权可以实行有偿使用。四川省交通厅制定的规范性文件虽然早于地方性法规，但该规范性文件对营运证实行有期限有偿使用与地方性法规并不冲突。基于行政执法和行政管理需要，客运经营权也需要设定一定的期限。从被诉的行政程序上看，程序明显不当。被诉行政行为的内容是对原已具有合法证照的客运人力三轮车经营者实行重新登记，经审查合格者支付有偿使用费，逾期未登记者自动弃权的措施。该被诉行为是对既有的已经取得合法证照的客运人力三轮车经营者收取有偿使用费，而上述客运人力三轮车经营者的权利是在1996年通过经营权许可取得的。前后两个行政行为之间存在承继和连接关系。对于1996年的经营权许可行为，行政机关作出行政许可等授益性行政行为时，应当明确告知行政许可的期限。行政机关在作出行政许可时，行政相对人也有权知晓行政许可的期限。行政机关在1996年实施人力客运三轮车经营权许可之时，未告知张某、陶某等人人力客运三轮车两年的经营权有偿使用期限。张某、陶某等人并不知道其经营权有偿使用的期限。简阳市政府1996年的经营权许可在程序上存在明显不当，直接导致与其存在前后承继关系的本案被诉行政行为的程序明显不当。

关于客运人力三轮车经营权的期限问题。申请人主张，因简阳市政府在1996年实施人力客运三轮车经营权许可时未告知许可期限，据此认为经营许可是无期限的。最高人民法院认为，简阳市政府实施人力客运三轮车经营权许可，目的在于规范人力客运三轮车经营秩序。人力客运三轮车是涉及公共利益的公共资源配置方式，设定一定的期限是必要的。客观上，四川省交通厅制定的《四川省小型车辆客运管理规定》（川交运〔1994〕359号）也明确了许可期限。简阳市政府没有告知许可期限，存在程序上的瑕疵，但申请人仅以此认为行政许可没有期限限制，最高人民法院不予支持。

关于张某、陶某等人实际享受"惠民"政策的问题。简阳市政府根据当地实际存在的道路严重超负荷、空气和噪声污染严重、"脏、乱、差"、"挤、堵、窄"等问题进行整治，符合城市管理的需要，符合人民群众的意愿，其正当性应予肯定。简阳市政府为了解决因本案诉讼遗留的信访问题，先后作出两次"惠民"行动，为实质性化解本案争议作出了积极的努力，其后续行为也应予以肯定。本院对张某、陶某等人接受退市营运的运力配置方案并作出承诺的事实予以确认。但是，行政机关在作出行政行为时必须恪守依法行政的原则，确保行政权力依照法定程序行使。

最高人民法院认为，简阳市政府作出《公告》和《补充公告》在行政程序上存在瑕疵，属于明显不当。但是，虑及本案被诉行政行为作出之后，简阳市城区交通秩序得到好转，城市道路运行能力得到提高，城区市容市貌持续改善，以及通过两次"惠民"行动，绝大多数原401辆三轮车已经分批次完成置换，如果判决撤销被诉行政行为，将会给行政管理秩序和社会公共利益带来明显不利影响。最高人民法院根据《最高人民法院关于执行〈中华人民共和国行政诉讼法〉若干问题的解释》第58条（现为《最高人民法院关于适用〈中华人民共和国行政诉讼法〉的解释》第136条）有关情况判决的规定确认被诉行政行为违法。

要旨提炼

1. 行政许可具有法定期限，行政机关在作出行政许可时，应当明确告知行政许可的期限，行政相对人也有权利知道行政许可的期限。

2. 行政相对人仅以行政机关未告知期限为由，主张行政许可没有期限限制的，人民法院不予支持。

3. 行政机关在作出行政许可时没有告知期限，事后以期限届满为由终止行政相对人行政许可权益的，属于行政程序违法，人民法院应当依法判决撤销被诉行政行为。但如果判决撤销被诉行政行为，将会给社会公共利益和行政管理秩序带来明显不利影响的，人民法院应当判决确认被诉行政行为违法。

案例二十八

命题点睛：行政协议 / 合同解释 / 司法审查 / 法律效力

案情回放

2004年1月13日，萍乡市土地收购储备中心受萍乡市肉类联合加工厂委托，经被告萍乡市国土资源局（以下简称市国土局）批准，在《萍乡日报》上刊登了国有土地使用权公开挂牌出让公告，定于2004年1月30日至2004年2月12日在土地交易大厅公开挂牌出让TG-0403号国有土地使用权，地块位于萍乡市安源区后埠街万公塘，土地出让面积为23173.3平方米，开发用地为商住综合用地，冷藏车间维持现状，容积率2.6，土地使用年限为50年。亚某公司于2006年2月12日以投标竞拍方式并以人民币768万元取得了TG-0403号国有土地使用权，并于2006年2月21日与被告市国土局签订了《国有土地使用权出让合同》。合同约定出让宗地的用途为商住综合用地，冷藏车间维持现状。土地使用权出让金为每平方米331.42元，总额计人民币768万元。2006年3月2日，市国土局向亚某公司颁发了萍国用（2006）第43750号和萍国用（2006）第43751号两本国有土地使用证，其中萍国用（2006）第43750号土地证地类（用途）为工业，使用权类为出让，使用权面积为8359平方米，萍国用（2006）第43751号土地证地类为商住综合用地。对此，亚某公司认为约定的"冷藏车间维持现状"是维持冷藏库的使用功能，并非维持地类性质，要求将其中一证地类由"工业"更正为"商住综合"；但市国土局认为维持现状是指冷藏车间保留工业用地性质出让，且该公司也是按照冷藏车间为工业出让地缴纳的土地使用权出让金，故不同意更正土地用途。2012年7月30日，萍乡市规划局向萍乡市土地收购储备中心作出《关于要求解释〈关于萍乡市肉类联合加工厂地块的函〉》中有关问题的复函，主要内容是：我局在2003年10月8日出具规划条件中已明确了该地块用地性质为商住综合用地（冷藏车间约7300平方米，下同）但冷藏车间维持现状。根据该地块控规，其用地性质为居住（兼容商业），但由于地块内的食品冷藏车间是目前我市唯一的农产品储备保鲜库，也是我市重要的民生工程项目，因此，暂时保留地块内约7300平方米冷藏库的使用功能，未经政府或相关主管部门批准不得拆除。2013年2月21日，市国土局向亚某公司书面答复：一、根据市规划局出具的规划条件和宗地实际情况，同意贵公司申请TG-0403号地块中冷藏车间用地的土地用途由工业用地变更为商住用地。二、由于贵公司取得该宗地中冷藏车间用使用权是按工业用地价格出让的,根据《城市房地产管理法》之规定,贵公司申请TG-0403号地块中冷藏车间用地的土地用途由工业用地变更为商住用地,应补交土地出让金。补交的土地出让金可按该宗地出让时的综合用地(住宅、办公)评估价值减去的同等比例计算,即297.656万元×70%=208.36万元。三、冷藏车间用地的土地用途调整后,其使用功能未经市政府批准不得改变。亚某公司于2013年3月10日向法院提起行政诉讼,要求判令被告将萍国用(2006)第43750号国有土地使用证上的地类用途由"工业"更正为商住综合用地(冷藏车间维持现状)。撤销被告"关于对市亚某房地产有限公司TG-0403号地块有关土地用途问题的答复"中第二项关于补交土地出让金208.36万元的决定。①

法考直击

行政协议是指行政机关为实现行政管理或公共服务目标,与公民、法人或者其他组织协商订立的具有行政法上权利义务内容的协议。

行政协议具有双重属性:(1)公法特征:行政性。签订行政协议的目的是行政机关在行政管理过程中实现公共利益;在协议履行过程中,行政机关享有行政优益权,可以为了保证公共利益的需要,单方变更、单方解除行政协议,同时给行政相对人造成损失的,需要给予合理的补偿。(2)私法特征:合意性。行政协议的签订建立在行政主体与公民、法人或其他组织双方意思表示一致的基础上。

(一)行政协议的种类

1.下列协议属于行政协议:(1)政府特许经营协议。(2)土地、房屋等征收征用补偿协议。(3)矿业权等国有自然资源使用权出让协议。(4)政府投资的保障性住房的租赁、买卖等协议。(5)政府与社会资本合作协议。

2.下列协议不属于行政协议:(1)行政机关之间因公务协助等事由而订立的协议。(2)行政机关与其工作人员订立的劳动人事协议。

(二)行政协议的诉讼类型

因行政协议的订立、履行、变更、终止等产生的各类行政协议纠纷,均可以向法院提起行政诉讼。

1.因行政协议引发的诉讼类型

(1)请求判决撤销行政机关变更、解除行政协议的行政行为。(2)请求判决行政机关依法履行或者按照行政协议约定履行义务。(3)请求判决确认行政协议的效力。(4)请求

---

① 参见最高人民法院指导性案例76号,收录时有调整。

判决行政机关依法或者按照约定订立行政协议。(5)请求判决撤销、解除行政协议。(6)请求判决行政机关赔偿或者补偿。

2.行政协议案件适格的原告

与行政协议有利害关系的公民、法人或者其他组织,因行政协议的订立、履行、变更、终止等发生的争议,均可以向法院提起行政诉讼。

下列与行政协议有利害关系的公民、法人或者其他组织提起行政诉讼的,法院应当依法受理:(1)参与招标、拍卖、挂牌等竞争性活动的公平竞争权人。(2)被征收征用土地、房屋等不动产的用益物权人、公房承租人。(3)其他认为行政协议的订立、履行、变更、终止等行为损害其合法权益的人。

3.被告不得反诉

法院受理行政协议案件后,被告就该协议的订立、履行、变更、终止等提起反诉的,人民法院不予准许。

行政相对人若不履行行政协议所约定的义务时,行政机关可以视具体情形作出如下处理:

(1)行政相对人不履行协议,经催告后不履行,行政机关可以作出要求其履行协议的书面决定。行政相对人对该书面决定在法定期限内不复议、不诉讼,且仍不履行的,行政机关可以向法院申请强制执行。

(2)法律、行政法规规定行政机关对行政协议享有监督协议履行的职权,行政相对人未按照约定履行义务,经催告后不履行,行政机关可以依法作出处理决定。行政相对人在收到该处理决定后在法定期限内不复议、不诉讼,且仍不履行的,行政机关可以向法院申请强制执行。

4.管辖法院

当事人有权通过书面协议约定选择与争议有实际联系地点的法院,作为行政协议纠纷解决的管辖法院。

当事人可以书面约定选择如下法院作为管辖法院:(1)被告所在地;(2)原告所在地;(3)协议履行地;(4)协议签订地;(5)标的物所在地。

5.推定管辖

向法院提起民事诉讼,法院以涉案协议属于行政协议为由裁定不予立案或驳回起诉,当事人又提起行政诉讼的,法院应当依法受理。

6.起诉期限

行政协议案件的起诉期限分为如下三种情形:

(1)诉行政机关违法变更、解除行政协议的:适用《行政诉讼法》及其司法解释关于起诉期限的规定。

(2)诉行政机关除违法变更、解除行政协议之外的案件:参照民事法律规范关于诉讼时效的规定。如诉行政机关不履行或不按照行政协议约定履行的；起诉要求解除或者撤销行政协议的等。

（3）诉行政协议无效的，不受起诉期限的限制，原告随时可以向法院起诉。

7. 法律适用

法院审理行政协议的案件，在程序法上和实体法上遵守如下规则：

（1）程序法适用。法院审理行政协议案件，应当适用行政诉讼法的规定；行政诉讼法没有规定的，参照适用民事诉讼法的规定。

（2）实体法适用。法院审理行政协议案件，可以参照适用民事法律规范关于民事合同的相关规定。

8. 可以调解

法院审理行政协议案件，可以依法进行调解。调解应当遵循自愿、合法原则，不得损害国家利益、社会公共利益和他人合法权益。

9. 审理原则

法院审理行政协议案件，遵循"全面审查"原则，既要审查行政机关行为的合法性，又要审查行政机关行为的合约性。

（1）合法性审查。对行政机关是否具有法定职权、是否滥用职权、适用法律法规是否正确、是否遵守法定程序、是否明显不当、是否履行相应法定职责进行合法性审查。

（2）合约性审查。原告诉行政机关未按照约定履行行政协议的，法院对行政机关是否具有相应义务或者履行相应义务等进行合约性审查。

10. 举证责任的分配

（1）被告的举证责任。行政协议案件，由被告承担举证责任的情形主要有如下四种：①具有法定职权。②履行法定程序。③履行相应法定职责。④订立、履行、变更、解除行政协议等行为的合法性。

（2）原告的举证责任。行政协议案件，由原告承担举证责任的情形：原告主张撤销、解除行政协议的，对撤销、解除行政协议的事由承担举证责任。

（3）"对行政协议是否履行"这一事实举证责任的分配。对行政协议是否履行发生争议的，由负有履行义务的当事人承担举证责任。

11. 判决类型

（1）诉行政机关违约的判决

被告未依法履行、未按照约定履行行政协议，判决被告继续履行，并明确继续履行的具体内容。

被告无法履行或继续履行无实际意义的，判决被告采取相应的补救措施；给原告造成损失的，判决被告予以赔偿；原告要求按照约定的违约金条款或定金条款予以赔偿的，法院应予支持。

被告明确表示或以自己的行为表明不履行行政协议,原告在履行期限届满之前向法院起诉请求其承担违约责任的,法院应予支持。

(2)诉行政机关单方变更、解除行政协议的判决

为防止严重损害国家利益、社会公共利益,被告作出变更、解除协议后,原告请求撤销该行为,法院经审理认为该行为合法的,判决驳回原告诉讼请求;给原告造成损失的,判决被告予以补偿。

被告单方变更、解除协议违法,判决撤销或部分撤销,并可以责令被告重新作出行政行为。

被告变更、解除行政协议的行政行为违法,判决被告继续履行协议、采取补救措施;给原告造成损失的,判决被告予以赔偿。

(3)诉行政协议法律效力的判决

行政协议存在重大且明显违法情形的,判决确认协议无效。

行政协议无效的原因在一审法庭辩论终结前消除的,确认行政协议有效。

法律、行政法规规定应当经过其他机关批准等程序后生效的行政协议,在一审法庭辩论终结前未获得批准的,确认该协议未生效。

(4)诉行政协议订立或者终止的判决

原告认为行政协议存在胁迫、欺诈、重大误解、显失公平而请求撤销,经查实的,判决撤销该协议。

原告请求解除行政协议,法院认为符合约定或法定解除情形且不损害他益的,判决解除该协议。

司法观点

法院生效裁判认为:行政协议是行政机关为实现公共利益或者行政管理目标,在法定职责范围内与公民、法人或者其他组织协商订立的具有行政法上权利义务内容的协议,本案行政协议即是市国土局代表国家与亚某公司签订的《国有土地使用权出让合同》。行政协议强调诚实信用、平等自愿,一经签订,各方当事人必须严格遵守,行政机关无正当理由不得在约定之外附加另一方当事人义务或单方变更解除。本案中,TG-0403号地块出让时对外公布的土地用途是"开发用地为商住综合用地,冷藏车间维持现状",出让合同中约定为"出让宗地的用途为商住综合用地,冷藏车间维持现状"。但市国土局与亚某公司就该约定的理解产生分歧,而萍乡市规划局对原萍乡市肉类联合加工厂复函确认TG-0403号国有土地使用权面积23173.3平方米(含冷藏车间)的用地性质是商住综合用地。萍乡市规划局的解释与挂牌出让公告明确的用地性质一致,且该解释是萍乡市规划局在职权范围内作出的,符合法律规定和实际情况,有助于树立诚信政府形象,并无重大明显的违法情形,

具有法律效力，并对市国土局关于土地使用性质的判断产生约束力。因此，对市国土局提出的冷藏车间占地为工业用地的主张不予支持。亚某公司要求市国土局对"萍国用（2006）第43750号"土地证（土地使用权面积8359.1平方米）地类更正为商住综合用地，具有正当理由，市国土局应予以更正。亚某公司作为土地受让方按约支付了全部价款，市国土局要求亚某公司如若变更土地用途则应补交土地出让金，缺乏事实依据和法律依据，且有违诚实信用原则。

要旨提炼

行政机关在职权范围内对行政协议约定的条款进行的解释，对协议双方具有法律约束力，人民法院经过审查，根据实际情况，可以作为审查行政协议的依据。

案例二十九

命题点睛：政府信息公开／网络申请／逾期答复

案情回放

原告李某诉称：其于2011年6月1日通过广东省人民政府公众网络系统向被告广东省交通运输厅提出政府信息公开申请，根据《政府信息公开条例》第24条第2款的规定，被告应在当月23日前答复原告，但被告未在法定期限内答复及提供所申请的政府信息，故请求法院判决确认被告未在法定期限内答复的行为违法。

被告广东省交通运输厅辩称：原告申请政府信息公开通过的是广东省人民政府公众网络系统，即省政府政务外网（以下简称省外网），而非被告的内部局域网（以下简称厅内网）。按规定，被告将广东省人民政府"政府信息网上依申请公开系统"的后台办理设置在厅内网。由于被告的厅内网与互联网、省外网物理隔离，互联网、省外网数据都无法直接进入厅内网处理，需通过网闸以数据"摆渡"方式接入厅内网办理，因此被告工作人员未能立即发现原告在广东省人民政府公众网络系统中提交的申请，致使被告未能及时受理申请。根据《政府信息公开条例》第24条、《国务院办公厅关于做好施行〈中华人民共和国政府信息公开条例〉准备工作的通知》等规定，政府信息公开中的申请受理并非以申请人提交申请为准，而是以行政机关收到申请为准。原告称2011年6月1日向被告申请政府信息公开，但被告未收到该申请，被告正式收到并确认受理的日期是7月28日，并按规定向原告发出了《受理回执》。8月4日，被告向原告当场送达《关于政府信息公开的答复》和《政府信息公开答复书》，距离受理日仅5个工作日，并未超出法定答复期限。因原告在政府公众网络系统递交的申请未能被及时发现并被受理应视为不可抗力和客观原因造成，不应计算在答复期限内，故请求法院依法驳回原告的诉讼请求。

法院经审理查明：2011年6月1日，原告李某通过广东省人民政府公众网络系统向被告广东省交通运输厅递交了政府信息公开申请，申请获取广州广园客运站至佛冈的客运里程数等政府信息。政府公众网络系统以申请编号11060100011予以确认，并通过短信通知原告确认该政府信息公开申请提交成功。7月28日，被告作出受理记录确认上述事实，并于8月4日向原告送达《关于政府信息公开的答复》和《政府信息公开答复书》。庭审中被告确认原告基于生活生产需要获取上述信息，原告确认8月4日收到被告作出的《关于政府信息公开的答复》和《政府信息公开答复书》。①

法考直击

一、政府信息公开的程序

（一）主动公开的程序

政府信息公开的方式和场所，主要是针对主动公开而言的。

1. 主动公开的期限

自该政府信息形成或者变更之日起 20 个工作日内公开，法律法规另有规定的除外。

2. 主动公开的方式

主动公开的方式，是指向社会公众主动传播政府信息的途径和载体。

行政机关将主动公开的政府信息，可以通过政府公报、政府网站或其他互联网政务媒体、新闻发布会以及报刊、广播、电视等途径予以公开。

各级人民政府应当加强依托政府门户网站公开政府信息的工作，利用统一的政府信息公开平台集中发布主动公开的政府信息。政府信息公开平台应当具备信息检索、查阅、下载等功能。

3. 主动公开的场所

主动公开的场所，是指向社会公众集中提供信息公开服务的地点。其包括：

（1）必须设置的场所。包括各级国家档案馆、公共图书馆、政务服务场所。各级政府应当在"两馆"、政府服务场所设置政府信息查阅场所，并配备相应的设施、设备，行政机关应当及时向国家档案馆、公共图书馆、政务服务场所提供主动公开的政府信息。

（2）可以设置的场所。行政机关可以根据需要设立公共查阅室、资料索取点、信息公告栏、电子信息屏等场所设施，公开政府信息。

（二）依申请公开的程序

1. 申请

（1）申请方式：申请政府信息公开应当以书面形式为原则，如果以书面形式申请确有困难的可以口头申请，由行政机关代填。书面形式包括信件、数据电文等形式。

（2）申请书的内容：填写内容包括申请人的姓名或名称、身份证明、联系方式；申请公开的政府信息的名称、文号或者便于行政机关查询的其他特征性描述；申请公开的政府信息形式要求，包括获取政府信息的方式、途径等。

---

① 参见最高人民法院指导性案例 26 号，收录时有调整。

2. 审核

政府信息公开申请内容不明确的：(1) 行政机关应当给予指导和释明，并自收到申请之日起 7 个工作日内一次性告知申请人作出补正，说明需要补正的事项和合理的补正期限；(2) 申请人无正当理由逾期不补正的，视为放弃申请，行政机关不再处理该申请。

3. 办理

（1）若申请公开的政府信息公开会损害第三方合法权益的，行政机关应当书面征求第三方的意见。第三方应当自收到征求意见书之日起 15 个工作日内提出意见。未在此期间提出意见的，视为不同意。第三方不同意公开且有合理理由的，行政机关不予公开。行政机关认为不公开可能对公共利益造成重大影响的，可以决定予以公开，并将决定公开的政府信息内容和理由书面告知第三方。

（2）申请人申请公开政府信息的数量、频次明显超过合理范围，行政机关可以要求申请人说明理由。申请理由不合理的，告知申请人不予处理。申请理由合理，但无法在法定期限内答复的，可以确定延迟答复的合理期限并告知申请人。

（3）申请人申请政府信息公开需要行政机关对现有政府信息进行加工、分析的，行政机关可以不予提供。

（4）申请人以政府信息公开申请的形式进行信访、投诉、举报等活动的，行政机关应当告知申请人不作为政府信息公开申请处理并可以告知通过相应渠道提出。

（5）申请人提出的申请内容为要求行政机关提供政府公报、报刊、书籍等公开出版物的，行政机关可以告知获取的途径。

（6）申请公开的政府信息由两个以上行政机关共同制作的，牵头制作的行政机关收到政府信息公开申请后可以征求相关行政机关的意见。被征求意见机关应当自收到征求意见书之日起 15 个工作日内提出意见。逾期未提出意见的视为同意公开。

4. 答复

行政机关收到政府信息公开申请，能够当场答复的当场答复；不能当场答复的自收到申请之日起 20 个工作日内答复；需要延长期限的经政府信息公开工作机构负责人同意并告知申请人，可以延长不超过 20 个工作日。即依申请政府信息公开，自收到申请之日起最迟不得超过 40 个工作日答复。

行政机关收到政府信息公开申请的时间，按照下列规定确定：第一，申请人当面提交政府信息公开申请的，以提交之日为收到申请之日。第二，申请人以邮寄方式提交政府信息公开申请的，以行政机关签收之日为收到申请之日；以平常信函等无须签收的邮寄方式提交政府信息公开申请的，政府信息公开工作机构应当于收到申请的当日与申请人确认，确认之日为收到申请之日。第三，申请人通过互联网渠道或者政府信息公开工作机构的传真提交政府信息公开申请的，以双方确认之日为收到申请之日。

行政机关视情况不同，可以作出的答复类型包括：

（1）已经主动公开的，告知申请人获取该政府信息的方式、途径。

（2）可以公开的，向申请人提供该政府信息，或者告知申请人获取该政府信息的方式、途径和时间。

（3）不予公开的，告知申请人不予公开并说明理由。

（4）经检索没有所申请公开信息的，告知申请人该政府信息不存在。

（5）不属于本行政机关负责公开的，告知申请人并说明理由；能够确定负责公开该政府信息的行政机关的，告知申请人该行政机关的名称、联系方式。

（6）行政机关已就申请人提出的政府信息公开申请作出答复、申请人重复申请公开相同政府信息的，告知申请人不予重复处理。

（7）所申请公开信息属于工商、不动产登记资料等信息，有关法律、行政法规对信息的获取有特别规定的，告知申请人依照有关法律、行政法规的规定办理。

行政机关向申请人公开政府信息时，应注意以下几点：

（1）分割提供信息。申请公开的政府信息中含有不应当公开的内容，但是能够作区分处理的（如打上马赛克，采取一些技术遮蔽手段），行政机关应当向申请人提供可以公开的那部分信息内容，并对不予公开的内容说明理由。

（2）变通提供信息。行政机关依申请公开政府信息，应当按照申请人要求的形式予以提供；无法按照申请人要求的形式提供的，可以通过电子数据以及其他适当方式提供或者安排申请人查阅相关资料、提供复制件。

（3）错误信息的更正。申请人有证据证明行政机关提供的与其自身相关的政府信息记录不准确的，有权要求该行政机关予以更正。该行政机关无权更正的，应当转送有权更正的行政机关处理或告知申请人向有权更正的行政机关提出。

5. 费用

（1）原则：行政机关依申请提供政府信息，不收取费用。

（2）例外：申请人申请公开政府信息的数量、频次明显超过合理范围的，行政机关可以收取信息处理费。行政机关收取信息处理费的具体办法由国务院价格主管部门会同国务院财政部门、全国政府信息公开工作主管部门制定。

二、政府信息公开的救济

行政机关在政府信息公开工作中的行政行为，如果侵犯公民、法人和其他组织合法权益的，受害者可以申请行政复议或提起行政诉讼。

一般来说，政府信息公开中的下列行为比较容易引发行政复议和行政诉讼，属于行政诉讼的受案范围：（1）行政机关应当主动公开政府信息而没有主动公开，经申请后仍未公开或对答复不服的；（2）行政机关公开政府信息，侵犯商业秘密、个人隐私或其他合法权益的；（3）向行政机关申请公开政府信息，行政机关不予答复或（部分）拒绝公开的；（4）向行政机关申请公开政府信息，行政机关没有按其要求的形式提供的；（5）申请人认为行政机关提供的与其自身相关的政府信息记录不准确，要求行政机关予以更正，行政机关拒绝更正、逾期不予答复或者不予转送有权机关处理的。

对以下行为不服的，不属于行政诉讼的受案范围，法院不予立案：（1）因申请内容不明确，行政机关要求申请人作出更改、补充且对申请人权利义务不产生实际影响的告知行为；（2）要求行政机关提供政府公报、报纸、杂志、书籍等公开出版物，行政机关予以拒绝的；（3）要求行政机关为其制作、搜集政府信息，或者对若干政府信息进行汇总、分析、加工，行政机关予以拒绝的；（4）行政程序中的当事人、利害关系人以政府信息公开名义申请查阅案卷材料，行政机关告知其应当按照相关法律、法规的规定办理的。

根据《最高人民法院关于审理政府信息公开行政案件若干问题的规定》第1条第2款的规定，主张政府信息公开行政行为侵犯其合法权益造成损害的，当事人可以一并或单独提起行政赔偿诉讼。

此外，公民、法人或者其他组织认为行政机关不依法履行政府信息公开义务的，可以向上级行政机关、监察机关或者政府信息公开工作主管部门举报。

司法观点

法院生效裁判认为：《政府信息公开条例》第24条（现为第33条）第1款和第2款规定："行政机关收到政府信息公开申请，能够当场答复的，应当当场予以答复。行政机关不能当场答复的，应当自收到申请之日起15个工作日内予以答复；如需延长答复期限的，应当经政府信息公开工作机构负责人同意，并告知申请人，延长答复的期限最长不得超过15个工作日。"本案原告于2011年6月1日通过广东省人民政府公众网络系统向被告提交了政府信息公开申请，申请公开广州广园客运站至佛冈的客运里程数。政府公众网络系统生成了相应的电子申请编号，并向原告手机发送了申请提交成功的短信。被告确认收到上述申请并认可原告是基于生活生产需要获取上述信息，却于2011年8月4日才向原告作出《关于政府信息公开的答复》和《政府信息公开答复书》，已超过了上述规定的答复期限。由于广东省人民政府"政府信息网上依申请公开系统"作为政府信息申请公开平台所应当具有的整合性与权威性，如未作例外说明，则从该平台上递交成功的申请应视为相关行政机关已收到原告通过互联网提出的政府信息公开申请。至于外网与内网、上下级行政机关之间对于该申请的流转，属于行政机关内部管理事务，不能成为行政机关延期处理的理由。被告认为原告是向政府公众网络系统提交的申请，因其厅内网与互联网、省外网物理隔离而无法及时发现原告申请，应以其2011年7月28日发现原告申请为收到申请日期而没有超过答复期限的理由不能成立。因此，原告通过政府公众网络系统提交政府信息公开申请的，该网络系统确认申请提交成功的日期应当视为被告收到申请之日，被告逾期作出答复的，应当确认为违法。

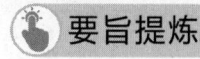 要旨提炼

公民、法人或者其他组织通过政府公众网络系统向行政机关提交政府信息公开申请的，如该网络系统未作例外说明，则系统确认申请提交成功的日期应当视为行政机关收到政府信息公开申请之日。行政机关对于该申请的内部处理流程，不能成为行政机关延期处理的理由，逾期作出答复的，应当确认为违法。

案例三十

命题点睛：行政诉讼／举报答复／受案范围／原告资格

案情回放

原告罗某诉称：2012年5月20日，其在吉安市吉州区井冈山大道电信营业厅办理手机号码时，吉安电信公司收取了原告20元卡费并出具了发票。原告认为吉安电信公司收取原告首次办理手机号码的卡费，违反了《集成电路卡应用和收费管理办法》中不得向用户单独收费的禁止性规定，故向被告吉安市物价局申诉举报，并提出了要求被告履行法定职责进行查处和作出书面答复等诉求。被告虽然出具了书面答复，但答复函中只写明被告调查时发现一个文件及该文件的部分内容。答复函中并没有对原告申诉举报信中的请求事项作出处理，被告的行为违反了《价格法》《价格违法行为举报规定》等相关法律规定。请求法院确认被告在处理原告申诉举报事项中的行为违法，依法撤销被告的答复，判令被告依法查处原告申诉举报信所涉及的违法行为。

被告吉安市物价局辩称：原告的起诉不符合行政诉讼法的有关规定。行政诉讼是指公民、法人、其他组织对于行政机关的具体行政行为不服提起的诉讼。本案中被告于2012年7月3日对原告作出的答复不是一种具体行政行为，不具有可诉性。被告对原告的答复符合《价格违法行为规定》的程序要求，答复内容也是告知原告，被告经过调查后查证的情况。请求法院依法驳回原告的诉讼请求。

法院经审理查明：2012年5月28日，原告罗某向被告吉安市物价局邮寄一份申诉举报函，对吉安电信公司向原告收取首次办理手机卡卡费20元进行举报，要求被告责令吉安电信公司退还非法收取原告的手机卡卡费20元，依法查处并没收所有电信用户首次办理手机卡被收取的卡费，依法奖励原告和书面答复原告相关处理结果。2012年5月31日，被告收到原告的申诉举报函。2012年7月3日，被告作出《关于对罗某2012年5月28日〈申诉书〉办理情况的答复》，并向原告邮寄送达。答复内容为："2012年5月31日我局收到您反映吉安电信公司新办手机卡用户收取20元手机卡卡费的申诉书后，我局非常重视，及时进行调查，经调查核实：江西省通管局和江西省发改委联合下发的《关于江西电信全业务套餐资费优化方案的批复》（赣通局〔2012〕14号）规定：UIM卡收费上限标准：入网50元／张，补卡、换卡：30元／张。我局非常感谢您对物价工作的支持和帮助。"原告收到被告的答复后，以被告的答复违法为由诉至法院。①

法考直击

判断一个行政争议是否能够进入行政诉讼的受案范围，主要看被诉行为是否是行政行为。被诉行为是行政行为的，可诉；被诉行为不是行政行为的，不可诉。

（一）行政行为

行政行为是指行政主体运用行政职权，针对外部特定对象，作出的具有法律上权利义务处分性的行为。

行政行为标准包括三个层次：

1. 只有行政行为引起的争议才能提起行政诉讼。
2. 行政诉讼只审查对行政行为合法性的争议，不审查对行政行为合理性的争议。
3. 规章以下的行政规范性文件（国务院部门和地方人民政府及其部门制定的行政规范性文件）不能单独起诉。在针对行政行为提起诉讼时，可以一并请求对规章以下的行政规范性文件进行审查。

（二）行政行为的判断标准

行政行为具有四个基本特征：行政性、处分性、特定性、外部性。

1. 行政性

行政性强调行政行为是行政主体履行行政管理职能作出的行为。

行政行为的行政性特征可以排除五类行为进入行政诉讼：行政机关以民事主体身份从事的民事行为、公务员的个人行为、行政机关实施的高度政治性的国家行为、行政机关根据《刑事诉讼法》授权实施的立案侦查追究犯罪的刑事司法行为、法律等规定的仲裁机构实施的仲裁行为。

2. 处分性

处分性即在法律上产生处分效力的意思。其包括两个层次：

（1）主观上：行政主体主观上有建立、变更或消灭某种行政法上权利义务关系的意思表示（行政行为的对外实施确实是行政主体的意愿）。

（2）客观上：行政行为的对外实施确实对当事人的权利义务产生增加或者减损的变动效果。只有主客观相一致，它才可能属于行政行为。

行政活动根据是否通过意思表示来处分当事人的权利义务而分为行政行为和事实行为。行

---

① 参见最高人民法院指导性案例77号，收录时有调整。

政行为是行政主体对公民、法人或者其他组织作出的，以发生一定法律后果，使行政法上权利义务得以建立、变更或者消灭为目的的意思表示。它体现了行政主体的意志，并有法律约束力的处理。而事实行为是不以建立、变更或者消灭当事人法律上权利义务为目的的行政活动。它可能是一种没有法律约束力的意思表示，如提出供公众参考的信息、建议或者指导，当事人可以接受，也可以不接受，不接受并不产生相应的法律责任；也可能是客观上对当事人产生了影响，但这种影响并非行政主体主观上通过适用法律而设定当事人法律上的地位。

3. 特定性

特定性强调行政行为必须是针对特定对象作出的。

行政行为特定性的判断时间节点：行为作出之时去判断，看想要约束的对象范围是否能够明确固定下来。如果行为作出之时想要约束的对象范围能够明确，不管人多人少，具有特定性；如果行为作出之时想要约束的对象范围不能够明确固定下来，就没有特定性。

注意：行政规范性文件适用的对象是不特定的。在法考中，区分一个行为是行政行为还是行政规范性文件，不能只看行为对象的多寡、行为的名称，而应该重点分析行为的对象是否特定。

4. 外部性

外部性强调行政行为是行政主体针对外部对象、外部事务而作出的行为。

对外性是可诉的行政行为的重要特征之一。行政机关的内部行为是不产生外部法律效力的行为。内部行为是指行政机关在内部行政组织管理过程中实施的只对行政组织内部产生法律效力，不影响外部公民权利义务的自我管理行为。行政机关在行政程序内部所作的行为，比如行政机关的内部沟通、会签意见、内部报批等行为，并不对外发生法律效力，不对公民、法人或者其他组织合法权益产生影响，因此不属于可诉的行为。行政机关对其公务员的奖惩任免、行政机关之间职责权限的调整不是行政行为；上下级行政机关之间单纯的公文往来或者上级对隶属于它的下级行政机关或者行政机关人员发布有法律约束力的职务命令和指示不是行政行为。

但是，若内部行为外化，则可以提起行政诉讼。所谓内部行为外化是指内部行为的效力不再局限于行政机关内部，而是对外部公民、法人或者其他组织的合法权益产生了实际影响。例如，内部行为抄送给了行政相对人、内部行为直接对外付诸实施等。

因此，若上级对下级的命令、指示和批复规定了可以直接影响外部公民、法人或者其他组织权利义务的内容，并且相关命令、指示和批复已向外部公民、法人或者其他组织公示或送达，则命令、指示和批复行为具有可诉性。

司法观点

法院生效裁判认为：关于吉安市物价局举报答复行为的可诉性问题。根据《行政诉讼法》第11条第1款第5项（现为第12条第1款第6项）规定，申请行政机关履行保护人身权、财产权的法定职责，行政机关拒绝履行或者不予答复的，人民法院应受理当事人对此提起的诉讼。本案中，吉安市物价局依法应对罗某举报的吉安市电信公司收取卡费行为是否违法进行调查认定，并告知调查结果，但其作出的举报答复将《关于江西电信全业务套餐资费优化方案的批复》（以下简称《批复》）中规定的 UIM 卡收费上限标准进行了罗列，未载明对举报事项的处理结果。此种以告知《批复》有关内容代替告知举报调查结果行为，未能依法履行保护举报人财产权的法定职责，本身就是对罗某通过正当举报途径寻求救济的权利的一种侵犯，不属于《最高人民法院关于执行〈中华人民共和国行政诉讼法〉若干问题的解释》第 1 条第 6 项（现为《最高人民法院关于适用〈中华人民共和国行政诉讼法〉的解释》第 1 条第 10 项，下同）规定的"对公民、法人或者其他组织权利义务不产生实际影响的行为"的范围，具有可诉性，属于人民法院行政诉讼的受案范围。

关于罗某的原告资格问题。根据《行政诉讼法》第 2 条、第 24 条第 1 款（现为第 25 条第 1 款）及《最高人民法院关于执行〈中华人民共和国行政诉讼法〉若干问题的解释》第 12 条（现为《最高人民法院关于适用〈中华人民共和国行政诉讼法〉的解释》第 12 条）规定，举报人就举报处理行为提起行政诉讼，必须与该行为具有法律上的利害关系。本案中，罗某虽然要求吉安市物价局"依法查处并没收所有电信用户首次办理手机卡被收取的卡费"，但仍是基于认为吉安电信公司收取卡费行为侵害其自身合法权益，向吉安市物价局进行举报，并持有收取费用的发票作为证据。因此，罗某与举报处理行为具有法律上的利害关系，具有行政诉讼原告主体资格，依法可以提起行政诉讼。

关于举报答复合法性的问题。《价格违法行为举报规定》第 14 条（现已失效）规定："举报办结后，举报人要求答复且有联系方式的，价格主管部门应当在办结后五个工作日内将办理结果以书面或者口头方式告知举报人。"本案中吉安市物价局作为价格主管部门，依法具有受理价格违法行为举报，并对价格是否违法进行审查，提出分类处理意见的法定职责。罗某在申诉举报函中明确列举了三项举报请求，且要求吉安市物价局在查处结束后书面告知罗某处理结果，该答复未依法载明吉安市物价局对被举报事项的处理结果，违反了《价格违法行为举报规定》第 14 条的规定，不具有合法性，应予以纠正。

要旨提炼

1. 行政机关对与举报人有利害关系的举报仅作出告知性答复，未按法律规定对举报进行处理，不属于《最高人民法院关于适用〈中华人民共和国行政诉讼法〉的解释》第 1 条第 10 项规定的"对公民、法人或者其他组织权利义务不产生实际影响的行为"，因而具有可诉性，属于人民法院行政诉讼的受案范围。

2. 举报人就其自身合法权益受侵害向行政机关进行举报的，与行政机关的举报处理行为具有法律上的利害关系，具备行政诉讼原告主体资格。

案例三十一

命题点睛：行政诉讼／举证责任／未引用具体法律条款／适用法律错误

案情回放

原告宣某等18人系浙江省衢州市柯城区卫宁巷×号（原14号）衢州府山中学教工宿舍楼的住户。2002年12月9日，衢州市发展计划委员会根据第三人建设银行衢州分行（以下简称衢州分行）的报告，经审查同意衢州分行在原有的营业综合大楼东南侧扩建营业用房建设项目。同日，衢州市规划局制定建设项目选址意见，衢州分行为扩大营业用房等，拟自行收购、拆除占地面积为205平方米的府山中学教工宿舍楼，改建为露天停车场，具体按规划详图实施。18日，衢州市规划局又规划出衢州分行扩建营业用房建设用地平面红线图。20日，衢州市规划局发出建设用地规划许可证，衢州分行建设项目用地面积756平方米。25日，被告衢州市国土资源局（以下简称衢州市国土局）请示收回衢州府山中学教工宿舍楼住户的国有土地使用权187.6平方米，报衢州市人民政府审批同意。同月31日，衢州市国土局作出衢市国土（2002）37号《收回国有土地使用权通知》（以下简称《通知》），并告知宣某等18人其正在使用的国有土地使用权将收回及诉权等内容。该《通知》说明了行政决定所依据的法律名称，但没有对所依据的具体法律条款予以说明。原告不服，提起行政诉讼。[①]

法考直击

行政行为合法，一般需要同时满足下列要件：(1)有确凿的事实依据，即行政决定应当有确实可靠充分的证据。(2)正确适用法律、法规。(3)符合法定程序。(4)不得超越职权。(5)不得滥用职权。(6)没有明显不当。

（一）有确凿的事实证据

一方面，作出行政决定首先要有事实，即存在需要行使行政职权的客观事实。事实是

---

① 参见最高人民法院指导性案例41号，收录时有调整。

行使行政职权的第一个法定条件，一定事实要件是否存在，需要一系列的证据加以证明，没有充分的证据就不能行使国家行政职权，没有证据就是违法行使行政权力。事实和证据有约束和稳定行政活动的功能。另一方面，事实应当是确实充分的。只是有事实还不够，事实必须是客观的、合法的和与行政决定相关联的。证据应当是充分的，而不是零散的、残缺不全的，应能够足以证明采取行政行为是正确合法的。

（二）正确适用法律、法规

行政管理是一种适用法律的国家活动。如果行政机关打算使自己的意志产生预定的法律效果，必须依法处理行政事务。在实践中，适用法律、法规错误的常见情形有：本应适用某个法律、法规，而适用了另外的法律、法规；本应适用法律、法规中的某个条文而适用了另外的条文；本应适用有效的法律、法规，而适用了已经失效或者尚未生效的法律、法规；本应适用上位法、特别法、新法，却适用了下位法、一般法、旧法；本应适用某一条款，却没有说明所依据的法律或者援引具体法律条文。

注意：行政机关作出行政行为时未引用具体法律条款，且在诉讼中不能证明该行政行为符合法律的具体规定，应当视为该行政行为没有法律依据，适用法律错误。

（三）符合法定程序

行政活动应当遵循法定的方式、方法、步骤、顺序和时限。程序是实现行政管理目标过程中的行为方法和形式。法定程序赋予这些方法和形式以权利义务的法律属性，要求行政机关行使职权时必须遵守，成为判断行政行为是否正确合法的重要标准。

（四）不得超越职权

不得超越职权，要求行政机关应当在法律授予的权限以内活动，不能以公共需要为理由对抗职责权限的要求，过于热心也会构成违法和侵权。作出行政行为的行政机关必须是享有事务和地域管辖权的行政机关。地域管辖权涉及交由主管部门的空间范围，事务管辖权涉及委托给主管部门的行政任务内容。

（五）不得滥用职权

不得滥用职权是指行政机关行使行政职权、实施行政行为时主观上应当客观、适度，符合理性，不能任性，不能抱着无所谓的态度，不能恶意。无滥用职权是行政法上合理行政这个基本原则的精神要求。

不得滥用职权是一个比较复杂的问题，表面上看行政机关没有明显违反法律的情形，但违反了授权法的立法目的，也构成滥用职权。行政机关在进行行政管理时，不只是机械和简单地按照有关法律和有关条款办事，而且还要执行法律的精神和立法目的，即主观上不得任性，不得抱着无所谓的态度，更不能恶意。

（六）没有明显不当

没有明显不当是指行使行政职权、给予行政相对人的最终处理在结果上不能明显不合理、明显不公正，要过罚相当，否则量变引起质变，等同于违法。

没有明显不当要求行政机关实施行政管理给予行政相对人的处理在客观上要适度，不要超过必要的限度，应当以事实为依据，与行政相对人的违法行为的事实、性质、情节以及社会危害程度相当；对行政相对人采取的措施、所科处罚种类和处罚幅度及其减免要与行政相对人的违法过错程度相适应。行政机关如果未考虑行政相对人主观上有无过错，侵权性质、行为和情节轻重，是否造成实际危害后果等因素，导致行政处理的结果与违法行为的社会危害程度之间明显不适当，其行政行为缺乏妥当性和必要性，应当认定属于明显不当，是违法的行政行为，人民法院有权依法判决变更或者撤销。

司法观点

法院生效裁判认为：被告衢州市国土局作出《通知》时，虽然说明了该通知所依据的法律名称，但并未引用具体法律条款。在庭审过程中，被告辩称系依据《土地管理法》[①]第58条第1款作出被诉具体行政行为。《土地管理法》第58条第1款规定："有下列情形之一的，由有关人民政府土地行政主管部门报经原批准用地的人民政府或者有批准权的人民政府批准，可以收回国有土地使用权：（一）为公共利益需要使用土地的；（二）为实施城市规划进行旧城区改建，需要调整使用土地的……"衢州市国土局作为土地行政主管部门，有权依照《土地管理法》对辖区内国有土地的使用权进行管理和调整，但其行使职权时必须具有明确的法律依据。被告在作出《通知》时，仅说明是依据《土地管理法》及浙江省的有关规定作出的，但并未引用具体的法律条款，故其作出的具体行政行为没有明确的法律依据，属于适用法律错误。

本案中，衢州市国土局提供的衢州市发展计划委员会（2002）35号《关于同意扩建营业用房项目建设计划的批复》《建设项目选址意见书审批表》《建设银行衢州分行扩建营业用房建设用地规划红线图》等有关证据，难以证明其作出的《通知》符合《土地管理法》第58条第1款规定的"为公共利益需要使用土地"或"实施城市规划进行旧城区改建，需要调整使用土地"的情形，主要证据不足，故被告主张其作出的《通知》符合《土地管理法》规定的理由不能成立。根据《行政诉讼法》及其相关司法解释的规定，在行政诉讼中，被告对其作出的具体行政行为承担举证责任，被告不提供作出具体行政行为时的证据和依据

---

① 以下援引条文为2004年《土地管理法》。

的，应当认定该具体行政行为没有证据和依据。

综上，被告作出的收回国有土地使用权具体行政行为主要证据不足，适用法律错误，应予撤销。

要旨提炼

行政机关作出具体行政行为时未引用具体法律条款，且在诉讼中不能证明该具体行政行为符合法律的具体规定，应当视为该具体行政行为没有法律依据，适用法律错误。

案例三十二

命题点睛：国家赔偿／刑事赔偿／无罪逮捕／精神损害赔偿

案情回放

赔偿请求人朱某申请称：检察机关的错误羁押致使其遭受了极大的物质损失和精神损害，申请最高人民法院赔偿委员会维持广东省人民检察院支付侵犯人身自由的赔偿金的决定，并决定由广东省人民检察院登报赔礼道歉、消除影响、恢复名誉，赔偿精神损害抚慰金200万元，赔付被扣押车辆、被拍卖房产等损失。

广东省人民检察院答辩称：朱某被无罪羁押873天，广东省人民检察院依法决定支付侵犯人身自由的赔偿金124254.09元，已向朱某当面道歉，并为帮助朱某恢复经营走访了相关工商管理部门及向有关银行出具情况说明。广东省人民检察院未参与涉案车辆的扣押，不应对此承担赔偿责任。朱某未能提供精神损害后果严重的证据，其要求支付精神损害抚慰金的请求不应予支持，其他请求不属于国家赔偿范围。

法院经审理查明：因涉嫌犯合同诈骗罪，朱某于2005年7月25日被刑事拘留，同年8月26日被取保候审。2006年5月26日，广东省人民检察院以粤检侦监核〔2006〕4号复核决定书批准逮捕朱某。同年6月1日，朱某被执行逮捕。2008年9月11日，广东省深圳市中级人民法院以指控依据不足为由，判决宣告朱某无罪。同月19日，朱某被释放。朱某被羁押时间共计875天。2011年3月15日，朱某以无罪逮捕为由向广东省人民检察院申请国家赔偿。同年7月19日，广东省人民检察院作出粤检赔决〔2011〕1号刑事赔偿决定：按照2010年度全国职工日平均工资标准支付侵犯人身自由的赔偿金124254.09元（142.33元×873天）；口头赔礼道歉并依法在职能范围内为朱某恢复生产提供方便；对支付精神损害抚慰金的请求不予支持。

另查明：（1）朱某之女朱某某在朱某被刑事拘留时未满18周岁，至2012年抑郁症仍未愈。（2）深圳一和实业有限公司自2004年由朱某任董事长兼法定代表人，2005年以来未参加年检。（3）朱某另案申请深圳市公安局赔偿被扣押车辆损失，广东省高级人民法院赔偿委员会以朱某无证据证明其系车辆所有权人和受到实际损失为由，决定驳回朱某赔偿申请。（4）2011年9月5日，广东省高级人民法院、广东省人民检察院、广东省公安厅联合发布粤高法〔2011〕382号《关于在国家赔偿工作中适用精神损害抚慰金若干问题的座谈会纪要》。该纪要发布后，广东省人民检察院表示可据此支付精神损害抚慰金。[①]

法考直击

国家赔偿的方式和计算

（一）侵害人身自由权的赔偿

侵害人身自由权的行为包括行政拘留、行政强制措施、非法拘禁、刑事拘留、逮捕、人身自由刑等。侵犯公民人身自由的，应赔偿受害人国家赔偿金，每日的赔偿金按照国家上年度职工日平均工资计算。

注意"国家上年度职工日平均工资"的计算基准：

1."上年度"是指有权机关作出最终确定不变的赔偿决定当年的上一年，如果前一赔偿决定被后一决定机关所维持的，则以被维持的赔偿决定作出的时间为准。总之，哪一个赔偿决定作出后再也没有变动过，就以它作出当年的上一年为计算基准。

2."日平均"是指按照国家统计局公布的职工年平均工资除以全年工作日的总数所得。

（二）侵害生命健康权的赔偿

侵害公民生命健康权的行为，即造成公民死亡或伤害的国家赔偿案件，按照下列方式计算赔偿金：

1.造成公民身体伤害的，应当支付医疗费、护理费与误工费。每日的误工费按照国家上年度职工日平均工资计算，同时受到最高额的限制，最高额为国家上年度职工年平均工资的5倍。

2.造成公民部分或者全部丧失劳动能力的，应当支付医疗费、护理费、残疾生活辅助具费、康复费、继续治疗费与残疾赔偿金。残疾赔偿金根据丧失劳动能力的程度，按照国家规定的伤残等级确定，最高不超过国家上年度职工年平均工资的20倍。造成全部丧失劳动能力的，对其扶养的无劳动能力的人还应当支付生活费。生活费的发放标准，参照当地最低生活保障标准执行。被扶养的人是未成年人的，其生活费给付至18周岁止；被扶养人是其他无劳动能力的人，其生活费给付至死亡时止。

3.造成公民死亡的，应当支付死亡赔偿金与丧葬费。死亡赔偿金与丧葬费的总额为国家上年度职工年平均工资的20倍。对死者生前扶养的无劳动能力的人，也应当支付生活费，生活费的计算标准与造成公民完全丧失劳动能力的情况相同。

---

① 参见最高人民法院指导性案例42号，收录时有调整。

(三) 侵害财产权的赔偿

国家侵权行为造成公民、法人和其他组织财产权损害的,按照以下方式赔偿:

1. 能够返还财产的应当返还财产。财产能够返还的必须返还,如因财物灭失而不能返还的,按照损失发生时的市场价格或者其他合理方式计算应当给付赔偿金。

2. 能够恢复原状的应当恢复原状。所谓"恢复原状",包括恢复物理原状与恢复法律原状,恢复物理原状指的是将形状、功能已经发生变化的财物修复还原;恢复法律原状是指将被查封、扣押、冻结的财产,解除查封、扣押、冻结。如果财产的原状无法恢复的,按照损失发生时的市场价格或者其他合理方式计算应当给付的赔偿金。解除冻结的,应当支付银行同期存款利息。

3. 财产已经拍卖或者变卖的,给付拍卖或者变卖所得的价款;变卖的价款明显低于财产价值的,应当支付相应的赔偿金。

4. 处以行为罚的应当赔偿停业期间必要的经常性费用开支。即行政机关违法吊销许可证和执照、责令停产停业的,应当赔偿其停产停业期间必要的经常性费用开支。必要的经常性费用开支,指的是当事人被迫停止营业后,为了维持生存或为了维持企业正常存在而必须付出的费用,如留守职工工资,必须缴纳的税费、水电费、房屋场地租金、设备租金、设备折旧费等。对于受害人因停业造成的经营利润损失,不予赔偿。

5. 返还罚款或没收的金钱,解除冻结的存款、汇款的,应当支付银行同期存款利息;应当返还的财产属于金融机构合法存款的,对存款合同存续期间的利息按照合同约定利率计算;返还的财产系国家批准的金融机构贷款的,除贷款本金外,还应当支付该贷款借贷状态下的贷款利息。

此外,国家侵权行为对财产权造成其他损害的,应当按照直接损失给予赔偿。所谓直接损失,是指当事人因受国家侵权行为的影响,所不可避免的、必然遭受的损失,不包括其可得利益、期待利益的损失。

(四) 精神损害的赔偿

1. 精神损害赔偿的请求人

人身权受到侵犯的公民(自然人),可以请求精神损害赔偿。法人或者非法人组织请求精神损害赔偿的,法院不予受理。公民(自然人)以财产权受到侵犯请求精神损害赔偿的,法院不予受理。

2. 不告不理

人身权受到侵犯的公民(自然人),可以请求精神损害赔偿。公民以人身权受到侵犯为由提出国家赔偿申请,未请求精神损害赔偿,或者未同时请求消除影响、恢复名誉、赔礼道歉以及精神损害抚慰金的,法院应当向其释明。经释明后不变更请求,案件审结后又基于同一侵权事实另行提出申请的,法院不予受理。

3. 推定赔偿

赔偿义务机关有侵犯人身权,依法应当承担国家赔偿责任的,可以同时认定该侵权行为致人精神损害。但是赔偿义务机关有证据证明该公民不存在精神损害，或者认定精神损害违背公序良俗的除外。

4. 精神损害赔偿的方式

侵权行为致人精神损害，应当为受害人消除影响、恢复名誉或者赔礼道歉。

侵权行为致人精神损害并造成严重后果，应当在支付精神损害抚慰金的同时，视案件具体情形，为受害人消除影响、恢复名誉或者赔礼道歉。

消除影响、恢复名誉与赔礼道歉，可以单独适用，也可以合并适用，并应当与侵权行为的具体方式和造成的影响范围相当。

法院可以根据案件具体情况，组织赔偿请求人与赔偿义务机关就消除影响、恢复名誉或者赔礼道歉的具体方式进行协商。

协商不成作出决定的，应当采用下列方式：（1）在受害人住所地或者所在单位发布相关信息；（2）在侵权行为直接影响范围内的媒体上予以报道；（3）赔偿义务机关有关负责人向赔偿请求人赔礼道歉。

决定为受害人消除影响、恢复名誉或者赔礼道歉的，应当载入决定主文。

赔偿义务机关在决定作出前已为受害人消除影响、恢复名誉或者赔礼道歉，或者原侵权案件的纠正被媒体广泛报道，客观上已经起到消除影响、恢复名誉作用，且符合法律规定的，可以在决定书中予以说明。

5. 侵权行为致人精神损害并造成严重后果的情形

有下列情形之一的，可以认定为致人精神损害并"造成严重后果"：（1）无罪或者终止追究刑事责任的人被羁押6个月以上；（2）受害人经鉴定为轻伤以上或者残疾；（3）受害人经诊断、鉴定为精神障碍或者精神残疾，且与侵权行为存在关联；（4）受害人名誉、荣誉、家庭、职业、教育等方面遭受严重损害，且与侵权行为存在关联。

6. 侵权行为致人精神损害并造成特别严重后果的情形

有下列情形之一的，可以认定为致人精神损害并"造成特别严重后果"：（1）受害人无罪被羁押10年以上；（2）受害人死亡；（3）受害人经鉴定为重伤或者残疾一至四级，且生活不能自理；（4）受害人经诊断、鉴定为严重精神障碍或者精神残疾一至二级，生活不能自理，且与侵权行为存在关联的。

7. 精神损害抚慰金的计算

致人精神损害，造成严重后果的，精神损害抚慰金一般应当在人身自由赔偿金、生命健康赔偿金总额的50%以下（包括本数）酌定；后果特别严重，可以在50%以上酌定。

精神损害抚慰金的具体数额，应当在兼顾社会发展整体水平的同时，参考下列因素合理确定：（1）精神受到损害以及造成严重后果的情况；（2）侵权行为的目的、手段、方式等具体情节；（3）侵权机关及其工作人员的违法、过错程度、原因力比例；（4）原错判罪名、刑罚轻重、羁押时间；（5）受害人的职业、影响范围；（6）纠错的事由以及过程；（7）其他应当考虑的因素。

精神损害抚慰金的数额一般不少于1000元;数额在1000元以上的,以千为计数单位。

赔偿请求人请求的精神损害抚慰金少于1000元,且其请求事由符合造成严重后果的情形,经释明不予变更的,按照其请求数额支付。

8.国家减少或者不予赔偿的事由

受害人对损害事实和后果的发生或者扩大有过错的,可以根据其过错程度减少或者不予支付精神损害抚慰金。

司法观点

最高人民法院认为:赔偿请求人朱某于2011年3月15日向赔偿义务机关广东省人民检察院提出赔偿请求,本案应适用修订后的《国家赔偿法》。朱某被实际羁押时间为875天,广东省人民检察院计算为873天有误,应予纠正。根据《最高人民法院关于人民法院执行〈中华人民共和国国家赔偿法〉几个问题的解释》第6条规定,赔偿委员会变更赔偿义务机关尚未生效的赔偿决定,应以作出本赔偿决定时的上年度即2011年度全国职工日平均工资162.65元为赔偿标准。因此,广东省人民检察院应按照2011年度全国职工日平均工资标准向朱某支付侵犯人身自由875天的赔偿金142318.75元。朱某被宣告无罪后,广东省人民检察院已决定向朱某以口头方式赔礼道歉,并为其恢复生产提供方便,从而在侵权行为范围内为朱某消除影响、恢复名誉,该项决定应予维持。朱某另要求广东省人民检察院以登报方式赔礼道歉,不予支持。

朱某被羁押875天,正常的家庭生活和公司经营也因此受到影响,导致其精神极度痛苦,应认定精神损害后果严重。对朱某主张的精神损害抚慰金,根据自2005年朱某被羁押以来深圳一和实业有限公司不能正常经营,朱某之女患抑郁症未愈,以及粤高法〔2011〕382号《关于在国家赔偿工作中适用精神损害抚慰金若干问题的座谈会纪要》明确的广东省赔偿精神损害抚慰金的参考标准,结合赔偿协商协调情况以及当地平均生活水平等情况,确定为50000元。朱某提出的其他请求,不予支持。

要旨提炼

1.国家机关及其工作人员行使职权时侵犯公民人身自由权,严重影响受害人正常的工作、生活,导致其精神极度痛苦,属于造成精神损害严重后果。

2.赔偿义务机关支付精神损害抚慰金的数额,应当根据侵权行为的手段、场合、方式等具体情节,侵权行为造成的影响、后果,以及当地平均生活水平等综合因素确定。

第六章

商 法

案例三十三

命题点睛：关联公司 / 人格混同 / 连带责任

案情回放

原告徐某机械公司诉称：川某1公司拖欠其货款未付，而川某2公司、瑞某公司与川某1公司人格混同，三个公司实际控制人王某以及川某1公司股东等人的个人资产与公司资产混同，均应承担连带清偿责任。请求判令：川某1公司支付所欠货款10916405.71元及利息；川某2公司、瑞某公司及王某等个人对上述债务承担连带清偿责任。

被告川某1公司、川某2公司、瑞某公司辩称：三个公司虽有关联，但并不混同，川某2公司、瑞某公司不应对川某1公司的债务承担连带清偿责任。

王某等人辩称：王某等人的个人财产与川某1公司的财产并不混同，不应为川某1公司的债务承担连带清偿责任。

法院经审理查明：川某2公司成立于1999年，股东为某省公路桥梁工程总公司二公司、王某、倪某、杨某等。2001年，股东变更为王某、李某、倪某。2008年，股东再次变更为王某、倪某。瑞某公司成立于2004年，股东为王某、李某、倪某。2007年，股东变更为王某、倪某。川某1公司成立于2005年，股东为吴某、张某、凌某、过某、汤某、武某、郭某，何某2007年入股。2008年，股东变更为张某（占90%股份）、吴某（占10%股份），其中张某系王某之妻。在公司人员方面，三个公司经理均为王某，财务负责人均为凌某，出纳会计均为卢某，工商手续经办人均为张某2；三个公司的管理人员存在交叉任职的情形，如过某兼任川某1公司副总经理和川某2公司销售部经理的职务，且免去川某1公司副总经理职务的决定系由川某2公司作出；吴某既是川某1公司的法定代表人，又是川某2公司的综合部行政经理。在公司业务方面，三个公司在工商行政管理部门登记的经营范围均涉及工程机械且部分重合，其中川某1公司的经营范围被川某2公司的经营范围完全覆盖；川某2公司系徐某机械公司在四川地区（攀枝花除外）的唯一经销商，但三个公司均从事相关业务，且相互之间存在共用统一格式的《销售部业务手册》、《二级经销协议》、结算账户的情形；三个公司在对外宣传中区分不明，2008年12月4日重庆市公证处出具的《公证书》记载：通过因特网查询，川某1公司、瑞某公司在相关网站上共同招聘员工，所留电话号码、传真号码等联系方式相同；川某1公司、瑞某公司的招聘信息，包括大量关于川某2公司的发展历程、主营业务、企业精神的宣传内容；部分川某1公司的招聘信息中，公司简介全部为对瑞某公司的介绍。在公司财务方面，三个公司共用结算账户，凌某、卢某、汤某、过某的银行卡中曾发生高达亿元的往来，资金的来源包括三个公司的款项，对外支付的依据仅为王某的签字；在川某1公司向其客户开具的收据中，有的加盖其财务专用章，有的则加盖瑞某公司财务专用章；在与徐某机械公司均签订合同、均有业务往来的情况下，三个公司于2005年8月共同向徐某机械公司出具《说明》，称因川某2公司业务扩张而注册了另两个公司，要求所有债权债务、销售量均计算在川某1公司名下，并表示今后尽量以川某1公司名义进行业务往来；2006年12月，川某1公司、瑞某公司共同向徐某机械公司出具《申请》，以统一核算为由要求将2006年度的业绩、账务均计算至川某1公司名下。

另查明，2009年5月26日，卢某在徐州市公安局经侦支队对其进行询问时陈述：川某1公司目前已经垮了，但未注销。又查明，徐某机械公司未得到清偿的货款实为10511710.71元。[1]

法考直击

一、人格混同

认定公司人格与股东人格是否存在混同，最根本的判断标准是公司是否具有独立意思和独立财产，最主要的表现是公司的财产与股东的财产是否混同且无法区分。在认定是否构成人格混同时，应当综合考虑以下因素：

1. 股东无偿使用公司资金或者财产，不作财务记载的。
2. 股东用公司的资金偿还股东的债务，或者将公司的资金供关联公司无偿使用，不作财务记载的。
3. 公司账簿与股东账簿不分，致使公司财产与股东财产无法区分的。
4. 股东自身收益与公司盈利不加区分，致使双方利益不清的。
5. 公司的财产记载于股东名下，由股东占有、使用的。
6. 人格混同的其他情形。

二、公司控制股东对公司过度支配与控制

公司控制股东对公司过度支配与控制，操纵公司的决策过程，使公司完全丧失独立性，沦为控制股东的工具或躯壳，严重损害公司债权人利益，应当否认公司人格，由滥用控制权的股东对公司债务承担连带责任。实践中常见的情形包括：

1. 母子公司之间或者子公司之间进行利益输送的。

---

[1] 参见最高人民法院指导性案例15号，收录时有调整。

2. 母子公司或者子公司之间进行交易，收益归一方，损失却由另一方承担的。

3. 先从原公司抽走资金，然后再成立经营目的相同或者类似的公司，逃避原公司债务的。

4. 先解散公司，再以原公司场所、设备、人员及相同或者相似的经营目的另设公司，逃避原公司债务的。

5. 过度支配与控制的其他情形。

控制股东或实际控制人控制多个子公司或者关联公司，滥用控制权使多个子公司或者关联公司财产边界不清、财务混同，利益相互输送，丧失人格独立性，沦为控制股东逃避债务、非法经营，甚至违法犯罪工具的，可以综合案件事实，否认子公司或者关联公司法人人格，判令承担连带责任。

司法观点

法院生效裁判认为：针对上诉范围，二审争议焦点为川某2公司、瑞某公司与川某1公司是否人格混同，应否对川某1公司的债务承担连带清偿责任。

川某1公司与川某2公司、瑞某公司人格混同。一是三个公司人员混同。三个公司的经理、财务负责人、出纳会计、工商手续经办人均相同，其他管理人员亦存在交叉任职的情形，川某1公司的人事任免存在由川某2公司决定的情形。二是三个公司业务混同。三个公司实际经营中均涉及工程机械相关业务，经销过程中存在共用业务手册、经销协议的情形；对外进行宣传时信息混同。三是三个公司财务混同。三个公司使用共同账户，以王某的签字作为具体用款依据，对其中的资金及支配无法证明已作区分；三个公司与徐某机械公司之间的债权债务、业绩、账务及返利均计算在川某1公司名下。因此，三个公司之间表征人格的因素（人员、业务、财务等）高度混同，导致各自财产无法区分，已丧失独立人格，构成人格混同。

川某2公司、瑞某公司应当对川某1公司的债务承担连带清偿责任。公司人格独立是其作为法人独立承担责任的前提。《公司法》第3条第1款规定："公司是企业法人，有独立的法人财产，享有法人财产权。公司以其全部财产对公司的债务承担责任。"公司的独立财产是公司独立承担责任的物质保证，公司的独立人格也突出地表现在财产的独立上。当关联公司的财产无法区分，丧失独立人格时，就丧失了独立承担责任的基础。《公司法》第20条第3款（现为第23条第1款，下同）规定："公司股东滥用公司法人独立地位和股东有限责任，逃避债务，严重损害公司债权人利益的，应当对公司债务承担连带责任。"本案中，三个公司虽在工商登记部门登记为彼此独立的企业法人，但实际上相互之间界限模糊、人格混同，其中川某1公司承担所有关联公司的债务却无力清偿，又使其他关联公司逃避巨额债务，严重损害了债权人的利益。上述行为违背了法人制度设立的宗旨，违背了诚实信用原则，其行为本质和危害结果与《公司法》第20条第3款规定的情形相当，故参照《公司法》第 20 条第 3 款的规定，川某 2 公司、瑞某公司对川某 1 公司的债务应当承担连带清偿责任。

要旨提炼

1. 关联公司的人员、业务、财务等方面交叉或混同，导致各自财产无法区分，丧失独立人格的，构成人格混同。

2. 关联公司人格混同，严重损害债权人利益的，关联公司相互之间对外部债务承担连带清偿责任。

案例三十四

命题点睛：公司决议撤销／司法审查范围

案情回放

原告李某诉称：被告佳某力公司免除其总经理职务的决议所依据的事实和理由不成立，且董事会的召集程序、表决方式及决议内容均违反了《公司法》的规定，请求法院依法撤销该董事会决议。

被告佳某力公司辩称：董事会的召集程序、表决方式及决议内容均符合法律和章程的规定，故董事会决议有效。

法院经审理查明：原告李某系被告佳某力公司的股东，并担任总经理。佳某力公司股权结构为：葛某持股40%，李某持股46%，王某持股14%。3位股东共同组成董事会，由葛某担任董事长，另两人为董事。公司章程规定：董事会行使包括聘任或者解聘公司经理等职权；董事会须由2/3以上的董事出席方才有效；董事会对所议事项作出的决定应由占全体股东2/3以上的董事表决通过方才有效。2009年7月18日，佳某力公司董事长葛某召集并主持董事会，3位董事均出席，会议形成了"鉴于总经理李某不经董事会同意私自动用公司资金在二级市场炒股，造成巨大损失，现免去其总经理职务，即日生效"等内容的决议。该决议由葛某、王某及监事签名，李某未在该决议上签名。①

法考直击

股东诉讼制度

（一）决议诉讼

1. 无效之诉

公司股东会或者董事会的决议内容违反法律、行政法规的无效。

---

① 参见最高人民法院指导性案例10号，收录时有调整。

2. 可撤销之诉

股东会或者董事会的会议召集程序、表决方式违反法律、行政法规或者公司章程，或者决议内容违反公司章程的，股东可以自决议作出之日起60日内，请求人民法院撤销。

（二）查账诉讼

1. 主体要求：有限责任公司股东。
2. 适用情形：要求查阅公司会计账簿。
3. 公司拒绝提供查阅的，股东可以请求人民法院要求公司提供查阅。

（三）回购诉讼

1. 前提条件

对股东会该项决议投反对票。

2. 主体要求

有限责任公司股东。

3. 适用情形

（1）公司连续5年不向股东分配利润，而公司该5年连续盈利，并且符合《公司法》规定的分配利润条件的。

（2）公司合并、分立、转让主要财产的。

（3）公司章程规定的营业期限届满或者章程规定的其他解散事由出现，股东会会议通过决议修改章程使公司存续的。

4. 自股东会会议决议通过之日起60日内，股东与公司不能达成股权收购协议的，股东可以自股东会会议决议通过之日起90日内向人民法院提起诉讼。

（四）代表诉讼（派生诉讼）

1. 前提条件

董事、监事、高级管理人员执行公司职务时违反法律、行政法规或者公司章程的规定，给公司造成损失。

2. 主体要求

（1）有限公司的股东（没有比例限制）。

（2）股份公司连续180日以上单独或者合计持有公司1%以上股份的股东。

3. 前置程序（交叉请求）

（1）董事、高级管理人员给公司造成损失，可以书面请求监事会或者不设监事会的有限责任公司的监事向人民法院提起诉讼。

（2）监事给公司造成损失，可以书面请求董事会或者不设董事会的有限责任公司的执行董事向人民法院提起诉讼。

4. 代表诉讼

为了公司的利益以自己的名义直接向人民法院提起诉讼。

（1）拒绝提起诉讼。

（2）自收到请求之日起 30 日内未提起诉讼。

（3）情况紧急、不立即提起诉讼将会使公司利益受到难以弥补的损害。

（五）解散诉讼

公司经营管理发生严重困难，继续存续会使股东利益受到重大损失，通过其他途径不能解决的，持有公司全部股东表决权 10% 以上的股东，可以请求人民法院解散公司。

（六）直接诉讼

董事、高级管理人员违反法律、行政法规或者公司章程的规定，损害股东利益的，股东可以向人民法院提起诉讼。

司法观点

法院生效裁判认为：根据《公司法》第 22 条第 2 款（现为第 26 条）的规定，董事会决议可撤销的事由包括：一、召集程序违反法律、行政法规或公司章程；二、表决方式违反法律、行政法规或公司章程；三、决议内容违反公司章程。从召集程序看，佳某力公司于 2009 年 7 月 18 日召开的董事会由董事长葛某召集，三位董事均出席董事会，该次董事会的召集程序未违反法律、行政法规或公司章程的规定。从表决方式看，根据佳某力公司章程规定，对所议事项作出的决定应由占全体股东 2/3 以上的董事表决通过方才有效，上述董事会决议由 3 位股东（兼董事）中的两名表决通过，故在表决方式上未违反法律、行政法规或公司章程的规定。从决议内容看，佳某力公司章程规定，董事会有权解聘公司经理，董事会决议内容中"总经理李某不经董事会同意私自动用公司资金在二级市场炒股，造成巨大损失"的陈述，仅是董事会解聘李某总经理职务的原因，而解聘李某总经理职务的决议内容本身并不违反公司章程。

董事会决议解聘李某总经理职务的原因如果不存在，并不导致董事会决议撤销。首先，《公司法》尊重公司自治，公司内部法律关系原则上由公司自治机制调整，司法机关原则上不介入公司内部事务；其次，佳某力公司的章程中未对董事会解聘公司经理的职权作出限制，并未规定董事会解聘公司经理必须有一定原因，该章程内容未违反《公司法》的强制性规定，应认定有效，因此，佳某力公司董事会可以行使公司章程赋予的权力，作出解聘公司经理的决定。故法院应当尊重公司自治，无须审查佳某力公司董事会解聘公司经理的原因是否存在,即无须审查决议所依据的事实是否属实,理由是否成立。综上,原告李某请求撤销董事会决议的诉讼请求不成立,依法予以驳回。

要旨提炼

人民法院在审理公司决议撤销纠纷案件中应当审查:会议召集程序、表决方式是否违反法律、行政法规或者公司章程以及决议内容是否违反公司章程。在未违反上述规定的前提下,解聘总经理职务的决议所依据的事实是否属实,理由是否成立,不属于司法审查的范围。

案例三十五

命题点睛：公司解散／经营管理严重困难／公司僵局

案情回放

原告林某诉称：凯某公司经营管理发生严重困难，陷入公司僵局且无法通过其他方法解决，其权益遭受重大损害，请求解散凯某公司。被告凯某公司及戴某辩称：凯某公司及其下属分公司运营状态良好，不符合公司解散的条件，戴某与林某的矛盾有其他解决途径，不应通过司法程序强制解散公司。

法院经审理查明：凯某公司成立于2002年1月，林某与戴某系该公司股东，各占50%的股份，戴某任公司法定代表人及执行董事，林某任公司总经理兼公司监事。凯某公司章程明确规定：股东会的决议须经代表二分之一以上表决权的股东通过，但对公司增加或减少注册资本、合并、解散、变更公司形式、修改公司章程作出决议时，必须经代表三分之二以上表决权的股东通过。股东会会议由股东按照出资比例行使表决权。2006年起，林某与戴某两人之间的矛盾逐渐显现。同年5月9日，林某提议并通知召开股东会，由于戴某认为林某没有召集会议的权利，会议未能召开。同年6月6日、8月8日、9月16日、10月10日、10月17日，林某委托律师向凯某公司和戴某发函称，因股东权益受到严重侵害，林某作为享有公司股东会1/2表决权的股东，已按公司章程规定的程序表决并通过了解散凯某公司的决议，要求戴某提供凯某公司的财务账册等资料，并对凯某公司进行清算。同年6月17日、9月7日、10月13日，戴某回函称，林某作出的股东会决议没有合法依据，戴某不同意解散公司，并要求林某交出公司财务资料。同年11月15日、25日，林某再次向凯某公司和戴某发函，要求凯某公司和戴某提供公司财务账册等供其查阅、分配公司收入、解散公司。

江苏某服装城管理委员会（简称服装城管委会）证明凯某公司目前经营尚正常，且愿意组织林某和戴某进行调解。

另查明，凯某公司章程载明监事行使下列权利：（1）检查公司财务；（2）对执行董事、经理执行公司职务时违反法律、法规或者公司章程的行为进行监督；（3）当董事和经理的行为损害公司的利益时，要求董事和经理予以纠正；（4）提议召开临时股东会。从2006年6月1日至今，凯某公司未召开过股东会。服装城管委会于2009年12月15日、16日两次组织双方进行调解，但均未成功。[①]

法考直击

公司解散是指已成立的公司基于一定的合法事由而使公司人格消灭的法律行为。

（一）公司解散事由

1. （清算）公司章程规定的营业期限届满或者公司章程规定的其他解散事由出现。
2. （清算）股东会决议解散。
3. （无须清算）因公司合并或者分立需要解散。
4. （清算）依法被吊销营业执照、责令关闭或者被撤销。
5. （清算）人民法院予以解散。

（二）司法解散事由

1. 公司持续2年以上无法召开股东会，公司经营管理发生严重困难的。
2. 股东表决时无法达到法定或者规定的比例，持续2年以上不能作出有效的股东会决议，公司经营管理发生严重困难的。
3. 公司董事长期冲突，且无法通过股东会解决，公司经营管理发生严重困难的。
4. 经营管理发生其他严重困难，公司继续存续会使股东利益受到重大损失的情形。

（三）不允许司法解散的事由

1. 股东知情权。
2. 利润分配请求权。
3. 公司亏损、财产不足以偿还全部债务。
4. 公司被吊销企业法人营业执照未进行清算。

司法观点

法院生效裁判认为：首先，凯某公司的经营管理已发生严重困难。根据《公司法》第183条（现为第232条，下同）和《最高人民法院关于适用〈中华人民共和国公司法〉若干问题的规定（二）》（以下简称《公司法解释（二）》）第1条的规定，判断公司的经营管理是否出现严重困难，应当从公司的股东会、董事会或执行董事及监事会或监事的运行现

[①] 参见最高人民法院指导性案例8号，收录时有调整。

状进行综合分析。"公司经营管理发生严重困难"的侧重点在于公司管理方面存有严重内部障碍，如股东会机制失灵、无法就公司的经营管理进行决策等，不应片面理解为公司资金缺乏、严重亏损等经营性困难。本案中，凯某公司仅有戴某与林某两名股东，两人各占50%的股份，凯某公司章程规定"股东会的决议须经代表二分之一以上表决权的股东通过"，且各方当事人一致认可该"二分之一以上"不包括本数。因此，只要两名股东的意见存有分歧、互不配合，就无法形成有效表决，显然影响公司的运营。凯某公司已持续4年未召开股东会，无法形成有效股东会决议，也就无法通过股东会决议的方式管理公司，股东会机制已经失灵。执行董事戴某作为互有矛盾的两名股东之一，其管理公司的行为，已无法贯彻股东会的决议。林某作为公司监事不能正常行使监事职权，无法发挥监督作用。由于凯某公司的内部机制已无法正常运行、无法对公司的经营作出决策，即使尚未处于亏损状况，也不能改变该公司的经营管理已发生严重困难的事实。其次，由于凯某公司的内部运营机制早已失灵，林某的股东权、监事权长期处于无法行使的状态，其投资凯某公司的目的无法实现，利益受到重大损失，且凯某公司的僵局通过其他途径长期无法解决。《公司法解释（二）》第5条明确规定了"当事人不能协商一致使公司存续的，人民法院应当及时判决"。本案中，林某在提起公司解散诉讼之前，已通过其他途径试图化解与戴某之间的矛盾，服装城管委会也曾组织双方当事人调解，但双方仍不能达成一致意见。二审法院也基于慎用司法手段强制解散公司的考虑，积极进行调解，但均未成功。

此外，林某持有凯某公司50%的股份，也符合《公司法》关于提起公司解散诉讼的股东须持有公司10%以上股份的条件。

综上所述，凯某公司已符合《公司法》及《公司法解释（二）》所规定的股东提起解散公司之诉的条件。二审法院从充分保护股东合法权益，合理规范公司治理结构，促进市场经济健康有序发展的角度出发，依法作出了上述判决。

要旨提炼

《公司法》第232条将"公司经营管理发生严重困难"作为股东提起解散公司之诉的条件之一。判断"公司经营管理是否发生严重困难"，应从公司组织机构的运行状态进行综合分析。公司虽处于盈利状态，但其股东会机制长期失灵，内部管理有严重障碍，已陷入僵局状态，可以认定为公司经营管理发生严重困难。对于符合《公司法》及相关司法解释规定的其他条件的，人民法院可以依法判决公司解散。

案例三十六

命题点睛：别除权／优先受偿权／行使期限／起算点

案情回放

2006年3月，安徽天某公司与通州建某公司签订了一份《建设工程施工合同》，安徽天某公司将其厂区一期工程生产厂区的土建、安装工程发包给通州建某公司承建，合同约定，开工日期：暂定2006年4月28日（以实际开工报告为准），竣工日期：2007年3月1日，合同工期总日历天数300天。发包方不按合同约定支付工程款，双方未达成延期付款协议，承包人可停止施工，由发包人承担违约责任。后双方又签订一份《合同补充协议》，对支付工程款又做了新的约定，并约定厂区工期为113天，生活区工期为266天。2006年5月23日，监理公司下达开工令，通州建某公司遂组织施工，2007年安徽天某公司厂区的厂房等主体工程完工。后因安徽天某公司未按合同约定支付工程款，致使工程停工，该工程至今未竣工。2011年7月30日，双方在仲裁期间达成和解协议，约定如处置安徽天某公司土地及建筑物偿债时，通州建某公司的工程款可优先受偿。后安徽天某公司因不能清偿到期债务，江苏宏远建设集团有限公司向安徽省滁州市中级人民法院申请安徽天某公司破产还债。安徽省滁州市中级人民法院于2011年8月26日作出（2011）滁民二破字第0000×号民事裁定，裁定受理破产申请。2011年10月10日，通州建某公司向安徽天某公司破产管理人申报债权并主张对该工程享有优先受偿权。2013年7月19日，安徽省滁州市中级人民法院作出（2011）滁民二破字第0000×-2号民事裁定，宣告安徽天某公司破产。通州建某公司于2013年8月27日提起诉讼，请求确认其债权享有优先受偿权。[①]

法考直击

破产清偿

（一）别除权

1. 原则：对特定财产享有担保权的权利人，对特定财产享有优先受偿权。

[①] 参见最高人民法院指导性案例73号，收录时有调整。

2. 例外：行使优先受偿权未能完全受偿的，其未受偿的债权转为"普通债权"，列入破产债权中。

（二）清偿顺序

1. 职工工资和医疗、伤残补助、抚恤费用。
2. 欠缴除前项以外的社会保险费用和破产人所欠税款。
3. 普通债权。

司法观点

法院生效裁判认为：本案双方当事人签订的建设工程施工合同虽约定了工程竣工时间，但涉案工程因安徽天某公司未能按合同约定支付工程款导致停工。现没有证据证明在工程停工后至法院受理破产申请前，双方签订的建设施工合同已经解除或终止履行，也没有证据证明在法院受理破产申请后，破产管理人决定继续履行合同。根据《企业破产法》第18条第1款"人民法院受理破产申请后，管理人对破产申请受理前成立而债务人和对方当事人均未履行完毕的合同有权决定解除或者继续履行，并通知对方当事人。管理人自破产申请受理之日起二个月未通知对方当事人，或者自收到对方当事人催告之日起三十日内未答复的，视为解除合同"之规定，涉案建设工程施工合同在法院受理破产申请后已实际解除，本案建设工程无法正常竣工。按照最高人民法院全国民事审判工作会议纪要精神，因发包人的原因，合同解除或终止履行时已经超出合同约定的竣工日期的，承包人行使优先受偿权的期限自合同解除之日起计算，安徽天某公司要求按合同约定的竣工日期起算优先受偿权行使时间的主张，缺乏依据，不予采信。2011年8月26日，法院裁定受理对安徽天某公司的破产申请，2011年10月10日通州建某公司向安徽天某公司的破产管理人申报债权并主张工程款优先受偿权，因此，通州建某公司主张优先受偿权的时间是2011年10月10日。安徽天某公司认为通州建某公司行使优先受偿权的时间超过了破产管理之日6个月，与事实不符，不予支持。

要旨提炼

符合《企业破产法》第18条规定的情形，建设工程施工合同视为解除的，承包人行使优先受偿权的期限应自合同解除之日起计算。

案例三十七

命题点睛：民事诉讼/保险人代位求偿/管辖

案情回放

2011年6月1日，华某保险公司与亚大某都餐饮公司签订机动车辆保险合同，被保险车辆的车牌号为京A82368，保险期间自2011年6月5日0时起至2012年6月4日24时止。2011年11月18日，陈某某驾驶被保险车辆行驶至北京市朝阳区机场高速公路上时，与李某驾驶的车牌号为冀GA9120的车辆发生交通事故，造成被保险车辆受损。经交管部门认定，李某负事故全部责任。事故发生后，华某保险公司依照保险合同的约定，向被保险人亚大某都餐饮公司赔偿保险金83878元，并依法取得代位求偿权。基于肇事车辆系在天某保险公司投保了机动车交通事故责任强制保险，华某保险公司于2012年10月诉至北京市东城区人民法院，请求判令被告肇事司机李某和天某保险公司赔偿83878元，并承担诉讼费用。

被告李某的住所地为河北省张家口市怀来县沙城镇，被告天某保险公司的住所地为张家口市怀来县沙城镇燕京路东×号，保险事故发生地为北京市朝阳区机场高速公路，被保险车辆行驶证记载所有人的住址为北京市东城区工体北路新中西街×号。[①]

法考直击

保险代位求偿权

（一）行使

1. 保险人应以自己的名义行使保险代位求偿权。
2. 如因第三者对保险标的损害造成保险事故，保险人赔付后，在赔偿金额范围内代位行使被保险人对第三者请求赔偿的权利。

保险人代位求偿权的诉讼时效期间应自其取得代位求偿权之日起算。

---

① 参见最高人民法院指导性案例25号，收录时有调整。

3. 被保险人如已先从第三者处取得赔偿的，保险人赔偿保险金可扣减被保险人已取得赔偿的金额。

4. 保险人的代位求偿权，不影响被保险人就未取得赔偿部分向第三者请求权利。

（二）后果

1. 保险人理赔前，被保险人放弃对第三人请求赔偿的权利的，保险人不赔。
2. 保险人赔偿后，被保险人未经保险人同意，放弃对第三人请求赔偿的权利的，行为无效。
3. 因被保险人故意或重大过失，致保险人不能行使代位请求权的，保险人可相应扣减或要求返还相应保险金。

（三）限制

保险人不得对被保险人家庭成员或其组成人员行使代位求偿权，但该人员如是故意造成保险事故的，就可以行使。

（四）协助

保险人行使代位求偿权时，被保险人应给予必要协助。

司法观点

法院生效裁判认为：根据《保险法》第60条的规定，保险人的代位求偿权是指保险人依法享有的，代位行使被保险人向造成保险标的损害负有赔偿责任的第三者请求赔偿的权利。保险人代位求偿权源于法律的直接规定，属于保险人的法定权利，并非基于保险合同而产生的约定权利。因第三者对保险标的的损害造成保险事故，保险人向被保险人赔偿保险金后，代位行使被保险人对第三者请求赔偿的权利而提起诉讼的，应根据保险人所代位的被保险人与第三者之间的法律关系确定管辖法院。第三者侵害被保险人合法权益，因侵权行为提起的诉讼，依据《民事诉讼法》第28条（现为第29条）的规定，由侵权行为地或者被告住所地法院管辖，而不适用财产保险合同纠纷管辖的规定，不应以保险标的物所在地作为管辖依据。本案中，第三者实施了道路交通侵权行为，造成保险事故，被保险人对第三者有侵权损害赔偿请求权；保险人行使代位权起诉第三者的，应当由侵权行为地或者被告住所地法院管辖。现二被告的住所地及侵权行为地均不在北京市东城区，故北京市东城区人民法院对该起诉没有管辖权，应裁定不予受理。

要旨提炼

因第三者对保险标的的损害造成保险事故，保险人向被保险人赔偿保险金后，代位行使被保险人对第三者请求赔偿的权利而提起诉讼的，应当根据保险人所代位的被保险人与第三者之间的法律关系，而不应当根据保险合同法律关系确定管辖法院。第三者侵害被保险人合法权益的，由侵权行为地或者被告住所地法院管辖。

第七章

知识产权法

案例三十八

命题点睛：著作权侵权 / 影视作品 / 历史题材 / 实质相似

案情回放

原告张某诉称：其于1999年12月开始改编创作《高原骑兵连》剧本，2000年8月根据该剧本筹拍20集电视连续剧《高原骑兵连》（以下将该剧本及其电视剧简称"张剧"），2000年12月该剧摄制完成，张某系该剧著作权人。被告雷某作为《高原骑兵连》的名誉制片人参与了该剧的摄制。被告雷某作为第一编剧和制片人、被告赵某作为第二编剧拍摄了电视剧《最后的骑兵》（以下将该电视剧及其剧本简称"雷剧"）。2009年7月1日，张某从被告山东爱书人音像图书有限公司购得《最后的骑兵》DVD光盘，发现与"张剧"有很多雷同之处，主要人物关系、故事情节及其他方面相同或近似，"雷剧"对"张剧"剧本及电视剧构成侵权。故请求法院判令：三被告停止侵权，雷某在《齐鲁晚报》上公开发表致歉声明并赔偿张某剧本稿酬损失、剧本出版发行及改编费损失共计80万元。

被告雷某辩称："张剧"剧本根据张冠林的长篇小说《雪域河源》改编而成，"雷剧"最初由雷某根据师某的长篇小说《天苍茫》改编，后由赵某参照其小说《骑马挎枪走天涯》重写剧本定稿。2000年上半年，张某找到雷某，提出合拍反映骑兵生活的电视剧。雷某向张某介绍了改编《天苍茫》的情况，建议合拍，张某未同意。2000年8月，雷某与张某签订了合作协议，约定拍摄制作由张某负责，雷某负责军事保障，不参与艺术创作，雷某没有看到张某的剧本。"雷剧"和"张剧"创作播出的时间不同，"雷剧"不可能影响"张剧"的发行播出。

法院经审理查明："张剧"、"雷剧"、《骑马挎枪走天涯》、《天苍茫》，均系以20世纪80年代中期精简整编中骑兵部队撤（缩）编为主线展开的军旅、历史题材作品。短篇小说《骑马挎枪走天涯》发表于《解放军文艺》1996年第12期（总第512期）；长篇小说《天苍茫》于2001年4月由解放军文艺出版社出版发行；"张剧"于2004年5月17日至5月21日由中央电视台第八套节目在上午时段以每天四集的速度播出；"雷剧"于2004年5月19日至29日由中央电视台第一套节目在晚上黄金时段以每天两集的速度播出。

《骑马挎枪走天涯》通过对骑兵连被撤销前后连长、指导员和一匹神骏的战马的描写，叙述了骑兵在历史上的辉煌，骑兵连被撤销，骑兵连官兵特别是骑兵连长对骑兵、战马的痴迷。《骑马挎枪走天涯》存在如下描述：神马（15号军马）出身来历中透着的神秘、连长与军马的水乳交融、指导员孔越华的人物形象、连长作诗、父亲当过骑兵团长、骑兵在未来战争中发挥的重要作用、连长为保留骑兵连所做的努力、骑兵连最后被撤销、结尾处连长与神马的悲壮。"雷剧"中天马的来历也透着神秘，除连长常问天的父亲曾为骑兵师长外，上述情节内容与《骑马挎枪走天涯》基本相似。

《天苍茫》是讲述中国军队最后一支骑兵连充满传奇与神秘历史的书，书中展示草原与骑兵的生活，如马与人的情感、最后一匹野马的基因价值，以及研究马语的老人，神秘的预言者，最后的野马在香港赛马场胜出的传奇故事。《天苍茫》中连长成天的父亲是原骑兵师的师长，司令员是山南骑兵连的第一任连长、成天父亲的老部下，成天从小暗恋司令员女儿兰静，指导员王青衣与兰静相爱，并促进成天与基因学者刘可可的爱情。最后连长为救被困沼泽的研究人员牺牲。"雷剧"中高波将前指导员跑得又快又稳性子好的"大喇嘛"牵来交给常问天作为临时坐骑。结尾连长为完成抓捕任务而牺牲。"雷剧"中有关指导员孔越华与连长常问天之间关系的描述与《天苍茫》中指导员王青衣与连长成天关系的情节内容有相似之处。

法院依法委托中国版权保护中心版权鉴定委员会对"张剧"与"雷剧"进行鉴定，结论如下：1.主要人物设置及关系部分相似；2.主要线索脉络即骑兵部队撤（缩）编存在相似之处；3.存在部分相同或者近似的情节，但除一处语言表达基本相同之外，这些情节的具体表达基本不同。语言表达基本相同的情节是指双方作品中男主人公表达"愿做牧马人"的话语的情节。"张剧"电视剧第四集秦冬季说："草原为家，以马为伴，做个牧马人"；"雷剧"第十八集常问天说："以草原为家，以马为伴，你看过电影《牧马人》吗？做个自由的牧马人"。[①]

法考直击

《著作权法》所称的作品，是指文学、艺术和科学领域内具有独创性并能以一定形式表现的智力成果。

一、著作权的内容

（一）人身权

发表权：决定作品是否公之于众的权利。
署名权：表明作者身份，在作品上署名的权利。
修改权：修改或者授权他人修改作品的权利。

---

① 参见最高人民法院指导性案例81号，收录时有调整。

保护作品完整权：保护作品不受歪曲、篡改的权利。

（二）财产权

复制权：以印刷、复印、拓印、录音、录像、翻录、翻拍、数字化等方式将作品制作一份或者多份的权利。

发行权：以出售或者赠与方式向公众提供作品的原件或者复制件的权利。

出租权：有偿许可他人临时使用视听作品、计算机软件的原件或者复制件的权利，计算机软件不是出租的主要标的的除外。

展览权：公开陈列美术作品、摄影作品的原件或者复制件的权利。

表演权：公开表演作品以及用各种手段公开播送作品的表演的权利。

放映权：通过放映机、幻灯机等技术设备公开再现美术、摄影、视听作品等的权利。

广播权：以有线或者无线方式公开传播或者转播作品以及通过扩音器或者其他传送符号、声音、图像的类似工具向公众传播广播的作品的权利，但不包括信息网络传播权规定的权利。

信息网络传播权：以有线或者无线方式向公众提供，使公众可以在其选定的时间和地点获得作品的权利。

摄制权：摄制电影或者以类似摄制电影的方法将作品固定在载体上的权利。

改编权：改编作品，创作出具有独创性的新作品的权利。

翻译权：将作品从一种语言文字转换成另一种语言文字的权利。

汇编权：将作品或者作品的片段通过选择或者编排，汇集成新作品的权利。

二、著作权归属

（一）一般规则

1. 除《著作权法》另有规定的以外，著作权属于作者。

2. 作者的认定：创作作品的公民是作者。由法人或者其他组织主持，代表法人或者其他组织意志创作，并由法人或者其他组织承担责任的作品，法人或者其他组织视为作者。在作品上署名的自然人、法人或者非法人组织为作者，且该作品上存在相应权利，但有相反证明的除外。

（二）演绎作品

1. 演绎作品：改编、翻译、注释、整理已有作品而产生的作品。

2. 演绎作品，又称派生作品，是指在已有作品的基础上，经过改编、翻译、注释、整理等创造性劳动而产生的作品。

3.著作权归属于演绎人,但是演绎人行使著作权时不得侵犯原作品的著作权,无权阻止第三人对原演绎作品再度演绎。

(三)合作作品

1.著作权由合作作者共同享有。没有参加创作的人,不能成为合作作者。
2.合作作品,是指两人以上合作创作的作品。
3.合作作品可以分割使用的,作者对各自创作的部分可以单独享有著作权,但行使著作权时不得侵犯合作作品整体的著作权,如歌曲。
4.合作作品的著作权由合作作者通过协商一致行使;不能协商一致,又无正当理由的,任何一方不得阻止他方行使除转让、许可他人专有使用、出质以外的其他权利,但是所得收益应当合理分配给所有合作作者。

(四)汇编作品

1.汇编作品:汇编人对汇编材料的选择或编排付出了创造性劳动。
2.汇编若干作品、作品的片段或者不构成作品的数据或者其他材料,对其内容的选择或者编排体现独创性的作品,称为汇编作品。
3.著作权归属:由汇编人享有,但行使著作权时,不得侵犯原作品的著作权。

(五)视听作品

视听作品中的电影作品、电视剧作品的著作权由制作者享有,但编剧、导演、摄影、作词、作曲等作者享有署名权,并有权按照与制作者签订的合同获得报酬。

前述规定以外的视听作品的著作权归属由当事人约定;没有约定或者约定不明确的,由制作者享有,但作者享有署名权和获得报酬的权利。

视听作品中的剧本、音乐等可以单独使用的作品的作者有权单独行使其著作权。

(六)职务作品

1.职务作品是指公民为完成法人或者其他组织的工作任务所创作的作品。
2.一般职务作品著作权归属:除单位作品外,公民为完成单位工作任务而又未主要利用单位物质技术条件创作的作品,称为一般职务作品。

一般情况下著作权由作者享有,单位有权在其业务范围内优先使用;作品完成2年内,未经单位同意,作者不得许可第三人以与单位使用的相同方式使用该作品。

3.特殊职务作品著作权归属:主要是利用单位物质技术条件创作,并由单位承担责任的工程设计图、产品设计图、地图、示意图、计算机软件等职务作品,报社、期刊社、通讯社、广播电台、电视台的工作人员创作的职务作品以及法律、行政法规规定或者合同约定著作权由单位享有的职务作品，作者享有署名权，著作权的其他权利由单位享有，单位可以给予作者奖励。

（七）委托作品

1.委托作品，是指作者接受他人委托而创作的作品。委托作品的创作基础是委托合同，既可以是口头的，也可以是书面的；既可以是有偿的，也可以是无偿的。委托作品应体现委托人的意志，实现委托人使用作品的目的。

2.委托作品的著作权归属由委托人和受托人通过合同约定。合同未作明确约定或者没有订立合同的，著作权属于受托人。

（八）原件所有权转移的作品

作品原件所有权的转移，不改变作品著作权的归属，但美术、摄影作品原件的展览权由原件所有人享有。

作者将未发表的美术、摄影作品的原件所有权转让给他人，受让人展览该原件不构成对作者发表权的侵犯。

司法观点

法院生效裁判认为：本案的争议焦点是"雷剧"的剧本及电视剧是否侵害"张剧"的剧本及电视剧的著作权。

判断作品是否构成侵权，应当从被诉侵权作品的作者是否"接触"过要求保护的权利人作品、被诉侵权作品与权利人的作品之间是否构成"实质相似"两个方面进行判断。本案各方当事人对雷某接触"张剧"剧本及电视剧并无争议，本案的核心问题在于两部作品是否构成实质相似。

我国《著作权法》所保护的是作品中作者具有独创性的表达，即思想或情感的表现形式，不包括作品中所反映的思想或情感本身。这里指的思想，包括对物质存在、客观事实、人类情感、思维方法的认识，是被描述、被表现的对象，属于主观范畴。思想者借助物质媒介，将构思诉诸形式表现出来，将意象转化为形象、将抽象转化为具体、将主观转化为客观、将无形转化为有形，为他人感知的过程即为创作，创作形成的有独创性的表达属于受《著作权法》保护的作品。《著作权法》保护的表达不仅指文字、色彩、线条等符号的最终形式，当作品的内容被用于体现作者的思想、情感时，内容也属于受《著作权法》保护的表达，但创意、素材或公有领域的信息、创作形式、必要场景或表达唯一或有限则被排除在《著作权法》的保护范围之外。必要场景，指选择某一类主题进行创作时，不可避免而必须采取某些事件、角色、布局、场景，这种表现特定主题不可或缺的表达方式不受《著作权法》保护;表达唯一或有限,指一种思想只有唯一一种或有限的表达形式,这些表达视为思想,也不给予著作权保护。在判断"雷剧"与"张剧"是否构成实质相似时,应比较两部作品中对于思想和情感的表达,两部作品表达中作者的取舍、选择、安排、设计是否相同或相似,而不是离开表达看思想、情感、创意、对象等其他方面。结合张某的主张,从以下几个方面进行分析判断:

关于张某提出"雷剧"与"张剧"题材主线相同的主张,因"雷剧"与《骑马挎枪走天涯》都通过紧扣"英雄末路、骑兵绝唱"这一主题和情境描述了"最后的骑兵"在撤(缩)编前后发生的故事,可以认定"雷剧"题材主线及整体线索脉络来自《骑马挎枪走天涯》。"张剧""雷剧"以及《骑马挎枪走天涯》《天苍茫》4部作品均系以20世纪80年代中期精简整编中骑兵部队撤(缩)编为主线展开的军旅历史题材作品,是社会的共同财富,不能为个别人所垄断,故4部作品的作者都有权以自己的方式对此类题材加以利用并创作作品。因此,即便"雷剧"与"张剧"题材主线存在一定的相似性,因题材主线不受《著作权法》保护,且"雷剧"的题材主线系来自最早发表的《骑马挎枪走天涯》,不能认定"雷剧"抄袭自"张剧"。

关于张某提出"雷剧"与"张剧"人物设置与人物关系相同、相似的主张,鉴于前述4部作品均系以特定历史时期骑兵部队撤(缩)编为主线展开的军旅题材作品,除了《骑马挎枪走天涯》受短篇小说篇幅的限制,没有三角恋爱关系或军民关系外,其他3部作品中都包含三角恋爱关系、官兵上下关系、军民关系等人物设置和人物关系,这样的表现方式属于军旅题材作品不可避免地采取的必要场景,因表达方式有限,不受《著作权法》保护。

关于张某提出"雷剧"与"张剧"语言表达及故事情节相同、相似的主张,从语言表达看,如"雷剧"中"做个自由的'牧马人'"与"张剧"中"做个牧马人"语言表达基本相同,但该语言表达属于特定语境下的惯常用语,非独创性表达。从故事情节看,用于体现作者的思想与情感的故事情节属于表达的范畴,具有独创性的故事情节应受《著作权法》保护,但是,故事情节中仅部分元素相同、相似并不能当然得出故事情节相同、相似的结论。前述4部作品相同、相似的部分多属于公有领域素材或缺乏独创性的素材,有的仅为故事情节中的部分元素相同,但情节所展开的具体内容和表达的意义并不相同。二审法院认定"雷剧"与"张剧"6处相同、相似的故事情节,其中老部下关系、临时指定马匹等在《天苍茫》中也有相似的情节内容,其他部分虽在情节设计方面存在相同、相似之处,但有的仅为情节表达中部分元素的相同、相似,情节内容相同、相似的部分少且微不足道。

整体而言,"雷剧"与"张剧"具体情节展开不同、描写的侧重点不同、主人公性格不同、结尾不同,二者相同、相似的故事情节在"雷剧"中所占比例极低,且在整个故事情节中处于次要位置,不构成"雷剧"中的主要部分,不会导致读者和观众对两部作品产生相同、相似的欣赏体验,不能得出两部作品实质相似的结论。根据《最高人民法院关于审理著作权民事纠纷案件适用法律若干问题的解释》第15条"由不同作者就同一题材创作的作品,作品的表达系独立完成并且有创作性的，应当认定作者各自享有独立著作权"的规定，"雷剧"与"张剧"属于由不同作者就同一题材创作的作品，两剧都有独创性，各自享有独立著作权。

要旨提炼

1. 根据同一历史题材创作的作品中的题材主线、整体线索脉络，是社会共同财富，属于思想范畴，不能为个别人垄断，任何人都有权对此类题材加以利用并创作作品。

2. 判断作品是否构成侵权，应当从被诉侵权作品作者是否接触过权利人作品、被诉侵权作品与权利人作品之间是否构成实质相似等方面进行。在判断是否构成实质相似时，应比较作者在作品表达中的取舍、选择、安排、设计等是否相同或相似，不应从思想、情感、创意、对象等方面进行比较。

3. 按照《著作权法》保护作品的规定，人民法院应保护作者具有独创性的表达，即思想或情感的表现形式。对创意、素材、公有领域信息、创作形式、必要场景以及具有唯一性或有限性的表达形式，则不予保护。

案例三十九

命题点睛：未缴纳专利年费／专利权终止／赔偿损失

案情回放

专利号为（略）、名称为"一种多功能循环水处理设备"发明专利（以下简称涉案专利）的专利权人为南某水产研究所、广州宇某水产科技有限公司（以下简称宇某公司），发明人为姜某平、李某厚、颉某勇。涉案专利申请日为2009年9月28日，授权日为2012年5月30日，因未及时缴费，涉案专利的专利权于2012年9月28日被终止。

广州德某水产设备科技有限公司（以下简称德某公司）认为，姜某平曾是德某公司员工，其离职后成为了宇某公司的股东，李某厚、颉某勇是南某水产研究所的员工。涉案专利是姜某平的职务发明，专利的申请权应该属于德某公司。德某公司曾分别于2010年、2011年就涉案专利申请权纠纷起诉南某水产研究所、宇某公司等，请求判令涉案专利申请权归德某公司所有。涉案专利权因未缴费而终止失效时，相关权属纠纷正在审理中。故德某公司以宇某公司和南某水产研究所故意未缴纳该专利年费，致使该专利权终止失效，给德某公司造成了无法挽回的损失为由诉至法院，请求判令各被告赔偿经济损失及维权合理开支共计150万元。[①]

法考直击

专利权的保护

（一）诉前保全

1. 专利权人或者利害关系人有证据证明他人正在实施或者即将实施侵犯专利权、妨碍其实现权利的行为，如不及时制止将会使其合法权益受到难以弥补的损害的，可以在起诉前依法向人民法院申请采取财产保全、责令作出一定行为或者禁止作出一定行为的措施。

2. 为了制止专利侵权行为，在证据可能灭失或者以后难以取得的情况下，专利权人或

---

① 参见最高人民法院指导性案例222号，收录时有调整。

者利害关系人可以在起诉前依法向人民法院申请保全证据。

（二）现有技术抗辩

在专利侵权纠纷中，被控侵权人有证据证明其实施的技术或者设计属于现有技术或者现有设计的，不构成侵犯专利权。

（三）赔偿数额

1. 侵犯专利权的赔偿数额按照权利人因被侵权所受到的实际损失或者侵权人因侵权所获得的利益确定。

2. 权利人的损失或者侵权人获得的利益难以确定的，参照该专利许可使用费的倍数合理确定。对故意侵犯专利权，情节严重的，可以在按照上述方法确定数额的1倍以上5倍以下确定赔偿数额。

3. 权利人的损失、侵权人获得的利益和专利许可使用费均难以确定的，人民法院可以根据专利权的类型、侵权行为的性质和情节等因素，确定给予3万元以上500万元以下的赔偿。

4. 赔偿数额还应当包括权利人为制止侵权行为所支付的合理开支。

（四）不视为侵犯专利权

1. 专利产品或者依照专利方法直接获得的产品，由专利权人或者经其许可的单位、个人售出后，使用、许诺销售、销售、进口该产品的。

2. 在专利申请日前已经制造相同产品、使用相同方法或者已经做好制造、使用的必要准备，并且仅在原有范围内继续制造、使用的。

3. 临时通过中国领陆、领水、领空的外国运输工具，依照其所属国同中国签订的协议或者共同参加的国际条约，或者依照互惠原则，为运输工具自身需要而在其装置和设备中使用有关专利的。

4. 专为科学研究和实验而使用有关专利的。

5. 为提供行政审批所需要的信息，制造、使用、进口专利药品或者专利医疗器械的以及专门为其制造、进口专利药品或者专利医疗器械的。

（五）善意侵权

为生产经营目的使用、许诺销售或者销售不知道是未经专利权人许可而制造并售出的专利侵权产品，能证明该产品合法来源的，不承担赔偿责任。

（六）诉讼时效

侵犯专利权的诉讼时效为3年，自专利权人或者利害关系人知道或者应当知道侵权行为以及侵权人之日起计算。

发明专利申请公布后至专利权授予前使用该发明未支付适当使用费的，专利权人要求支付使用费的诉讼时效为3年，自专利权人知道或者应当知道他人使用其发明之日起计算，但是，专利权人于专利权授予之日前即已知道或者应当知道的，自专利权授予之日起计算。

司法观点

最高人民法院认为：

一、关于本案案由的确定《专利法》第11条第1款规定，发明和实用新型专利权被授予后，除本法另有规定的以外，任何单位或者个人未经专利权人许可，都不得实施其专利，即不得为生产经营目的制造、使用、许诺销售、销售、进口其专利产品，或者使用其专利方法以及使用、许诺销售、销售、进口依照该专利方法直接获得的产品。根据该规定，侵害发明专利权的行为仅限于以生产经营为目的的制造、使用、许诺销售、销售、进口专利产品的行为和使用专利方法以及使用、许诺销售、销售、进口依照该专利方法直接获得的产品的行为。也即，专利法实行专利侵权行为法定原则，除法律明确规定为侵害专利权的行为外，其他行为即使与专利权有关，也不属于侵害专利权的行为。在登记的专利权人不是专利技术所有人的情况下，如登记的专利权人故意不缴纳专利年费导致专利权终止失效而给专利技术所有人造成经济损失，那么该损失实际上是与该专利技术有关的财产损失。故意不缴纳专利年费导致专利权终止失效的行为应当属于一般侵权行为，该种案件案由可以确定为财产损害赔偿纠纷。本案中，根据德某公司的主张，其认为南某水产研究所、宇某公司将归其所有的职务发明申请专利，之后却故意不缴纳专利年费导致专利权终止失效，致使该技术进入公有领域，失去了专利权的保护，损害了其本应该基于涉案专利获得的市场独占利益，因此德某公司主张的侵权行为不是侵害专利权的行为，其主张的经济损失实际上是与该专利技术有关的财产损失，故本案应当属于财产损害赔偿纠纷，而非侵害发明专利权纠纷。原审判决将本案案由确定为侵害发明专利权纠纷，显属不当，应予纠正。

二、南某水产研究所、宇某公司是否应当对涉案专利权终止失效承担赔偿责任，应否赔偿德某公司50万元的经济损失与合理费用诚实信用原则是民法的基本原则，它要求民事主体在民事活动中恪守诺言，诚实不欺，在不损害他人利益和社会利益的前提下追求自己的利益，从而在当事人之间的利益关系和当事人与社会之间的利益关系中实现平衡，并维持市场道德秩序。专利权是经国家行政审查后授予的有期限的知识产权，其在权利保护期内有效存续需要专利权人持续缴纳专利年费、不主动放弃等。当事人无论基于何种原因对专利申请权、专利权权属发生争议时，基于诚实信用原则，登记的专利权人通常应当负有使已经获得授权的专利权维持有效的善良管理责任，包括持续缴纳专利年费等，因为专利权一旦终止失效，专利技术通常情况下即会进入公有领域，从而使专利技术所有人丧失市场独占利益，损害到专利技术所有人的合法权益。登记的专利权人未尽到该善良管理责任，给专利技术所有人造成损失的，应当负有赔偿责任。本案中，在2010年、2011年德某公司已经两次以专利申请权权属纠纷为由起诉南某水产研究所、宇某公司，尤其是德某公司主张涉案发明是职务发明的第二次诉讼正在进行的情况下，作为登记的专利权人，南某水产研究所、宇某公司应当负有在涉案专利授权以后维持其持续有效的善良管理责任，包括持续缴纳专利年费，以避免可能给德某公司造成损害。但南某水产研究所、宇某公司却未缴纳专利年费，导致涉案专利权于2012年9月28日被终止失效，侵害了德某公司的合法权益，其显然未尽到善良管理责任，违背了诚实信用原则，应当赔偿因此给德某公司造成的损失。对于赔偿损失的具体数额，本案应当根据涉案专利权终止失效时的市场价格确定具体赔偿数额。鉴于双方均未提供证据证明涉案专利权在终止失效时的市场价格，综合考虑到涉案专利为发明专利、涉案专利权在授权公告当年即被终止失效、南某水产研究所和宇某公司过错严重、德某公司历时较长的维权情况等，即便考虑德某公司也存在一定过失，原审判决确定的经济损失及合理费用共计50万元的赔偿也并无不妥。

要旨提炼

登记的专利权人在专利权权属争议期间负有善意维护专利权效力的义务，因其过错致使专利权终止、无效或者丧失，损害真正权利人合法权益的，构成对真正权利人财产权的侵害，应当承担赔偿损失的民事责任。

案例四十

命题点睛：侵害商标权/诚实信用/权利滥用

案情回放

深圳歌某思服装实业有限公司成立于1999年6月8日。2008年12月18日，该公司通过受让方式取得第134858×号"歌某思"商标，该商标核定使用于第25类的服装等商品之上，核准注册于1999年12月。2009年11月19日，该商标经核准续展注册，有效期自2009年12月28日至2019年12月27日。深圳歌某思服装实业有限公司还是第422510×号"ELLA×"的商标注册人。该商标核定使用商品为第18类的（动物）皮；钱包；旅行包；文件夹（皮革制）；皮制带子；裹皮；伞；手杖；手提包；购物袋。注册有效期限自2008年4月14日至2018年4月13日。2011年11月4日，深圳歌某思服装实业有限公司更名为深圳歌某思服饰股份有限公司（以下简称歌某思公司，即本案一审被告人）。2012年3月1日，上述"歌某思"商标的注册人相应变更为歌某思公司。

一审原告人王某于2011年6月申请注册了第792587×号"歌某思"商标，该商标核定使用商品为第18类的钱包、手提包等。王某还曾于2004年7月7日申请注册第415784×号"歌某思及图"商标。后因北京市高级人民法院于2014年4月2日作出的二审判决认定，该商标损害了歌某思公司的关联企业歌某思投资管理有限公司的在先字号权，因此不应予以核准注册。

自2011年9月起，王某先后在杭州、南京、上海、福州等地的"ELLA×"专柜，通过公证程序购买了带有"品牌中文名：歌某思，品牌英文名：ELLA×"字样吊牌的皮包。2012年3月7日，王某以歌某思公司及杭州银泰公司生产、销售上述皮包的行为构成对王某拥有的"歌某思"商标、"歌某思及图"商标权的侵害为由，提起诉讼。[①]

---

① 参见最高人民法院指导性案例82号，收录时有调整。

法考直击

一、恶意注册

未经授权，代理人或者代表人以自己的名义将被代理人或者被代表人的商标进行注册，被代理人或者被代表人提出异议的，不予注册并禁止使用。

就同一种商品或者类似商品申请注册的商标与他人在先使用的未注册商标相同或者近似，申请人与该他人具有前述规定以外的合同、业务往来关系或者其他关系而明知该他人商标存在，该他人提出异议的，不予注册。

商标中有商品的地理标志，而该商品并非来源于该标志所标示的地区，误导公众的，不予注册并禁止使用；但是，已经善意取得注册的继续有效。

在先权利人、利害关系人可以向商标局提出异议。

二、注册商标专用权的保护

注册商标的专用权，以核准注册的商标和核定使用的商品为限。

有下列行为之一的，均属侵犯注册商标专用权：（1）未经商标注册人的许可，在同一种商品上使用与其注册商标相同的商标的。（2）未经商标注册人的许可，在同一种商品上使用与其注册商标近似的商标，或者在类似商品上使用与其注册商标相同或者近似的商标，容易导致混淆的。（3）销售侵犯注册商标专用权的商品的。（4）伪造、擅自制造他人注册商标标识或者销售伪造、擅自制造的注册商标标识的。（5）未经商标注册人同意，更换其注册商标并将该更换商标的商品又投入市场的。（6）故意为侵犯他人商标专用权行为提供便利条件，帮助他人实施侵犯商标专用权行为的。（7）给他人的注册商标专用权造成其他损害的。将他人注册商标、未注册的驰名商标作为企业名称中的字号使用，误导公众，构成不正当竞争行为的，依照《反不正当竞争法》处理。

注册商标中含有的本商品的通用名称、图形、型号，或者直接表示商品的质量、主要原料、功能、用途、重量、数量及其他特点，或者含有的地名，注册商标专用权人无权禁止他人正当使用。

三维标志注册商标中含有的商品自身的性质产生的形状、为获得技术效果而需有的商品形状或者使商品具有实质性价值的形状，注册商标专用权人无权禁止他人正当使用。

商标注册人申请商标注册前，他人已经在同一种商品或者类似商品上先于商标注册人使用与注册商标相同或者近似并有一定影响的商标的，注册商标专用权人无权禁止该使用人在原使用范围内继续使用该商标，但可以要求其附加适当区别标识。

侵犯商标专用权的赔偿数额，按照权利人因被侵权所受到的实际损失确定；实际损失难以确定的，可以按照侵权人因侵权所获得的利益确定；权利人的损失或者侵权人获得的利益难以确定的，参照该商标许可使用费的倍数合理确定。对恶意侵犯商标专用权，情节严重的，可以在按照上述方法确定数额的 1 倍以上 3 倍以下确定赔偿数额。赔偿数额应当包括权利人为制止侵权行为所支付的合理开支。人民法院为确定赔偿数额，在权利人已经尽力举证，而与侵权行为相关的账簿、资料主要由侵权人掌握的情况下，可以责令侵权人提供与侵权行为相关的账簿、资料；侵权人不提供或者提供虚假的账簿、资料的，人民法院可以参考权利人的主张和提供的证据判定赔偿数额。权利人因被侵权所受到的实际损失、侵权人因侵权所获得的利益、注册商标许可使用费难以确定的，由人民法院根据侵权行为的情节判决给予 500 万元以下的赔偿。

注册商标专用权人请求赔偿，被控侵权人以注册商标专用权人未使用注册商标提出抗辩的，人民法院可以要求注册商标专用权人提供此前 3 年内实际使用该注册商标的证据。注册商标专用权人不能证明此前 3 年内实际使用过该注册商标，也不能证明因侵权行为受到其他损失的，被控侵权人不承担赔偿责任。

销售不知道是侵犯注册商标专用权的商品，能证明该商品是自己合法取得并说明提供者的，不承担赔偿责任。

司法观点

法院生效裁判认为，诚实信用原则是一切市场活动参与者所应遵循的基本准则。一方面，它鼓励和支持人们通过诚实劳动积累社会财富和创造社会价值，并保护在此基础上形成的财产性权益，以及基于合法、正当的目的支配该财产性权益的自由和权利；另一方面，它又要求人们在市场活动中讲究信用、诚实不欺，在不损害他人合法利益、社会公共利益和市场秩序的前提下追求自己的利益。民事诉讼活动同样应当遵循诚实信用原则。一方面，它保障当事人有权在法律规定的范围内行使和处分自己的民事权利和诉讼权利；另一方面，它又要求当事人在不损害他人和社会公共利益的前提下，善意、审慎地行使自己的权利。任何违背法律目的和精神，以损害他人正当权益为目的，恶意取得并行使权利、扰乱市场正当竞争秩序的行为均属于权利滥用，其相关权利主张不应得到法律的保护和支持。

第 415784× 号"歌某思及图"商标迄今为止尚未被核准注册，王某无权据此对他人提起侵害商标权之诉。对于歌某思公司、杭州银泰公司的行为是否侵害王某的第 792587× 号"歌某思"商标权的问题，首先，歌某思公司拥有合法的在先权利基础。歌某思公司及其关联企业最早将"歌某思"作为企业字号使用的时间为 1996 年，最早在服装等商品上取得"歌某思"注册商标专用权的时间为 1999 年。经长期使用和广泛宣传，作为企业字号和注册商标的"歌某思"已经具有了较高的市场知名度，歌某思公司对前述商业标识享有合法的在先权利。其次，歌某思公司在本案中的使用行为系基于合法的权利基础，使用方式和行为性质均具有正当性。从销售场所来看，歌某思公司对被诉侵权商品的展示和销售行为均完成于杭州银泰公司的歌某思专柜，专柜通过标注歌某思公司的"ELLAx"商标等方式，明确表明了被诉侵权商品的提供者。在歌某思公司的字号、商标等商业标识已经具有较高的市场知名度，而王某未能举证证明其"歌某思"商标同样具有知名度的情况下，歌某思公司在其专柜中销售被诉侵权商品的行为，不会使普通消费者误认该商品来自王某。从歌某思公司的具体使用方式来看，被诉侵权商品的外包装、商品内的显著部位均明确标注了"ELLAx"商标，而仅在商品吊牌之上使用了"品牌中文名：歌某思"的字样。由于"歌某思"本身就是歌某思公司的企业字号，且与其"ELLAx"商标具有互为指代关系，故歌某思公司在被诉侵权商品的吊牌上使用"歌某思"文字来指代商品生产者的做法并无明显不妥，不具有攀附王某"歌某思"商标知名度的主观意图，亦不会为普通消费者正确识别被诉侵权商品的来源制造障碍。在此基础上，杭州银泰公司销售被诉侵权商品的行为亦不为法律所禁止。最后，王某取得和行使"歌某思"商标权的行为难谓正当。"歌某思"商标由中文文字"歌某思"构成，与歌某思公司在先使用的企业字号及在先注册的"歌某思"商标的文字构成完全相同。"歌某思"本身为无固有含义的臆造词，具有较强的固有显著性，依常理判断，在完全没有接触或知悉的情况下，因巧合而出现雷同注册的可能性较低。作为地域接近、经营范围关联程度较高的商品经营者，王某对"歌某思"字号及商标完全不了解的可能性较低。在上述情形之下，王某仍在手提包、钱包等商品上申请注册"歌某思"商标，其行为难谓正当。王某以非善意取得的商标权对歌某思公司的正当使用行为提起的侵权之诉，构成权利滥用。

要旨提炼

当事人违反诚实信用原则，损害他人合法权益，扰乱市场正当竞争秩序，恶意取得、行使商标权并主张他人侵权的，人民法院应当以构成权利滥用为由，判决对其诉讼请求不予支持。

第八章

经济法

案例四十一

命题点睛：侵害技术秘密／使用全部技术秘密／故意侵害技术秘密／损害赔偿数额

案情回放

嘉兴市中某化工有限责任公司（以下简称嘉兴中某化工公司）系全球主要的香兰素制造商，具有较强的技术优势。上海欣某新技术有限公司（以下简称上海欣某公司）成立于1999年11月5日，经营范围为生物、化工专业领域内的技术服务、技术咨询、技术开发、技术转让及新产品的研制。2002年开始嘉兴中某化工公司与上海欣某公司共同研发了乙醛酸法制备香兰素的新工艺，包括缩合、中和、氧化、脱羧等反应过程，还包括愈创木酚、甲苯、氧化铜和乙醇的循环利用过程。嘉兴中某化工公司与上海欣某公司主张的技术秘密包括六个秘密点，上述技术秘密载体为涉及58个非标设备的设备图287张（包括主图及部件图）、工艺管道及仪表流程图（第三版）25张。嘉兴中某化工公司与上海欣某公司之间签订的《技术开发合同》《技术转让合同》《关于企业长期合作的特别合同》均有保密条款的约定。

傅某根自1991年进入嘉兴中某化工公司工作，2008年起担任香兰素车间副主任，主要负责香兰素生产设备维修维护工作。自2003年起，嘉兴中某化工公司先后制定了文件控制程序、记录控制程序、食品安全、质量和环境管理手册、设备/设施管理程序等文件。嘉兴中某化工公司就其内部管理规定对员工进行了培训，傅某根于2007年参加了管理体系培训、环境管理体系培训、宣传教育培训、贯标培训。2010年3月25日，嘉兴中某化工公司制定《档案与信息化管理安全保密制度》。2010年4月起，嘉兴中某化工公司与员工陆续签订保密协议，对商业秘密的范围和员工的保密义务作了约定，傅某根以打算辞职为由拒绝签订保密协议。

王某集团有限公司（以下简称王某集团公司）成立于1995年6月8日，经营范围为食品添加剂山梨酸钾的研发、生产，化工产品（除危险化学品）的制造、销售等，王某军任监事。宁波王某科技股份有限公司（以下简称王某科技公司）成立于2009年10月21日，由王某军与王某集团公司共同出资成立，王某军任法定代表人。宁波王某香精香料有限公司成立于2015年11月20日，由王某科技公司以实物方式出资8000万元成立，经营范围为实用香精香料（食品添加剂）的研发、生产等，主要产品为香兰素，王某军任法定代表人。

2017年宁波王某香精香料有限公司企业名称变更为某孚狮王某香料（宁波）有限公司（以下简称某孚狮王某公司）。

2010年春节前后，冯某义与傅某根、费某良开始商议并寻求香兰素生产技术的交易机会。同年4月12日，三人前往王某集团公司与王某军洽谈香兰素生产技术合作事宜，以嘉兴市智某工程技术咨询有限公司（以下简称嘉兴智某公司）作为甲方，王某集团公司香兰素分厂作为乙方，签订《香兰素技术合作协议》。同日，王某集团公司向嘉兴智某公司开具100万元银行汇票，冯某义通过背书转让后支取100万元现金支票，从中支付给傅某根40万元、费某良24万元。随后，傅某根交给冯某义一个U盘，其中存有香兰素生产设备图200张、工艺管道及仪表流程图14张、主要设备清单等技术资料，冯某义转交给了王某军。同年4月15日，傅某根向嘉兴中某化工公司提交辞职报告，同年5月傅某根从嘉兴中某化工公司离职，随即与冯某义、费某良进入王某科技公司香兰素车间工作。2011年3月15日，浙江省宁波市环境保护局批复同意王某科技公司生产香兰素等建设项目环境影响报告书，批准香兰素年产量为5000吨。同年6月，王某科技公司开始生产香兰素。某孚狮王某公司自成立时起持续使用王某科技公司作为股权出资的香兰素生产设备生产香兰素。①

法考直击

（一）商业秘密的概念

商业秘密，是指不为公众所知悉、具有商业价值并经权利人采取相应保密措施的技术信息、经营信息等商业信息。

1. 不为公众所知悉

权利人请求保护的信息在被诉侵权行为发生时不为所属领域的相关人员普遍知悉和容易获得的，应当认定为不为公众所知悉。

具有下列情形之一的，可以认定有关信息为公众所知悉：（1）该信息在所属领域属于一般常识或者行业惯例的；（2）该信息仅涉及产品的尺寸、结构、材料、部件的简单组合等内容，所属领域的相关人员通过观察上市产品即可直接获得的；（3）该信息已经在公开出版物或者其他媒体上公开披露的；（4）该信息已通过公开的报告会、展览等方式公开的；（5）所属领域的相关人员从其他公开渠道可以获得该信息的。

2. 具有商业价值

权利人请求保护的信息因不为公众所知悉而具有现实的或者潜在的商业价值的，可以认定为具有商业价值。生产经营活动中形成的阶段性成果符合前述情形的，可以认定该成

---

① 参见最高人民法院指导性案例220号，收录时有调整。

果具有商业价值。

3. 采取相应保密措施

权利人为防止商业秘密泄露，在被诉侵权行为发生以前所采取的合理保密措施，应当认定为相应保密措施。

人民法院应当根据商业秘密及其载体的性质、商业秘密的商业价值、保密措施的可识别程度、保密措施与商业秘密的对应程度以及权利人的保密意愿等因素，认定权利人是否采取了相应保密措施。

具有下列情形之一，在正常情况下足以防止商业秘密泄露的，应当认定权利人采取了相应保密措施：（1）签订保密协议或者在合同中约定保密义务的；（2）通过章程、培训、规章制度、书面告知等方式，对能够接触、获取商业秘密的员工、前员工、供应商、客户、来访者等提出保密要求的；（3）对涉密的厂房、车间等生产经营场所限制来访者或者进行区分管理的；（4）以标记、分类、隔离、加密、封存、限制能够接触或者获取的人员范围等方式，对商业秘密及其载体进行区分和管理的；（5）对能够接触、获取商业秘密的计算机设备、电子设备、网络设备、存储设备、软件等，采取禁止或者限制使用、访问、存储、复制等措施的；（6）要求离职员工登记、返还、清除、销毁其接触或者获取的商业秘密及其载体，继续承担保密义务的；（7）采取其他合理保密措施的。

4. 技术信息

与技术有关的结构、原料、组分、配方、材料、样品、样式、植物新品种繁殖材料、工艺、方法或其步骤、算法、数据、计算机程序及其有关文档等信息，可以认定构成技术信息。

5. 经营信息

与经营活动有关的创意、管理、销售、财务、计划、样本、招投标材料、客户信息、数据等信息，可以认定构成经营信息。

客户信息，包括客户的名称、地址、联系方式以及交易习惯、意向、内容等信息。

当事人仅以与特定客户保持长期稳定交易关系为由，主张该特定客户属于商业秘密的，人民法院不予支持。

客户基于对员工个人的信赖而与该员工所在单位进行交易，该员工离职后，能够证明客户自愿选择与该员工或者该员工所在的新单位进行交易的，应当认定该员工没有采用不正当手段获取权利人的商业秘密。

（二）侵犯商业秘密的行为

经营者不得实施下列侵犯商业秘密的行为：（1）以盗窃、贿赂、欺诈、胁迫、电子侵入或者其他不正当手段获取权利人的商业秘密；（2）披露、使用或者允许他人使用以前项手段获取的权利人的商业秘密；（3）违反保密义务或者违反权利人有关保守商业秘密的要求，披露、使用或者允许他人使用其所掌握的商业秘密；（4）教唆、引诱、帮助他人违反保密义务或者违反权利人有关保守商业秘密的要求，获取、披露、使用或者允许他人使用权利人的商业秘密。

经营者以外的其他自然人、法人和非法人组织实施上述所列违法行为的，视为侵犯商业秘密。

第三人明知或者应知商业秘密权利人的员工、前员工或者其他单位、个人实施上述所列违法行为，仍获取、披露、使用或者允许他人使用该商业秘密的，视为侵犯商业秘密。

（三）侵犯商业秘密的赔偿责任

因不正当竞争行为受到损害的经营者的赔偿数额，按照其因被侵权所受到的实际损失确定；实际损失难以计算的，按照侵权人因侵权所获得的利益确定。经营者恶意实施侵犯商业秘密行为，情节严重的，可以在按照上述方法确定数额的1倍以上5倍以下确定赔偿数额。赔偿数额还应当包括经营者为制止侵权行为所支付的合理开支。

权利人因被侵权所受到的实际损失、侵权人因侵权所获得的利益难以确定的，由人民法院根据侵权行为的情节判决给予权利人500万元以下的赔偿。

司法观点

最高人民法院认为：王某集团公司等被诉侵权人已经实际制造了香兰素产品，故其必然具备制造香兰素产品的完整工艺流程和相应装置设备。嘉兴中某化工公司与上海欣某公司主张的技术秘密包括六个秘密点，涉及58个非标设备的设备图287张和工艺管道及仪表流程图25张。被诉侵权技术信息载体为王某集团公司等被诉侵权人获取的200张设备图和14张工艺流程图，经比对其中有184张设备图与涉案技术秘密中设备图的结构型式、大小尺寸、设计参数、制造要求均相同，设备名称和编号、图纸编号、制图单位等也相同，共涉及40个非标设备；有14张工艺流程图与嘉兴中某化工公司的工艺管道及仪表流程图的设备位置和连接关系、物料和介质连接关系、控制内容和参数等均相同，其中部分图纸标注的图纸名称、项目名称、设计单位也相同。同时，王某科技公司提供给浙江杭某容器有限公司（以下简称杭某公司）的脱甲苯冷凝器设备图、王某科技公司环境影响报告书附15氧化单元氧化工艺流程图虽然未包含在冯某义提交的图纸之内，但均属于涉案技术秘密的范围。鉴于王某科技公司已在设备加工和环评申报中加以使用，可以确定王某科技公司获取了该两份图纸。本案中，涉案技术秘密的载体为287张设备图和25张工艺管道及仪表流程图，王某集团公司等被诉侵权人非法获取了其中的185张设备图和15张工艺流程图。考虑到王某集团公司等被诉侵权人获取涉案技术秘密图纸后完全可以做一些针对性的修改，故虽有4项与涉案技术秘密中的对应技术信息存在些许差异，但根据本案具体侵权情况，完全可以认定这些差异是因王某集团公司等被诉侵权人在获取涉案技术秘密后进行规避性或者适应性修改所导致,故可以认定这 4 项依然使用了涉案技术秘密。在此基础上,可以进一步认定王某集团公司等被诉侵权人实际使用了其已经获取的全部 185 张设备图和 15 张工艺流程图。具体理由是:第一,香兰素生产设备和工艺流程通常具有配套性,其生产工艺及相关装置相对明确固定,王某集团公司等被诉侵权人已经实际建成香兰素项目生产线并进行规模化生产,故其必然具备制造香兰素产品的完整工艺流程和相应装置设备。第二,王某集团公司等被诉侵权人拒不提供有效证据证明其对香兰素产品的完整工艺流程和相应装置设备进行了研发和试验,且其在极短时间内上马香兰素项目生产线并实际投产,王某科技公司的香兰素生产线从启动到量产仅用了一年左右的时间。与之相比,嘉兴中某化工公司涉案技术秘密从研发到建成生产线至少用了长达四年多的时间。第三,王某集团公司等被诉侵权人未提交有效证据证明其对被诉技术方案及相关设备进行过小试和中试,且其又非法获取了涉案技术图纸,同时王某科技公司的环境影响报告书及其在向杭某公司购买设备的过程中均已使用了其非法获取的设备图和工艺流程图。综合考虑技术秘密案件的特点及本案实际情况,同时结合王某集团公司等被诉侵权人未提交有效相反证据的情况,可以认定王某集团公司等被诉侵权人使用了其非法获取的全部技术秘密。第四,虽然王某集团公司、王某科技公司的香兰素生产工艺流程和相应装置设备与涉案技术秘密在个别地方略有不同,但其未提交证据证明这种不同是基于其自身的技术研发或通过其他正当途径获得的技术成果所致。同时现有证据表明,王某集团公司等被诉侵权人是在获取了涉案技术秘密后才开始组建工厂生产香兰素产品,即其完全可能在获得涉案技术秘密后对照该技术秘密对某些生产工艺或个别配件装置做规避性或者适应性修改。这种修改本身也是实际使用涉案技术秘密的方式之一。综上,认定王某集团公司等被诉侵权人从嘉兴中某化工公司处非法获取的涉案技术秘密,即 185 张设备图和 15 张工艺流程图均已被实际使用。

傅某根长期在嘉兴中某化工公司工作,负责香兰素车间设备维修,能够接触到涉案技术秘密。2010 年 4 月 12 日,冯某义、傅某根等三人前往王某集团公司与王某军洽谈香兰素生产技术合作事宜,迅速达成《香兰素技术合作协议》,约定由冯某义、傅某根等人以香兰素新工艺技术入股王某集团公司香兰素分厂。傅某根根据该协议获得 40 万元的对价,随后将含有涉案技术秘密的 U 盘经冯某义转交给王某军。傅某根从嘉兴中某化工公司辞职后即加入王某科技公司,负责香兰素生产线建设,王某科技公司在很短时间内完成香兰素生产线建设并进行工业化生产,全面使用了嘉兴中某化工公司和上海欣某公司的设备图和工艺流程图。以上事实足以证明傅某根实施了获取及披露涉案技术秘密给王某集团公司、王某科技公司并允许其使用涉案技术秘密的行为。王某集团公司、王某科技公司均系从事香兰素生产销售的企业,与嘉兴中某化工公司具有直接竞争关系,应当知悉傅某根作为嘉兴中某化工公司员工对该公司香兰素生产设备图和工艺流程图并不享有合法权利。但是,王某集团公司仍然通过签订《香兰素技术合作协议》,向傅某根、冯某义等支付报酬的方式,直接获取嘉兴中某化工公司的涉案技术秘密,并披露给王某科技公司使用。王某科技公司雇佣傅某根并使用其非法获取的技术秘密进行生产，之后又通过设备出资方式将涉案技术秘密披露并允许某孚狮王某公司继续使用，以上行为均侵害了嘉兴中某化工公司与上海欣某公司的技术秘密。某孚狮王某公司自成立起持续使用王某科技公司作为技术出资的香兰素生产线，构成侵害涉案技术秘密。

王某集团公司等被诉侵权人非法获取并持续、大量使用商业价值较高的涉案技术秘密，手段恶劣，具有侵权恶意，其行为冲击香兰素全球市场，且王某集团公司等被诉侵权人存在举证妨碍、不诚信诉讼等情节，王某集团公司、王某科技公司、某孚狮王某公司、傅某根拒不执行原审法院的生效行为保全裁定，法院根据上述事实依法决定按照销售利润计算本案侵权损害赔偿数额。由于王某集团公司、王某科技公司及某孚狮王某公司在本案中拒不提交与侵权行为有关的账簿和资料，法院无法直接依据其实际销售数据计算销售利润。考虑到嘉兴中某化工公司香兰素产品的销售价格及销售利润率可以作为确定王某集团公司、王某科技公司及某孚狮王某公司相关销售价格和销售利润率的参考，为严厉惩处恶意侵害技术秘密的行为，充分保护技术秘密权利人的合法利益，人民法院决定以嘉兴中某化工公司香兰素产品2011年至2017年期间的销售利润率来计算本案损害赔偿数额，即以2011年至2017年期间王某集团公司、王某科技公司及某孚狮王某公司生产和销售的香兰素产量乘以嘉兴中某化工公司香兰素产品的销售价格及销售利润率计算赔偿数额。

要旨提炼

1. 权利人举证证明被诉侵权人非法获取了完整的产品工艺流程、成套生产设备资料等技术秘密且已实际生产出相同产品的，人民法院可以认定被诉侵权人使用了全部技术秘密，但被诉侵权人提供相反证据足以推翻的除外。

2. 被诉侵权人构成故意侵害技术秘密的，人民法院可以被诉侵权人相关产品销售利润为基础，计算损害赔偿数额；销售利润难以确定的，可以依据权利人相关产品销售价格及销售利润率乘以被诉侵权人相关产品销售数量为基础，计算损害赔偿数额。

案例四十二

命题点睛：垄断／横向垄断协议／垄断行为实施者／赔偿损失

案情回放

2010年3月，四川省宜宾市民政局经审核批准成立宜宾市某协会（以下简称某协会），属行业性社会团体。曹某均为会长、阮某成为副会长、陈某钦为秘书长。发起人及发起单位分别为曹某均及宜宾市恒某集团有限责任公司、李某高及四川省宜宾市吴某建材工业有限责任公司（以下简称吴某公司）、阮某成及宜宾县四某建材有限责任公司（以下简称四某公司）。某协会会员单位最初共50余家，其中包括张某勋名下的宜宾市某店机制砖厂（以下简称某砖厂）。

2009年7月，"宜宾市制砖行业工作会"召开，《会议纪要》载明：标题栏为"供过于求、物多则贱……供求平衡、物稀为贵……"；具体方案为成立砖协理事会、砖协协调办。该活动范围包括宜宾市翠屏区及30公里内砖厂、柏溪及其方圆15公里内砖厂。协调配合宜宾市仁某贸易有限责任公司（以下简称仁某公司）在周边县区开展成立属地砖协，防止外围产品进入本区域。关停方案为拟停产50%产量的砖厂，由生产砖厂补助停产砖厂。仁某公司出面会同砖协协调办与停产厂签订租赁承包合同及生产厂签订合作协议。停产厂家在仁某公司每月领取租赁承包费（即生产方交的管理费用的一部分），生产厂家向仁某公司支付市场管理及技术指导费。另，还规定："砖厂关停调整须经砖协议定，任何厂方不得擅自调整，调整厂定为违约，违约金一次惩20万元现金，由协调办和仁某公司负责诉收。""停产砖厂停火后不得销售库存砖，无条件进行一刀切……私销者定为违约，违约处罚按售一罚十的原则。"同期，某协会的前身某分会制定《宜宾市建材行业协会某分会暂行管理办法》（以下简称《暂行管理办法》），明确提出"外防产品进入、内控砖瓦产量"的具体安排，将本地砖瓦企业划分为生产企业和停产企业。2009年7月，某分会与某砖厂等砖瓦厂家签订了《停产整改合同》《技术服务合同》等协议。根据《宜宾市砖厂（生产厂家）核定产量明细表》的记载，生产厂家共19家。根据《宜宾市砖厂（停产厂家）核定产量明细表》的记载，停产厂家共31家，其中包括某砖厂。

2011年3月31日，四川省宜宾市经济和信息化委员会（以下简称宜宾市经济和信息化委员会）作出《关于责令宜宾市某协会暂停活动的通知》，其上载明："我委最近接到群众反映，你会在开展活动时，没有严格按照协会章程操作，有超越协会章程规定范围的行为。

根据行业协会管理工作的要求，现责令你会立即暂时停止协会的一切活动，进行全面整顿，并将整顿情况以书面形式报告我委。"2011年4月18日，某协会向宜宾市经济和信息化委员会出具《关于清理整顿工作的汇报及要求恢复某协会正常活动的请示》，其上载明："由于协会主要领导履职不充分……导致个别砖厂虚高报价并制造虚假的紧张供求信息……我们认为导致这样的结果砖协有不可推卸的责任，必须迅速予以纠正……""明确了目标：一是必须无条件满足市场需求……二是必须在符合市场合理价格的情况下供货（经有关部门核准确认目前指导价格为：出厂价不超过0.33元/块标砖），不允许会员单位高于协会指导价供货；三是必须确保质量……"2011年9月，某协会停止发放停产扶持经费。

2013年3月6日，四川省工商行政管理局针对某协会作出《行政处罚决定书》，认为某协会组织具有竞争关系的会员单位达成的《暂行管理办法》，约定部分企业停产，从而控制宜宾砖瓦市场砖的生产数量，控制停产会员单位直接退出宜宾市砖瓦市场的竞争，严重限制了市场竞争，属于限制商品生产数量的垄断协议。当事人组织会员单位达成并实施垄断协议的行为，破坏了宜宾砖瓦市场公平、有序的竞争秩序。

后张某勋诉至人民法院，称其根据《停产整改合同》停止生产，且仅在2011年9月前获得了少量的停产扶持费。上述行为实质上起到了排除张某勋参与竞争的效果，构成垄断行为，侵害了张某勋的合法权益，主张判令吴某公司、四某公司、宜宾恒某投资集团有限公司、某协会、曹某均等连带赔偿其经济损失33.6万元及合理开支8万元。[①]

法考直击

垄断协议

概念	垄断协议是指排除、限制竞争的协议、决定或者其他协同行为。
主体	经营者之间达成的或者行业协会组织本行业经营者达成的。
内容	排除、限制竞争。
形式	书面、口头，其他协同行为。
类型	1. 横向垄断协议：具有竞争关系的经营者达成的垄断协议。 （1）固定或者变更商品价格； （2）限制商品的生产数量或者销售数量； （3）分割销售市场或者原材料采购市场； （4）限制购买新技术、新设备或者限制开发新技术、新产品； （5）联合抵制交易。

---

① 参见最高人民法院指导性案例221号，收录时有调整。

	续表
	2.纵向垄断协议： （1）固定向第三人转售商品的价格； （2）限定向第三人转售商品的最低价格。 注意：经营者能够证明其不具有排除、限制竞争效果的，不予禁止。
豁免	1.不属于垄断协议的： （1）为改进技术、研究开发新产品的； （2）为提高产品质量、降低成本、增进效率，统一产品规格、标准或者实行专业化分工的； （3）为提高中小经营者经营效率，增强中小经营者竞争力的； （4）为实现节约能源、保护环境、救灾救助等社会公共利益的； （5）因经济不景气，为缓解销售量严重下降或者生产明显过剩的； （6）为保障对外贸易和对外经济合作中的正当利益的； （7）法律和国务院规定的其他情形。 2.属于第（1）项至第（5）项情形，经营者还应当证明所达成的协议不会严重限制相关市场的竞争，并且能够使消费者分享由此产生的利益。
后果	1.民事责任：经营者实施垄断行为，给他人造成损失的，依法承担民事责任。
	2.行政责任。经营者：责令停止违法行为＋没收＋罚款；行业协会：罚款＋撤销登记。

司法观点

最高人民法院认为：张某勋作为本案横向垄断协议的实施者之一，对其是否有权要求该垄断协议的其他实施者赔偿其所谓经济损失，应结合《反垄断法》第50条（现为第60条，下同）的立法目的、被诉垄断行为的特点、损害赔偿的法律效果等因素予以考量。

首先，《反垄断法》第50条的立法目的。《反垄断法》第50条规定，经营者实施垄断行为，给他人造成损失的，依法承担民事责任。该条的立法目的在于，为制止和打击垄断行为提供民事司法渠道，对因垄断行为而受到损害的主体提供民事救济。如果原告并非反垄断法所规制的垄断行为的受害者，而是该垄断行为的实施者，其主张损害赔偿，实质上是要求瓜分垄断利益，因而其并非反垄断法所意图救济的对象。本案中，张某勋系其所指控的本案横向垄断协议参与者和实施者之一，且因参与和实施本案被诉垄断行为在一定期间内获得了垄断利益的分享，其非反垄断法所意图救济的垄断行为受害者。其次，请求损害赔偿救济者，其行为必须正当合法。自身参与和实施违法行为的主体，即便因参与和实施该违法行为而受到损失，该损失亦因该主体自身行为的不正当性而不应获得救济。张某勋在《停产整改合同》中自愿接受停产整改，参与并实施本案横向垄断协议，其行为自身具有违法性，其因此所受损害不应获得救济。最后，给予垄断行为实施者以损害赔偿会产生鼓励和支持相关垄断行为的消极法律效果。本案中，张某勋所主张的因垄断行为所受损失，实质上是要求强制执行本案横向垄断协议，根据该垄断协议关于垄断利益分配的约定瓜分群体垄断所得。如果支持张某勋的诉讼主张，则无异于维持和鼓励该违法行为。

综上，横向垄断协议的实施者无权依据反垄断法要求该垄断协议的其他实施者赔偿其所谓经济损失。张某勋作为涉案横向垄断协议的实施者，其无权因自身的违法行为获得利益，人民法院对其关于赔偿损失的诉讼请求不予支持。

要旨提炼

任何人均不能因其违法行为而获益。横向垄断协议明显属于违法行为，参与横向垄断协议的经营者以参与该协议的其他经营者为被告，依据《反垄断法》有关民事责任的规定请求赔偿其参与和履行协议期间的损失的，人民法院不予支持。

案例四十三

命题点睛：食品安全/惩罚性赔偿/故意分多次小额支付

案情回放

2016年2月20日，原告张某在被告上海某生鲜食品有限公司购买了6枚熟散装咸鸭蛋，每枚单价人民币2.20元，生产日期为2015年8月23日，保质期为180天。原告同时通过银行卡刷卡支付6次，由被告同时分别开具6枚咸鸭蛋购物小票6张。该批咸鸭蛋已过保质期1天。2月21日，原告又在被告处购买了相同批次的40枚咸鸭蛋，同时通过银行卡刷卡支付40次，由被告同时分别开具40枚咸鸭蛋购物小票40张。该批咸鸭蛋已过保质期2天。原告以46枚咸鸭蛋均已过保质期为由向当地市场监督管理局举报，经调解未成，诉至法院，请求被告退还原告购物款101.20元，并由原告退还被告46枚咸鸭蛋；由被告按照每枚最低赔偿1000元计算共计赔偿46000元。[①]

法考直击

违反食品安全规定的法律责任

（一）连带责任

1. 明知其未取得食品生产经营许可证或明知其未取得食品添加剂许可证，而为该食品或食品添加剂生产经营者提供经营场地或条件的：应与该食品或食品添加剂生产经营者承担连带责任。

2. 网络食品交易第三方平台提供者未对入网食品经营者进行实名登记、审查许可证，或者未履行报告、停止提供网络交易平台服务等义务的，使消费者的合法权益受到损害的：

[①]《食品安全惩罚性赔偿典型案例》案例四 购买食品时故意分多次小额支付并主张每次结算赔偿一千元的，应以合理生活消费需要为限在付款总额内确定计算惩罚性赔偿金的基数——张某诉上海某生鲜食品有限公司买卖合同纠纷案，载最高人民法院网 https://www.court.gov.cn/zixun/xiangqing/418922.html，最后访问时间：2024年1月23日。收录时有调整。

应当与食品经营者承担连带责任。

3. 社会团体或者其他组织、个人在虚假广告或者其他虚假宣传中向消费者推荐食品的：应当与食品生产经营者承担连带责任。

（二）增加赔偿

1. 消费者因不符合食品安全标准的食品受到损害的，可以向经营者要求赔偿损失，也可以向生产者要求赔偿损失。

（1）接到消费者赔偿要求的生产经营者，应当实行首负责任制，先行赔付，不得推诿。

（2）属于生产者责任的，经营者赔偿后有权向生产者追偿。

（3）属于经营者责任的，生产者赔偿后有权向经营者追偿。

2. 生产不符合食品安全标准的食品或者经营明知是不符合食品安全标准的食品，消费者除要求赔偿损失外：

（1）还可以向生产者或者经营者要求支付价款10倍或者损失3倍的赔偿金。

（2）增加赔偿的金额不足1000元的，为1000元。

（3）但是，食品的标签、说明书存在不影响食品安全且不会对消费者造成误导的瑕疵的除外。

司法观点

审理法院认为，原告在被告处购买46枚咸鸭蛋，购买当时均已过保质期，故原告以案涉产品不符合食品安全标准为由主张退款退货，于法有据，应予支持。被告销售超过保质期食品，属于"经营明知是不符合食品安全标准的食品"，应当承担惩罚性赔偿责任。另，双方虽就同一批次相同过期食品结算了46次，但被告系与张某同一消费者进行交易，而非与不同消费者进行交易。张某于2日内分46次结算购买46枚咸鸭蛋，并据此主张按照每枚咸鸭蛋赔偿1000元为标准计算惩罚性赔偿金共计46000元，明显与《食品安全法》惩罚性赔偿制度精神不符，亦有悖于诚实信用原则，不应予以支持。张某购买46枚咸鸭蛋所支付的总金额为101.20元，未超出生活消费需要，应当以总金额为基数，计算惩罚性赔偿金。因此，审理法院判决被告退还原告购物款101.20元，赔偿原告1012元；原告返还被告熟散装咸鸭蛋46枚。

要旨提炼

购买者故意在单次交易中进行数次或者数十次小额付款，并依照《食品安全法》第148条第2款关于增加赔偿的金额不足1000元应按1000元计算的规定，请求每次结算赔偿1000元，按结算次数累计计算惩罚性赔偿金，不符合消费者通常交易习惯，与《食品安全法》第148条第2款规定的惩罚性赔偿制度精神不符。人民法院应当在合理生活消费需要范围内，将购买人分次支付价款的总额作为计算惩罚性赔偿金的基数，判决生产经营者支付价款十倍惩罚性赔偿金。

案例四十四

命题点睛：产品责任 / 销售假冒伪劣产品 / 赔偿损失

案情回放

2018年，王某某在某村种植（机采）棉花地160亩，同年9月16日、23日、26日王某某在某农资公司处购买了乙烯利及"叶落棉白"的棉花专业催熟剂。王某某喷施后，棉花出现叶片干枯和棉铃发黑、干枯的现象，导致其2018年种植的160亩棉花地减产籽棉10080千克。王某某向某农资公司反映未果，遂向县农业综合执法大队报案，并委托有关鉴定机构对棉花出现状况的原因及造成的损失进行鉴定。经鉴定棉花减产10080千克确系受到药害造成。王某某向法院起诉，要求某农资公司赔偿棉花减产损失86608元。[①]

法考直击

产品责任

（一）概念和性质

因产品存在缺陷造成人身损害、缺陷产品以外的其他财产损害的，生产者或者销售者所应承担的赔偿责任。

性质上属于侵权责任。

（二）归责原则

1.生产者的严格责任

（1）因产品存在缺陷造成人身、缺陷产品以外的其他财产（以下简称他人财产）损害的，生产者应当承担赔偿责任。

（2）生产者能够证明有下列情形之一的，不承担赔偿责任：①未将产品投入流通的；

---

① 《涉农民事典型案例》案例8　销售假冒伪劣农药的商家应依法承担损害赔偿责任——王某某与某农资公司产品责任纠纷案，载最高人民法院网 https://www.court.gov.cn/zixun/xiangqing/423762.html，最后访问时间：2024年1月23日。收录时有调整。

②产品投入流通时，引起损害的缺陷尚不存在的；③将产品投入流通时的科学技术水平尚不能发现缺陷的存在的。

2. 销售者的过错责任

（1）由于销售者的过错使产品存在缺陷，造成人身、他人财产损害的，销售者应当承担赔偿责任。

（2）销售者不能指明缺陷产品的生产者也不能指明缺陷产品的供货者的，销售者应当承担赔偿责任。

（三）损害赔偿

1. 求偿权主体：受害者。
2. 求偿对象：

（1）受害者可以在生产者和销售者之间选择，生产者和销售者承担连带责任。

（2）生产者或销售者赔偿后根据上述归责原则最终确定各自的责任，必要时可以向对方追偿。

（四）诉讼时效

3年。
但赔偿请求权在缺陷产品交付最初消费者满10年时丧失。
但是，尚未超过明示的安全使用期的除外。

司法观点

审理法院认为，《产品质量法》第39条规定："销售者销售产品，不得掺杂、掺假，不得以假充真、以次充好，不得以不合格产品冒充合格产品。"本案中，某农资公司销售的产品标明系外地某生物科技公司生产的"叶落棉白"，但某生物科技公司在声明中确认，其公司从未生产过任何型号的棉花专用催熟剂产品。某农资公司不能提供"叶落棉白"的来源，无法提供营销台账，也未能提供其销售的"叶落棉白"属于合格产品的证据，应对王某某的损失承担赔偿责任。法院依据司法鉴定意见及向相关部门调取的棉花价格标准判决某农资公司赔偿王某某棉花减产损失68324.2元。

要旨提炼

销售假冒伪劣农药、化肥等农资产品，严重危害农业生产，损害农民权益，相关生产销售单位应当依法承担赔偿责任。

第九章

环境资源法

案例四十五

命题点睛：环境民事公益诉讼／停止侵害／恢复生产／附条件／环境影响评价

案情回放

原告重庆绿某会对被告建始某矿业公司提起环境民事公益诉讼，诉请判令被告停止侵害，承担生态环境修复责任。重庆市人民检察院第二分院支持起诉。

法院经审理查明，千丈岩水库位于重庆市巫山县、奉节县和湖北省建始县交界地带。水库设计库容405万立方米，2008年开始建设，2013年12月6日被重庆市人民政府确认为集中式饮用水水源保护区，供应周边5万余人的生活饮用和生产用水。湖北省建始县毗邻重庆市巫山县，被告建始某矿业公司选矿厂位于建始县业州镇郭家淌国有高岩子林场，距离巫山县千丈岩水库直线距离约2.6公里，该地区属喀斯特地貌的山区，地下裂缝纵横，暗河较多。建始某矿业公司硫铁矿选矿项目于2009年编制可行性研究报告，2010年4月23日取得恩施土家族苗族自治州发展和改革委员会批复。2010年7月开展环境影响评价工作，2011年5月16日取得恩施土家族苗族自治州环境保护局环境影响评价批复。2012年开工建设，2014年6月基本完成，但水污染防治设施等未建成。建始某矿业公司选矿厂硫铁矿生产中因有废水和尾矿排放，属于排放污染物的建设项目。其项目建设可行性报告中明确指出尾矿库库区为自然成库的岩溶洼地，库区岩溶表现为岩溶裂隙和溶洞。同时，尾矿库工程安全预评价报告载明："建议评价报告做下列修改和补充：1.对库区渗漏分单元进行评价，提出对策措施；2.对尾矿库运行后可能存在的排洪排水问题进行补充评价。"但建始某矿业公司实际并未履行修改和补充措施。

2014年8月10日，建始某矿业公司选矿厂使用硫铁矿原矿约500吨、乙基钠黄药、2号油进行违法生产，产生的废水、尾矿未经处理就排入邻近有溶洞漏斗发育的自然洼地。2014年8月12日，巫山县红椿乡村民反映千丈岩水库饮用水源取水口水质出现异常，巫山县启动重大突发环境事件应急预案。应急监测结果表明，被污染水体无重金属毒性，但具有有机物毒性，COD（化学需氧量）、Fe（铁）分别超标0.25倍、30.3倍，悬浮物高达260mg/L。重庆市相关部门将污染水体封存在水库内，对受污染水体实施药物净化等应急措施。

千丈岩水库水污染事件发生后，环境保护部明确该起事件已构成重大突发环境事件。环境保护部环境规划院环境风险与损害鉴定评估研究中心作出《重庆市巫山县红椿乡千丈岩水库突发环境事件环境损害评估报告》。该报告对本次环境污染的污染物质、突发环境事件造成的直接经济损失、本次污染对水库生态环境影响的评价等进行评估。并判断该次事件对水库的水生生态环境没有造成长期的不良影响，无须后续的生态环境修复，无须进行进一步的中长期损害评估。湖北省环保厅于 2014 年 9 月 4 日作出行政处罚决定，认定某矿业公司硫铁矿选矿项目水污染防治设施未建成，擅自投入生产，非法将生产产生的废水和尾矿排放、倾倒至厂房下方的洼地内，造成废水和废渣经洼地底部裂隙渗漏，导致千丈岩水库水体污染。责令停止生产直至验收合格，限期采取治理措施消除污染，并处罚款 1000000 元。行政处罚决定作出后，建始某矿业公司仅缴纳了罚款 1000000 元，但并未采取有效消除污染的治理措施。

2015 年 4 月 26 日，法院依原告申请，委托北京师范大学对千丈岩环境污染事件的生态修复及其费用予以鉴定，北京师范大学鉴定认为：1. 建始某矿业公司系此次千丈岩水库生态环境损害的唯一污染源，责任主体清楚，环境损害因果关系清晰。2. 对《重庆市巫山县红椿乡千丈岩水库突发环境事件环境损害评估报告》评价的对水库的水生态环境没有造成长期的不良影响，无须后续的生态环境修复，无须进行进一步的中长期损害评估的结论予以认可。3. 本次污染土壤的生态环境损害评估认定：经过 9 个月后，事发区域土壤中的乙基钠黄药已得到降解，不会对当地生态环境再次带来损害，但洼地土壤中的 Fe 污染物未发生自然降解，超出当地生态基线，短期内不能自然恢复，将对千丈岩水库及周边生态环境带来潜在污染风险，需采取人工干预方式进行生态修复。根据《突发环境事件应急处置阶段环境损害评估推荐方法》(环办〔2014〕118 号)，采用虚拟治理成本法计算洼地土壤生态修复费用约需 991000 元。4. 建议后续进一步制定详细的生态修复方案，开展事故区域生态环境损害的修复，并做好后期监管工作，确保千丈岩水库的饮水安全和周边生态环境安全。在案件审理过程中，重庆绿某会申请通知鉴定人出庭，就生态修复接受质询并提出意见。鉴定人王金生教授认为，土壤元素本身不是控制性指标，就饮用水安全而言，洼地土壤中的 Fe 高于饮用水安全标准；被告建始某矿业公司选矿厂所处位置地下暗河众多，地区降水量大，污染饮用水的风险较高。[①]

法考直击

一、环境影响评价文件的编制与审批

（一）适用范围

规划，包括总体规划和专项规划；建设项目，中国领域和中国管辖的其他海域内对环境有影响的建设项目。

---

① 参见最高人民法院指导性案例 134 号，收录时有调整。

（二）规划的环境影响评价

1. 总体规划：应当在规划编制过程中组织进行环境影响评价，未编写有关环境影响的篇章或者说明的总体规划草案，审批机关不予审批。

2. 专项规划：应当在该专项规划草案上报审批前，组织进行环境影响评价；编制机关应当广泛征求意见；在报批规划草案时应当将环境影响报告书一并附送审批机关审查；规划实施后要进行跟踪评价并将结果报告审批机关。

3. 内容：实施该规划对环境可能造成影响的分析、预测和评估；预防或者减轻不良环境影响的对策和措施；环境影响评价的结论。

（三）建设项目的环境影响评价

根据建设项目所作环境影响评价深度的不同，把环境影响评价分为三种形式：（1）环境影响报告书（可能造成重大环境影响的）；（2）环境影响报告表（可能造成轻度环境影响的）；（3）环境影响登记表（对环境影响很小，不需要进行环境影响评价的）。

（四）编制

建设单位可以委托技术单位对其建设项目开展环境影响评价，编制建设项目环境影响报告书、环境影响报告表。

建设单位具备环境影响评价技术能力的，可以自行对其建设项目开展环境影响评价，编制建设项目环境影响报告书、环境影响报告表。

编制建设项目环境影响报告书、环境影响报告表应当遵守国家有关环境影响评价标准、技术规范等规定。

国务院生态环境主管部门应当制定建设项目环境影响报告书、环境影响报告表编制的能力建设指南和监管办法。

接受委托为建设单位编制建设项目环境影响报告书、环境影响报告表的技术单位，不得与负责审批建设项目环境影响报告书、环境影响报告表的生态环境主管部门或者其他有关审批部门存在任何利益关系。

二、环境影响评价的重要制度

（一）环境影响报告书内容

1. 建设项目概况。
2. 建设项目周围环境现状。
3. 建设项目对环境可能造成影响的分析、预测和评估。
4. 建设项目环境保护措施及其技术、经济论证。

5. 建设项目对环境影响的经济损益分析。
6. 对建设项目实施环境监测的建议。
7. 环境影响评价的结论。

环境影响报告表和环境影响登记表的内容和格式，由国务院环境保护行政主管部门制定。

（二）规划与建设

已经进行了环境影响评价的规划包含具体建设项目的，规划的环境影响评价结论应当作为建设项目环境影响评价的重要依据。

建设项目环境影响评价的内容应当根据规划的环境影响评价审查意见予以简化。

（三）审批与备案

审批部门应当自收到环境影响报告书之日起 60 日内，收到环境影响报告表之日起 30 日内，分别作出审批决定并书面通知建设单位。

审核、审批建设项目环境影响报告书、报告表以及备案环境影响登记表，不得收取任何费用。

国家对环境影响登记表实行备案管理。

（四）法律责任

建设单位未依法报批建设项目环境影响报告书、报告表擅自开工建设的，由县级以上环境保护行政主管部门责令停止建设，处建设项目总投资额 1% 以上 5% 以下的罚款，并可以责令恢复原状。

建设单位未依法备案建设项目环境影响登记表的，由县级以上环境保护行政主管部门责令备案，处 5 万元以下的罚款。

司法观点

法院生效裁判认为，本案的焦点问题之一为是否需判令停止侵害并重新作出环境影响评价。

环境侵权行为对环境的污染、生态资源的破坏往往具有不可逆性，被污染的环境、被破坏的生态资源很多时候难以恢复，单纯事后的经济赔偿不足以弥补对生态环境所造成的损失，故对于环境侵权行为应注重防患于未然，才能真正实现环境保护的目的。本案建始某矿业公司只是暂时停止了生产行为，其"三同时"工作严重滞后、环保设施未建成等违法情形并未实际消除，随时可能恢复违法生产。由于建始某矿业公司先前的污染行为，导致相关区域土壤中部分生态指标超过生态基线，因当地降水量大，又地处喀斯特地貌山区，裂隙和溶洞较多，暗河纵横，而其中的暗河水源正是千丈岩水库的聚水来源，污染风险明显存在。考虑到建始某矿业公司的违法情形尚未消除、项目所处区域地质地理条件复杂特殊，在不能确保恢复生产不会再次造成环境污染的前提下，应当禁止其恢复生产，才能有效避免当地生态环境再次遭受污染破坏，亦可避免在今后发现建始某矿业公司重新恢复违法生产后需另行诉讼的风险，减轻当事人诉累、节约司法资源。故建始某矿业公司虽在起诉之前已停止生产，仍应判令其对千丈岩水库饮用水源停止侵害。

此外，千丈岩水库开始建设于2008年，而建始某矿业公司项目的环境影响评价工作开展于2010年7月，并于2011年5月16日才取得当地环境行政主管部门的批复。《环境影响评价法》第23条第3款规定："建设项目可能造成跨行政区域的不良环境影响，有关环境保护行政主管部门对该项目的环境影响评价结论有争议的，其环境影响评价文件由共同的上一级环境保护行政主管部门审批。"考虑到该项目的性质、与水库之间的相对位置及当地特殊的地质地理条件，本应在当时项目的环境影响评价中着重考虑对千丈岩水库的影响，但由于两者分处不同省级行政区域，导致当时的环境影响评价并未涉及千丈岩水库，可见该次环境影响评价是不全面且有着明显不足的。由于新增加了千丈岩水库这一需要重点考量的环境保护目标，导致原有的环境影响评价依据发生变化，在已发生重大突发环境事件的现实情况下，涉案项目在防治污染、防止生态破坏的措施方面显然也需要作出重大变动。根据《环境影响评价法》第24条第1款"建设项目的环境影响评价文件经批准后，建设项目的性质、规模、地点、采用的生产工艺或者防治污染、防止生态破坏的措施发生重大变动的，建设单位应当重新报批建设项目的环境影响评价文件"及《水污染防治法》第17条第3款"建设项目的水污染防治设施，应当与主体工程同时设计、同时施工、同时投入使用。水污染防治设施应当经过环境保护主管部门验收，验收不合格的，该建设项目不得投入生产或者使用"的规定，鉴于千丈岩水库的重要性、作为一级饮用水水源保护区的环境敏感性及涉案项目对水库潜在的巨大污染风险，在应当作为重点环境保护目标纳入建设项目环境影响评价而未能纳入且客观上已经造成重大突发环境事件的情况下，考虑到原有的环境影响评价依据已经发生变化，出于对重点环境保护目标的保护及公共利益的维护，建始某矿业公司应在考虑对千丈岩水库环境影响的基础上重新对项目进行环境影响评价并履行法定审批手续，未经批复和环境保护设施未经验收，不得生产。

要旨提炼

环境民事公益诉讼中，人民法院判令污染者停止侵害的，可以责令其重新进行环境影响评价，在环境影响评价文件经审查批准及配套建设的环境保护设施经验收合格之前，污染者不得恢复生产。

案例四十六

命题点睛：滥伐林木罪/生态修复/补植复绿/专家意见/保证金

案情回放

湖南省保靖县人民检察院指控被告人秦某犯滥伐林木罪向保靖县人民法院提起公诉，在诉讼过程中，保靖县人民检察院以社会公共利益受到损害为由，又向保靖县人民法院提起附带民事公益诉讼。

保靖县人民检察院认为，应当以滥伐林木罪追究被告人秦某刑事责任。同时，被告人行为严重破坏了生态环境，致使社会公共利益受到损害，根据侵权责任法的相关规定，应当补植复绿，向公众赔礼道歉。被告人秦某对公诉机关的指控无异议。但辩称，其是林木的实际经营者和所有权人，且积极交纳补植复绿的保证金，请求从轻判处。

保靖县人民法院经审理查明，湖南省保靖县以1958年成立的保靖县国营白云山林场为核心，于1998年成立白云山县级自然保护区。后该保护区于2005年被评定为白云山省级自然保护区，并完成了公益林区划界定；又于2013年被评定为湖南白云山国家级自然保护区。其间，被告人秦某于1998年承包了位于该县毛沟镇卧当村白云山自然保护区核心区内"土地坳"（地名）的山林，次年起开始有计划地植造杉木林，该林地位于公益林范围内，属于公益林地。2016年9月至2017年1月，秦某在没有办理《林木采伐许可证》情况下，违反森林法，擅自采伐其承包林地上的杉木林并销售，所采伐区域位于该保护区核心区内面积为117.5亩，核心区外面积为15.46亩。经鉴定，秦某共砍伐林木1010株，林木蓄积为153.3675立方米。后保靖县林业勘测规划设计队出具补植补造作业设计说明证明，该受损公益林补植复绿的人工苗等费用为人民币66025元。

人民法院审理期间，保靖县林业勘测规划设计队及保靖县林业局、白云山国家级自然保护区又对该受损公益林补植复绿提出了具体建议和专业要求。秦某预交补植复绿保证金66025元，保证履行补植复绿义务。[①]

---

① 参见最高人民法院指导性案例172号，收录时有调整。

法考直击

森林资源保护

（一）国家公园

国家在不同自然地带的典型森林生态地区、珍贵动物和植物生长繁殖的林区、天然热带雨林区和具有特殊保护价值的其他天然林区，建立以国家公园为主体的自然保护地体系，加强保护管理。

（二）天然林

国家实行天然林全面保护制度，严格限制天然林采伐，加强天然林管护能力建设，保护和修复天然林资源，逐步提高天然林生态功能。具体办法由国务院规定。

（三）森林防火

地方各级人民政府负责本行政区域的森林防火工作，发挥群防作用；县级以上人民政府组织领导应急管理、林业、公安等部门按照职责分工密切配合做好森林火灾的科学预防、扑救和处置工作。

国家综合性消防救援队伍承担国家规定的森林火灾扑救任务和预防相关工作。

（四）占用林地

矿藏勘查、开采以及其他各类工程建设，应当不占或者少占林地；确需占用林地的，应当经县级以上人民政府林业主管部门审核同意，依法办理建设用地审批手续。

占用林地的单位应当缴纳森林植被恢复费。森林植被恢复费征收使用管理办法由国务院财政部门会同林业主管部门制定。

县级以上人民政府林业主管部门应当按照规定安排植树造林，恢复森林植被，植树造林面积不得少于因占用林地而减少的森林植被面积。上级林业主管部门应当定期督促下级林业主管部门组织植树造林、恢复森林植被，并进行检查。

（五）临时使用

需要临时使用林地的，应当经县级以上人民政府林业主管部门批准；临时使用林地的期限一般不超过 2 年，并不得在临时使用的林地上修建永久性建筑物。

临时使用林地期满后 1 年内，用地单位或者个人应当恢复植被和林业生产条件。

司法观点

法院生效裁判认为：被告人秦某违反森林法规定，未经林业主管部门许可，无证滥伐白云山国家级自然保护区核心区内的公益林，数量巨大，构成滥伐林木罪。辩护人提出的被告人系初犯、认罪，积极交纳补植复绿的保证金66025元到法院的执行账户，有悔罪表现，应当从轻判处的辩护意见，予以采信。白云山国家级自然保护区位于中国十七个生物多样性关键地区之一的武陵山区及酉水流域，是云贵高原、四川盆地至雪峰山区、湘中丘陵之间动植物资源自然流动通道的重要节点，是长江流域洞庭湖支流沅江的重要水源涵养区，其森林资源具有保持水土、维护生物多样性等多方面重要作用。被告人所承包、栽植并管理的树木，已经成为白云山国家级自然保护区森林资源的不可分割的有机组成部分。被告人无证滥伐该树木且数量巨大，其行为严重破坏了白云山国家级自然保护区生态环境，危及生物多样性保护，使社会公共利益遭受到严重损害，性质上属于一种侵权行为。附带民事公益诉讼不是传统意义上的民事诉讼，公益诉讼起诉人也不是一般意义上的受害人。公益诉讼起诉人要求被告人承担恢复原状法律责任的诉讼请求，于法有据，予以支持。根据保靖县林业勘测规划设计队出具的"土地坳"补植补造作业设计说明以及白云山自然保护区管理局、保靖县林业局等部门专家提供的专业资料和建议，参照《森林法》第39条（现为第76条）第2款规定，对公益诉讼起诉人提出的被告人应补种树木的诉讼请求，应认为有科学、合理的根据和法律依据，予以支持。辩护人提出被告人作为林地承包者的经营权利也应当依法保护的意见，有其合理之处，在具体确定被告人法律责任时予以考虑。遂作出上述判决。

要旨提炼

1. 人民法院确定被告人森林生态环境修复义务时，可以参考专家意见及林业规划设计单位、自然保护区主管部门等出具的专业意见，明确履行修复义务的树种、树龄、地点、数量、存活率及完成时间等具体要求。

2. 被告人自愿交纳保证金作为履行生态环境修复义务担保的，人民法院可以将该情形作为从轻量刑情节。

第十章

劳动与社会保障法

案例四十七

命题点睛：劳动合同／单方解除

案情回放

2005年7月，被告王某进入原告中某通讯工作，劳动合同约定王某从事销售工作，基本工资每月3840元。该公司的《员工绩效管理办法》规定：员工半年、年度绩效考核分别为S、A、C1、C2四个等级，分别代表优秀、良好、价值观不符、业绩待改进；S、A、C（C1、C2）等级的比例分别为20%、70%、10%；不胜任工作原则上考核为C2。王某原在该公司分销科从事销售工作，2009年1月后因分销科解散等原因，转岗至华东区从事销售工作。2008年下半年、2009年上半年及2010年下半年，王某的考核结果均为C2。中某通讯认为，王某不能胜任工作，经转岗后，仍不能胜任工作，故在支付了部分经济补偿金的情况下解除了劳动合同。

2011年7月27日，王某提起劳动仲裁。同年10月8日，仲裁委作出裁决：中某通讯支付王某违法解除劳动合同的赔偿金余额36596.28元。中某通讯认为其不存在违法解除劳动合同的行为，故于同年11月1日诉至法院，请求判令不予支付解除劳动合同赔偿金余额。[①]

法考直击

一、用人单位单方解除

（一）过错解除（劳动者有过错）

告知方式没有限制。
1. 试用期间不符合录用条件。
2. 严重违反规章制度。
3. 严重失职、营私舞弊、造成重大损害。
4. 同时与其他用人单位建立劳动关系，拒不改正，或造成本单位工作严重影响。

---

① 参见最高人民法院指导性案例18号，收录时有调整。

5. 因欺诈等原因导致劳动合同无效。
6. 被追究刑事责任。

（二）预告解除

提前30日，"书面"通知或额外支付1个月工资。
1. 因病、非工伤，医疗期满后仍不能工作（职业病不能解除、医疗期内不能解除）。
2. 经培训、调整岗位仍不能胜任工作。
3. 情事变更，致原合同无法履行，经双方协商，未能就变更劳动合同内容达成协议。

（三）经济性裁员

1. 有下列情形之一，需要裁减人员20人以上或者裁减不足20人但占企业职工总数10%以上的，用人单位提前30日向工会或者全体职工说明情况，听取工会或者职工的意见后，裁减人员方案经向劳动行政部门报告，可以裁减人员：
（1）企业重整。
（2）生产经营严重困难。
（3）转产、革新，经营方式调整。
（4）情事变更，合同无法履行。
提前30日向工会或全体职工说明，听取意见。裁员方案向劳动行政部门报告。
2. 裁减人员时，应当优先留用下列人员：
（1）无固定期限合同。
（2）较长期限的固定期限合同。
（3）家庭无其他就业人员，有需要扶养的老人或者抚养的未成年人的。
3. 6个月内重新招用人员：应通知被裁减人员，在同等条件下优先招用被裁减人员。

（四）解除限制

劳动者有下列情形之一的，用人单位不得依照《劳动合同法》第40条、第41条的规定解除劳动合同：（过错解除不受限制）
1. 在本单位患职业病或因工伤被确认丧失全部或部分劳动能力。
2. 患病或非因工负伤，在医疗期内。
3. 从事接触职业病危害作业，未进行离岗前健康检查或疑似职业病在诊断或观察期。
4. 女职工在孕期、产期、哺乳期。
5. 连续工作15年且距法定退休年龄不足5年。

（五）解除程序

用人单位单方解除劳动合同，应当事先将理由通知工会。

用人单位违反法律、行政法规规定或者劳动合同约定的，工会有权要求用人单位纠正。用人单位应当研究工会的意见，并将处理结果书面通知工会。

（六）违法解除

1. 劳动者可要求继续履行劳动合同的。
2. 劳动者不要求继续履行劳动合同或不能继续履行的，用人单位应支付赔偿金（经济补偿的2倍）。

二、经济补偿

（一）应经济补偿事项

1. 劳动者因用人单位的违法或过错解除劳动合同的。
2. 用人单位提出解除劳动合同并与劳动者协商一致解除劳动合同的。
3. 用人单位提前通知解除劳动合同的。
4. 用人单位经济性裁员的。
5. 劳动合同期满而终止（但劳动者不同意续订的除外）。
6. 用人单位消灭终止劳动合同的。
7. 以完成一定工作任务为期限的劳动合同因任务完成而终止的。

（二）经济补偿计算

1. 按劳动者工作年限，每满1年支付1个月工资，6个月至1年支付1个月工资，不满6个月，支付半个月工资。
2. 月工资是指在合同解除或终止前12个月的平均工资，不满12个月，就以实际工作月数计算。
3. 月工资最低不得低于当地最低工资标准。
4. 月工资最高不得高于当地政府公布上年度职工月平均工资3倍。
5. 支付经济补偿最高年限不得超过12年。

（三）加倍经济补偿

如用人单位解除或终止不合法，应支付2倍的经济补偿。

（四）支付

在办理工作交接时一次性支付。

司法观点

法院生效裁判认为：为了保护劳动者的合法权益，构建和发展和谐稳定的劳动关系，《劳动法》《劳动合同法》对用人单位单方解除劳动合同的条件进行了明确限定。原告中某通讯以被告王某不胜任工作，经转岗后仍不胜任工作为由，解除劳动合同，对此应负举证责任。根据《员工绩效管理办法》的规定，"C（C1、C2）考核等级的比例为10%"，虽然王某曾经考核结果为C2，但是C2等级并不完全等同于"不能胜任工作"，中某通讯仅凭该限定考核等级比例的考核结果，不能证明劳动者不能胜任工作，不符合据此单方解除劳动合同的法定条件。虽然2009年1月王某从分销科转岗，但是转岗前后均从事销售工作，并存在分销科解散导致王某转岗这一根本原因，故不能证明王某系因不能胜任工作而转岗。因此，中某通讯主张王某不胜任工作，经转岗后仍然不胜任工作的依据不足，存在违法解除劳动合同的情形，应当依法向王某支付经济补偿标准2倍的赔偿金。

要旨提炼

劳动者在用人单位等级考核中居于末位等次，不等同于"不能胜任工作"，不符合单方解除劳动合同的法定条件，用人单位不能据此单方解除劳动合同。

案例四十八

命题点睛：线上加班／加班费／认定标准

案情回放

李某于 2020 年 4 月入职某文化传媒公司，担任短视频运营总监，双方签订了期限自 2020 年 4 月 8 日至 2023 年 4 月 7 日的劳动合同，约定了三个月的试用期，试用期工资标准为每月 2 万元。李某在 2020 年 4 月 8 日至 2020 年 5 月 28 日任职期间，在非工作时间完成了回复设计方案、方案改进等工作。2020 年 5 月 28 日，某文化传媒公司以李某试用期不符合录用条件为由解除劳动关系，未支付李某加班费。李某认为某文化传媒公司存在未支付加班费等违法行为，申请劳动争议仲裁。后李某不服仲裁裁决，提出要求某文化传媒公司支付延时加班费 19670.5 元、双休日加班费 26331 元等诉讼请求。[1]

法考直击

加班

1. 加班的情形及要求

用人单位由于生产经营需要，经与工会和劳动者协商后可以延长工作时间：

（1）一般每日不得超过 1 小时；

（2）因特殊原因需要延长工作时间的，在保障劳动者身体健康的条件下延长工作时间每日不得超过 3 小时，但是每月不得超过 36 小时。

2. 加班的例外情形

有下列情形之一的，延长工作时间不受《劳动法》第 41 条的限制：

（1）发生自然灾害、事故或者因其他原因，威胁劳动者生命健康和财产安全，需要紧

---

[1]《最高法　人社部　全总发布涉欠薪纠纷典型案例做实根治欠薪工作　切实维护劳动者合法权益》案例六：线上加班费应结合劳动者加班频率、时长、工资标准、工作内容等因素认定——李某诉某文化传媒公司劳动争议案，载最高人民法院网 https://www.court.gov.cn/zixun/xiangqing/423922.html，最后访问时间：2024 年 1 月 23 日。收录时有调整。

急处理的；

（2）生产设备、交通运输线路、公共设施发生故障，影响生产和公众利益，必须及时抢修的。

3.加班工资

（1）安排劳动者延长工作时间的，支付不低于工资的150%的工资报酬；

（2）休息日安排劳动者工作又不能安排补休的，支付不低于工资的200%的工资报酬；

（3）法定休假日安排劳动者工作的，支付不低于工资的300%的工资报酬。

司法观点

"线上加班"发生在非工作时间、非工作地点，工作安排及成果提交由线下转向线上，具有居家化、碎片化特点，不同于传统意义上在用人单位的加班，存在用人单位难以对劳动者进行实时监督管理、劳动者亦难以举证证明其加班时长等难题。

审理法院认为，加班费数额应当综合劳动者岗位工作情况、用人单位业务特点及报酬给付标准等予以认定。因李某的工作无须在用人单位工作场所完成，且工作时间较为分散，难以量化考勤和进行科学的统计，审理法院根据李某提交的微信内容、自述公司的考勤时间及工资标准，酌情确定某文化传媒公司支付延时加班费1万元；根据微信内容等确定李某存在三天休息日到岗事实，判令某文化传媒公司支付休息日加班工资5517.24元。

要旨提炼

在认定"线上加班"加班费时，以劳动者提供的劳动占用其休息时间为认定标准，综合考虑劳动者的加班频率、时长、工资标准、工作内容等因素，酌情认定劳动者的加班费，依法保护劳动者的合法权益。

第十一章
国际法·国际经济法·国际私法

案例四十九

命题点睛：民事 / 国际货物买卖合同 / 联合国国际货物销售合同公约 / 法律适用 / 根本违约

案情回放

2008年4月11日，中某新加坡公司与德国克某伯公司签订了购买石油焦的《采购合同》，约定本合同应当根据美国纽约州当时有效的法律订立、管辖和解释。中某新加坡公司按约支付了全部货款，但德国克某伯公司交付的石油焦HGI指数仅为32，与合同中约定的HGI指数典型值为36—46之间不符。中某新加坡公司认为德国克某伯公司构成根本违约，请求判令解除合同，要求德国克某伯公司返还货款并赔偿损失。[①]

法考直击

一、《联合国国际货物销售合同公约》的适用范围

1. 适用的情形：营业地在不同缔约国的当事人之间的货物销售合同。

2. 下列销售不适用公约：个人消费品；拍卖；根据法律执行令状；证券类或货币；船舶或飞机；电力；服务贸易或劳务合作。

3. 适用的任意性：(1) 当事人可明确约定全部、部分排除或改变公约的内容。(2) 对贸易术语的适用不能完全排除公约。

4. 公约的内容不包括：(1) 合同的效力（但规定了合同的成立）。(2) 所有权转移（但规定了所有权担保）。(3) 产品责任问题（但要求卖方承担对买方的质量担保责任）。

二、《联合国国际货物销售合同公约》关于卖方义务的规定

（一）交货义务

1. 交货地点：(1) 卖方安排运输：第一承运人所在地。(2) 合同明确的货物所在地或卖方营业地。

[①] 参见最高人民法院指导性案例107号，收录时有调整。

2. 交货时间：合理时间。

（二）交单义务

1. 按照合同约定的时间、地点和方式移交约定的单据。
2. 若提前交单，卖方有权纠正单据错误，但应赔偿买方的损失。

（三）货物相符

1. 质量担保
（1）符合通常使用的目的。
（2）符合合同约定的特定目的。
（3）与样品或样式相符。
（4）通用的方式包装，若没有通用方式，足以保全和保护货物的方式包装。
2. 数量相符
（1）与约定不符均构成违约。
（2）若卖方多交，买方可以接收，也可以拒收。
（3）若接收，应按合同价款支付。

（四）知识产权担保

1. 地域限制
（1）买方营业地。
（2）合同预期的货物转售地或使用地。
2. 免责
（1）买方订立合同时已知道或不可能不知道此项权利或要求。
（2）此项权利或要求的发生，是由于卖方要遵照买方的指示供货。
（3）买方已知道或理应知道第三方的权利或要求，但未在合理时间内通知卖方。

三、《联合国国际货物销售合同公约》关于买方义务的规定

（一）支付货款

1. 支付地点：（1）移交货物或单据的地点。（2）其他情形为卖方营业地。
2. 支付时间：在买方没有机会检验货物前，可以拒绝支付货款。

（二）接收货物

1. 接收义务：（1）完成卖方交货的辅助性工作。（2）接收货物（即使质量严重瑕疵），

但接收不等于接受。

2.拒收权:(1)卖方提前交货。(2)卖方多交货(只能拒收多交部分)。

(三)检验货物

1.时间限制:(1)实际可行的最短时间内。(2)卖方安排运输:货物到达目的地后。(3)合同约定货物须转运:货物到达新目的地后。

2.买方声明货物不符的时间限制:(1)发现或理应发现后一段合理时间内。(2)最长不超过实际收到货物之日起2年(除非合同另行约定了保证期限)。

四、《联合国国际货物销售合同公约》关于风险转移的规定

1.如果卖方涉及运输的,在约定的交货地点把货物交给承运人;如没有约定交货地点,货物交给第一承运人时。

2.如果卖方不涉及运输,从买方接收货物时起或货物交由买方处置时。

3.在运输中销售的货物,自买卖合同成立时。

注意:非因买卖双方的原因导致的货物损失,对买卖双方来说均属于风险。承运人的过错导致的货物损失,对买卖双方来说也属于风险。

司法观点

最高人民法院认为,本案为国际货物买卖合同纠纷,双方当事人均为外国公司,案件具有涉外因素。《最高人民法院关于适用〈中华人民共和国涉外民事关系法律适用法〉若干问题的解释(一)》第2条规定:"涉外民事关系法律适用法实施以前发生的涉外民事关系,人民法院应当根据该涉外民事关系发生时的有关法律规定确定应当适用的法律;当时法律没有规定的,可以参照涉外民事关系法律适用法的规定确定。"案涉《采购合同》签订于2008年4月11日,在《涉外民事关系法律适用法》实施之前,当事人签订《采购合同》时的《民法通则》第145条(现适用《涉外民事关系法律适用法》)规定:"涉外合同的当事人可以选择处理合同争议所适用的法律,法律另有规定的除外。涉外合同的当事人没有选择的,适用与合同有最密切联系的国家的法律。"本案双方当事人在合同中约定应当根据美国纽约州当时有效的法律订立、管辖和解释,该约定不违反法律规定,应认定有效。由于本案当事人营业地所在国新加坡和德国均为《联合国国际货物销售合同公约》缔约国,美国亦为《联合国国际货物销售合同公约》缔约国,且在一审审理期间双方当事人一致选择适用《联合国国际货物销售合同公约》作为确定其权利义务的依据,并未排除《联合国国际货物销售合同公约》的适用,江苏省高级人民法院适用《联合国国际货物销售合同公约》审理本案是正确的。而对于审理案件中涉及的问题《联合国国际货物销售合同公约》

没有规定的，应当适用当事人选择的美国纽约州法律。《〈联合国国际货物销售合同公约〉判例法摘要汇编》并非《联合国国际货物销售合同公约》的组成部分，其不能作为审理本案的法律依据。但在如何准确理解《联合国国际货物销售合同公约》相关条款的含义方面，其可以作为适当的参考资料。

双方当事人在《采购合同》中约定的石油焦 HGI 指数典型值在 36—46 之间，而德国克某伯公司实际交付的石油焦 HGI 指数仅为 32，低于双方约定的 HGI 指数典型值的最低值，不符合合同约定。江苏省高级人民法院认定德国克某伯公司构成违约是正确的。

关于德国克某伯公司的上述违约行为是否构成根本违约的问题。首先，从双方当事人在合同中对石油焦需符合的化学和物理特性规格约定的内容看，合同对石油焦的受潮率、硫含量、灰含量、挥发物含量、尺寸、热值、硬度（HGI 值）等七个方面作出了约定。而从目前事实看，对于德国克某伯公司交付的石油焦，中某新加坡公司仅认为 HGI 指数一项不符合合同约定，而对于其他六项指标，中某新加坡公司并未提出异议。结合当事人提交的证人证言以及证人出庭的陈述，HGI 指数表示石油焦的研磨指数，指数越低，石油焦的硬度越大，研磨难度越大。但中某新加坡公司一方提交的上海大学材料科学与工程学院出具的说明亦不否认 HGI 指数为 32 的石油焦可以使用，只是认为其用途有限。故可以认定虽然案涉石油焦 HGI 指数与合同约定不符，但该批石油焦仍然具有使用价值。其次，本案一审审理期间，中某新加坡公司为减少损失，经过积极的努力将案涉石油焦予以转售，且其在就将相关问题致德国克某伯公司的函件中明确表示该批石油焦转售的价格"未低于市场合理价格"。这一事实说明案涉石油焦是可以以合理价格予以销售的。最后，综合考量其他国家裁判对《联合国国际货物销售合同公约》中关于根本违约条款的理解，只要买方经过合理努力就能使用货物或转售货物，甚至打些折扣，质量不符依然不是根本违约。故应当认为德国克某伯公司交付 HGI 指数为 32 的石油焦的行为，并不构成根本违约。江苏省高级人民法院认定德国克某伯公司构成根本违约并判决宣告《采购合同》无效，适用法律错误，应予以纠正。

要旨提炼

1. 国际货物买卖合同的当事各方所在国为《联合国国际货物销售合同公约》的缔约国，应优先适用公约的规定，公约没有规定的内容，适用合同中约定适用的法律。国际货物买卖合同中当事人明确排除适用《联合国国际货物销售合同公约》的，则不应适用该公约。

2. 在国际货物买卖合同中，卖方交付的货物虽然存在缺陷，但只要买方经过合理努力就能使用货物或转售货物，不应视为构成《联合国国际货物销售合同公约》规定的根本违约的情形。

案例五十

命题点睛：《承认及执行外国仲裁裁决公约》/ 国际单项体育组织 / 仲裁协议效力

案情回放

2017年1月23日，上海聚某足球俱乐部有限公司（以下简称聚某公司）与原告塞尔维亚籍教练员德某签订《职业教练工作合同》，约定德某作为职业教练为聚某公司名下的足球俱乐部提供教练方面的劳务。2017年7月1日，双方签订《解除合同协议》，约定《职业教练工作合同》自当日终止，聚某公司向德某支付剩余工资等款项。关于争议解决，《解除合同协议》第5.1条约定，"与本解除合同协议相关，或由此产生的任何争议或诉讼，应当受限于国际足联球员身份委员（FIFA Players' Status Committee，以下简称球员身份委员会）或任何其他国际足联有权机构的管理。"第5.2条约定，"如果国际足联对于任何争议不享有司法管辖权的，协议方应当将上述争议提交至国际体育仲裁院，根据《与体育相关的仲裁规则》予以受理。相关仲裁程序应当在瑞士洛桑举行。"

因聚某公司未按照约定支付相应款项，德某向球员身份委员会申请解决案涉争议。球员身份委员会于2018年6月5日作出《单一法官裁决》，要求聚某公司自收到该裁决通知之日起30日内向德某支付剩余工资等款项。《单一法官裁决》另载明，如果当事人对裁决结果有异议，应当按照规定程序向国际体育仲裁院提起上诉，否则《单一法官裁决》将成为终局性、具有约束力的裁决。后双方均未就《单一法官裁决》向国际体育仲裁院提起上诉。

之后，聚某公司变更为上海恩某餐饮管理有限公司（以下简称恩某公司），吕某为其独资股东及法定代表人。因恩某公司未按照《单一法官裁决》支付款项，且因聚某运动俱乐部已解散并不再在中国足球协会注册，上述裁决无法通过足球行业自治机制获得执行，德某向上海市徐汇区人民法院提起诉讼，请求法院判令：一、恩某公司向德某支付剩余工资等款项；二、吕某就上述债务承担连带责任。恩某公司和吕某在提交答辩状期间对人民法院受理该案提出异议，认为根据《解除合同协议》第5.2条约定，案涉争议应当提交国际体育仲裁院仲裁，人民法院无管辖权，请求裁定对德某的起诉不予受理。[①]

---

① 参见最高人民法院指导性案例201号，收录时有调整。

法考直击

仲裁裁决的承认与执行

（一）1958年《承认及执行外国仲裁裁决公约》（《纽约公约》）

1.根据《纽约公约》第5条第1款规定，有下列情形之一时，被请求国主管机关可依据被执行人的申请，拒绝承认与执行：

（1）当事人无行为能力，或仲裁协议无效；

（2）被执行人未接到关于指派仲裁员或关于仲裁程序的通知，或由于其他情况未能出庭申辩；

（3）裁决超出约定仲裁事项的范围（如交付仲裁与未交付仲裁的事项可以划分，裁决中有关交付仲裁事项的决定可予承认与执行）；

（4）仲裁庭的组成或仲裁程序与当事人间的协议不符，或者与仲裁地所在国法律不符；

（5）裁决尚未生效或已被撤销或停止执行；

2.根据《纽约公约》第5条第2款规定，如被请求国主管机关依职权主动查明有下列情形之一时，也可拒绝承认与执行：

（1）依执行地国法，有关争议事项不能仲裁解决；

（2）与执行地公共秩序相抵触。

注意：第一，《纽约公约》第5条的规定属穷尽性的规定，即，仅在上述情形下可拒绝承认与执行。第二，第5条第1款五种情形，须由被执行人提出申请，被请求国主管机关依据被执行人的申请拒绝承认与执行；第5条第2款两种情形，由被请求国主管机关依职权主动查明，存在相关情形的，拒绝承认与执行。第三，第5条第1款第一种情形中，对于认定仲裁协议效力应适用的法律，《仲裁司法审查规定》第16条规定："人民法院适用《承认及执行外国仲裁裁决公约》审查当事人申请承认和执行外国仲裁裁决案件时，被申请人以仲裁协议无效为由提出抗辩的，人民法院应当依照该公约第五条第一款（甲）项的规定，确定确认仲裁协议效力应当适用的法律。"按照公约第5条第1款（甲）项的规定，应依据以下法律适用规则：（1）当事人有选择，依选择；（2）当事人未选择，适用裁决地所在国法。（注意：该条规定不同于《涉外民事关系法律适用法》第18条）

（二）中国关于承认与执行仲裁裁决的规定

1.中国仲裁机构涉外仲裁裁决在中国的执行

（1）管辖法院

经中华人民共和国涉外仲裁机构裁决的，当事人不得向人民法院起诉。一方当事人不履行仲裁裁决的，对方当事人可以向被申请人住所地或者财产所在地的中级人民法院申请执行。

（2）申请书

申请人向人民法院申请执行中华人民共和国涉外仲裁机构的裁决，应当提出书面申请，并附裁决书正本。如申请人为外国当事人，其申请书应当用中文文本提出。

（3）裁定不予执行的法定情形

有下列情形之一的，裁定不予执行：①没有仲裁协议；②被申请人没有得到指定仲裁员或进行仲裁的通知，或未能陈述意见；③仲裁庭的组成或程序与仲裁规则不符；④裁决的事项不属于仲裁协议的范围或仲裁机构无权仲裁；⑤人民法院认定执行该裁决违背社会公共利益。

（4）不予执行的报核

各中级人民法院或者专门人民法院办理涉外涉港澳台仲裁司法审查案件，经审查拟不予执行我国内地仲裁机构的仲裁裁决，应当向本辖区所属高级人民法院报核；高级人民法院经审查拟同意的，应当向最高人民法院报核；待最高人民法院审核后，方可依最高人民法院的审核意见作出裁定。

（5）不予执行的救济

仲裁裁决被人民法院裁定不予执行的，当事人可以根据双方达成的书面仲裁协议重新申请仲裁，也可以向人民法院起诉。

2.中国仲裁机构仲裁裁决在外国的承认与执行

（1）如果该外国为《纽约公约》成员国，当事人应根据公约规定的程序和条件向外国管辖法院提出申请；

（2）如果该外国为非《纽约公约》成员国，当事人应直接向外国管辖法院提出申请，法院根据有关司法协助条约或其本国法律裁定。

3.外国仲裁裁决在中国的承认与执行

（1）管辖法院

①国外仲裁机构的裁决，需要中华人民共和国人民法院承认和执行的，应当由当事人直接向被执行人住所地或者其财产所在地的中级人民法院申请，人民法院应当依照中华人民共和国缔结或者参加的国际条约，或者按照互惠原则办理。

②外国仲裁裁决与人民法院审理的案件存在关联，被申请人住所地、被申请人财产所在地均不在我国内地，申请人申请承认外国仲裁裁决的，由受理关联案件的人民法院管辖。受理关联案件的人民法院为基层人民法院的，申请承认外国仲裁裁决的案件应当由该基层人民法院的上一级人民法院管辖。受理关联案件的人民法院是高级人民法院或者最高人民法院的，由上述法院决定自行审查或者指定中级人民法院审查。

外国仲裁裁决与我国内地仲裁机构审理的案件存在关联，被申请人住所地、被申请人财产所在地均不在我国内地，申请人申请承认外国仲裁裁决的，由受理关联案件的仲裁机构所在地的中级人民法院管辖。

③如果仲裁地所在国与我国既没有缔结也没有共同参加有关国际条约,当事人向我国法院提出承认与执行裁决的申请时,当事人应该以该裁决为依据向有管辖权的人民法院起诉,由法院作出判决,予以执行。

(2)承认和执行的期限

法院决定予以承认与执行的,应在受理申请之日起 2 个月内作出裁定,如无特殊情况,应在裁定后 6 个月内执行完毕。

(3)不予承认和执行的报核

各中级人民法院或者专门人民法院办理涉外涉港澳台仲裁司法审查案件,经审查拟不予承认和执行外国仲裁裁决,应当向本辖区所属高级人民法院报核;高级人民法院经审查拟同意的,应当向最高人民法院报核;待最高人民法院审核后,方可依最高人民法院的审核意见作出裁定。

司法观点

法院生效裁判认为:本案争议焦点包括两个方面:第一,球员身份委员会作出的《单一法官裁决》是否属于《承认及执行外国仲裁裁决公约》规定的外国仲裁裁决;第二,案涉仲裁条款是否可以排除人民法院的管辖权。

首先,球员身份委员会作出的涉案《单一法官裁决》不属于《承认及执行外国仲裁裁决公约》项下的外国仲裁裁决。根据《承认及执行外国仲裁裁决公约》的目的、宗旨及规定,《承认及执行外国仲裁裁决公约》项下的仲裁裁决是指常设仲裁机关或专案仲裁庭基于当事人的仲裁协议,对当事人提交的争议作出的终局性、有约束力的裁决,而球员身份委员会作出的《单一法官裁决》与上述界定并不相符。国际足联球员身份委员会的决定程序并非仲裁程序,而是行业自治解决纠纷的内部程序。第一,球员身份委员会系依据内部条例和规则受理并处理争议的国际单项体育组织内设的自治纠纷解决机构,并非具有独立性的仲裁机构;第二,球员身份委员会仅就其会员单位和成员之间的争议进行调处,其作出的《单一法官裁决》,系国际单项体育组织的内部决定,主要依靠行业内部自治机制获得执行,不具有普遍、严格的约束力,故不符合仲裁裁决的本质特征;第三,依据国际足联《球员身份和转会管理条例》第 22 条、第 23 条第 4 款之规定,国际足联处理相关争议并不影响球员或俱乐部就该争议向法院寻求救济的权利,当事人亦可就球员身份委员会作出的处理决定向国际体育仲裁院提起上诉。上述规定明确了国际足联的处理决定不具有终局性,不排除当事人寻求司法救济的权利。综上,球员身份委员会作出的《单一法官裁决》与《承认及执行外国仲裁裁决公约》项下"仲裁裁决"的界定不符,不宜认定为外国仲裁裁决。

其次,案涉仲裁条款不能排除人民法院对本案行使管辖权。案涉当事人在《解除合同协议》第 5 条约定，发生纠纷后应当首先提交球员身份委员会或者国际足联的其他内设机构解决，如果国际足联没有管辖权则提交国际体育仲裁院仲裁。既已明确球员身份委员会及国际足联其他内设机构的纠纷解决程序不属于仲裁程序，则相关约定不影响人民法院对本案行使管辖权。但当事人约定应将争议提交至国际体育仲裁院进行仲裁，本质系有关仲裁主管的约定，故需进一步审查仲裁协议的效力及其是否排除人民法院的管辖权。

因案涉协议中的仲裁条款并未明确约定相应的准据法，根据《涉外民事法律关系适用法》第 18 条之规定，有关案涉仲裁条款效力的准据法应为瑞士法。最高人民法院在依据《最高人民法院关于仲裁司法审查案件报核问题的有关规定》第 8 条规定审核案涉仲裁协议效力问题期间查明，瑞士关于仲裁协议效力的法律规定为《瑞士联邦国际私法》第 178 条。该条就仲裁协议效力规定如下："（一）在形式上，仲裁协议如果是通过书写、电报、电传、传真或其他可构成书面证明的通讯方式作出，即为有效。（二）在实质上，仲裁协议如果符合当事人所选择的法律或支配争议标的的法律尤其是适用于主合同的法律或瑞士的法律所规定的条件，即为有效。（三）对仲裁协议的有效性不得以主合同可能无效或仲裁协议是针对尚未发生的争议为理由而提出异议。"结合查明的事实分析，《解除合同协议》第 5.2 条的约定符合上述瑞士法律的规定，故该仲裁条款合法有效。但依据该仲裁条款约定，只有在满足"国际足联不享有司法管辖权"的情形下，才可将案涉争议提交国际体育仲裁院进行仲裁。现球员身份委员会已经受理案涉争议并作出《单一法官裁决》，即本案争议已由国际足联行使了管辖权。因此，本案不符合案涉仲裁条款所约定的将争议提交国际体育仲裁院进行仲裁的条件，该仲裁条款不适用于本案，不能排除一审法院作为被告住所地人民法院行使管辖权。

要旨提炼

1. 国际单项体育组织内部纠纷解决机构作出的纠纷处理决定不属于《承认及执行外国仲裁裁决公约》项下的外国仲裁裁决。

2. 当事人约定，发生纠纷后提交国际单项体育组织解决，如果国际单项体育组织没有管辖权则提交国际体育仲裁院仲裁，该约定不存在准据法规定的无效情形的，应认定该约定有效。国际单项体育组织实际行使了管辖权，涉案争议不符合当事人约定的提起仲裁条件的，人民法院对涉案争议依法享有司法管辖权。